山东企业"走出去"实践研究

2022

山东省对外投资与经济合作商会　◎编著

中国海洋大学出版社

·青岛·

图书在版编目（CIP）数据

山东企业"走出去"实践研究 . 2022 / 山东省对外投资与经济合作商会编著 . —青岛：中国海洋大学出版社，2023.12

ISBN 978-7-5670-3761-8

Ⅰ . ①山…　Ⅱ . ①山…　Ⅲ . ①企业—对外投资—研究—山东— 2022　Ⅳ . ① F279.275.2

中国国家版本馆 CIP 数据核字（2023）第 246714 号

出版发行	中国海洋大学出版社
社　　址	青岛市香港东路 23 号　　邮政编码　266071
网　　址	http://pub.ouc.edu.cn
出 版 人	刘文菁
责任编辑	邓志科
电　　话	0532-85901040
电子信箱	dengzhike@sohu.com
印　　制	日照日报印务中心
版　　次	2023 年 12 月第 1 版
印　　次	2023 年 12 月第 1 次印刷
成品尺寸	170 mm × 230 mm
印　　张	22.25
字　　数	400 千
印　　数	1-1000
定　　价	75.00 元
订购电话	0532-82032573（传真）

发现印装质量问题，请致电 0633-2298958，由印刷厂负责调换。

编委会

前言
PREFACE

2001年，"走出去"正式写入《国民经济和社会发展第十五个五年计划纲要》。20多年来，我国对外贸易、境外直接投资、对外承包工程和劳务合作业务飞速发展。涌现出包括山东高速、青建集团、山东国际公司、中国电建山东电力建设公司、中铁十四局、中国电建核电工程公司、天元建设集团、威海国际、烟建集团、德建集团、山东帝豪、山东日昇等一大批优秀的山东企业。他们顺"时"、应"势"、求"变"，紧跟国家"一带一路"倡议，向国际业界展现了山东企业的实力，成为我国对外投资、承包工程和劳务合作行业高质量发展的中坚力量。广大从业人员不仅在工作中扎根海外，兢兢业业，完成了一个又一个优质海外项目，为行业的高质量、可持续发展作出了积极的贡献，工作之余还不断总结经验、吸取教训，创作出了诸多优秀论文。为了给企业"走出去"提供一套学习参考的资料，使企业在"走出去"过程中少走弯路，山东省对外投资与经济合作商会2021年尝试出版了《山东企业"走出去"实践研究（2021）》，得到业内各企业的积极反响和好评，也更坚定了继续出版《山东企业"走出去"实践研究（2022）》的信心。

2022年，山东省对外投资与经济合作商会在行业内广泛征集并精选了43篇优秀论文，涵盖行业研究、市场分析、经营管理、项目管理、施工技术、风险管控、人力资源等七大板块内容，历时近一年，编辑形成了《山东企业"走出去"实践研究（2022）》。希望本书能够为更多的行业企业提供借鉴和参考，提升"走出去"企业境外项目管理水平，助力对外投资、承包工程和劳务合作业务高质量发展。

本书的顺利出版，得到了中国对外承包工程商会、山东省商务厅领导及山东高速集团有限公司、青建集团股份有限公司、中国山东国际经济技术合作有限公司、中铁十四局集团有限公司、中国电建集团山东电力建设有限公司、中国电建集团核电工程有限公司、威海国际经济技术合作股份有限公司、烟建集团有限公司、山东高速德建集团有限公司、山东帝豪国际投资有限公司、山东日昇国际经济技术合作有限公司等许多会员单位领导的关心和支持，得到了山东省对外投资与承包工程行业专家组和山东省海外就业行业专家组的精心指导，以及秘书组和出版社编辑人员认真编排、辛勤付出等，在此一并表示衷心的感谢！

本书难免存在疏漏，诚恳欢迎读者批评指正。谢谢！

山东省对外投资与经济合作商会

2023 年 11 月

目录
CONTENTS

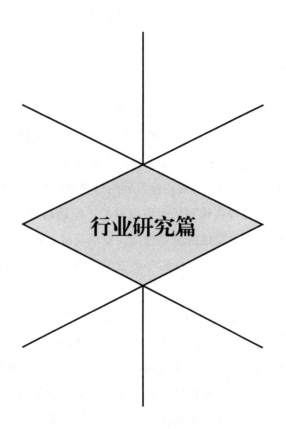

行业研究篇

加强企业间优势合作，推动对外承包工程高质量发展

刘志远[①]

党的十九大报告提出了高质量发展的新理念和建设世界一流企业的新要求。随着共建"一带一路"向高质量发展方向不断推进，对外承包工程也迫切需要转型升级、实现可持续发展。商务部等19部门于2019年联合下发了《关于促进对外承包工程高质量发展的指导意见》，于2021年年初下发了《关于促进对外设计咨询高质量发展有关工作的通知》，明确对外承包工程和设计咨询高质量发展的重要意义，要求通过更紧密的部门间横向协作，完善促进、服务、监管和保障等各方面措施，推动对外承包工程和设计咨询持续健康发展。

习近平总书记指出，"当前，我国处于近代以来最好的发展时期，世界处于百年未有之大变局，两者同步交织、相互激荡"。当前国际形势错综复杂，全球范围内的逆全球化暗流涌动，全球范围内经贸摩擦骤然增多，基于规则的多边贸易体制被削弱。地缘政治风险指数仍处高位，大国博弈更趋复杂，地区热点问题此起彼伏，传统与非传统安全问题交织蔓延。在全球经济发展不确定性升高的环境下，经济增长下行压力明显增大，国际基础设施建设领域面临的各类风险和挑战异常突出。新冠肺炎疫情蔓延导致各国的经济和民生提振乏力，经济增长方式与市场格局将重新调整，商业模式及政府治理结构也会有所改变，部分国家的债务和融资瓶颈问题更加突出，传统的项目开发难度进一步加大。同时，对外承包工程行业仍普

---

① 中铁十四局海外公司副总经理兼总经济师

遍面临市场布局不合理、专业化人才不足、同质化竞争严重、产业链合作亟待提升、融资渠道较为单一以及技术标准存在差异等瓶颈和问题。在全球发展中，"走出去"企业无法仅靠自身的资源和能力突破管理、经营、市场、融资、人才等多个维度的瓶颈。加强不同企业间的优势合作，实现资源共享和风险共担，优化市场布局，推动产融结合，创新经营模式，促进结构调整，对推动对外承包工程高质量发展尤为重要。

一、加强优势合作，优化市场布局，是适应当前复杂国际形势的客观需要

商务部统计显示，2020年，纳入对外承包工程活动统计的1 067家中国企业在184个国家（地区）开展对外承包工程业务，其中八成以上仍集中在亚洲和非洲地区，行业分布主要集中在交通运输建设、一般建筑、电力工程、石油化工等领域，区域市场不平衡，同质化竞争严重，市场布局和行业领域存在进一步优化空间。"走出去"企业需要寻找和把握新的市场机会，通过优势合作形成更为强韧的供应链。要摒弃"捡到篮子里的都是菜"的发展思路，不能为了一时之业绩需要，在未认真分析自身优势和劣势的情况下，盲目"走出去""占地盘"。不同企业在不同行业、不同市场、不同区域，都有自己的比较优势，要根据自身行业优势和市场需要进行优势合作，量力而行，选择避开竞争激烈的"红海"，通过专业优势在特定领域寻求发展空间。对不同市场进行分级和定位，分析与企业自身优势的匹配度，确定适合企业发展的最优市场数量，优化市场开发管理体系，选择优势区域、优势行业和优势项目，优化整体市场布局。

例如，中国铁建在市场整体布局及下属公司优势合作方面加大协调管理力度，确定海外"五大支柱市场""十大核心市场"并进行动态管理，推动"3+5+N"经营发展体系持续完善。公司总部充分发挥海外业务监管协调、指导服务和统筹管理职能；3家外经单位发挥平台优势，重点提升协同经营和多元发展能力；5家可独立出海的集团公司重点做深做透既有市场，加快培育专业人才队伍；其他N家集团公司重点依托自身专业优势加强与内外部企业合作，逐步推动海外业务高质量发展。中国能建打造海外业务"六大中心",构建"一体+两翼+骨干企业+潜力企业"的"1+2+N+X"国际业务管理架构,避开中国交建、中国铁建等企业的路桥隧优势,主攻能源和生态环保领域,从而拥有了与其他企业开展优势合作的更大空间,避免同质化竞争。

二、加强优势合作,推动产融结合,是构建双循环新发展格局的必然要求

2020年5月14日,中共中央政治局常委会会议首次提出"构建国内国际双循环相互促进的新发展格局"。习近平总书记强调要"逐步形成以国内大循环为主体、国内国际双循环相互促进的新发展格局"。基建行业依托国内优势产业支撑,与对外投资合作有机结合,相互促进,通过对外承包工程和装备制造业"走出去",更有利于促进双循环的高质量发展,包括产业链带动、资金使用和人员外派等,更好地推动对外承包工程领域不断拓宽、层次逐步提高。金融产业作为盘活存量资金、服务实体产业、促进产融结合的战略性产业,要着力提升以融促产效果和综合金融服务水平,为实体产业发展提供专业化、高质量的金融支撑。工程、金融、资源、服务等不同行业的领军企业和优势企业围绕产业链一体化整合优势产能,加强跨界合作,推动产融结合,打造"联合舰队"共同出海,实现国内国际互相促进、共同发展。

为解决"走出去"的金融瓶颈问题,降低境外投资风险,提高项目运营效率,中信集团、中国工商银行、中国铁建、安永会计师事务所、摩根大通、法国电力等一批境内外企业和金融机构加入"丝路产业与金融国际联盟",借助联盟增强市场资源整合、产业信息共享等方面的合作。中国石化与金融机构合作为对外工程承包、远洋运输、重型机械等领域"走出去"提供服务和支持,组建"联合舰队"共同开拓海外市场,与中国电建、中国能建、中国铁建等承建的海外大型项目形成配套,优势互补、合作共赢。

三、加强优势合作,创新经营模式,是增强企业核心竞争力的有效举措

最新发布的《2021全球投资报告》指出,受新冠肺炎疫情影响,全球外资都在回笼资金,对外投资总额大幅下降,全球外国直接投资(FDI)从2019年的1.5万亿美元下降到2020年的1万亿美元,下降了33%。在现汇项目过度竞争、以主权借款为特征的"EPC+F"模式也面临发展困境的形势下，传统经营模式难以持续。"走出去"企业应积极融入全球创新网络，加快经营模式创新、合作创新和管理创新，提高产业链参与度和在国际分工中的地位，增强对外承包工程的核心竞争力。研究投资与资本经营，创新金融工具和融资模式，在产业链的前伸后延上创造机会，在价值链上做文章。要从过去的拼成本、拼速度、拼商务，向现在的拼专业、拼管理、拼创新转变，从以建设施工优势为主向投融资、工程建设、运营服务的综合优势转变，从传统的项目承包商向集规划、投融资、勘察设计、施工管理、运营维护以及科学研究为一体的"一站式"服务商转变。

为应对复杂多变的市场环境，很多对外承包工程企业在以各自的资源和专业优势巩固传统市场的同时，加大了业务模式创新和不同企业间的优势合作力度。例如，中国电建近几年通过管理、业务、技术、合作等多方面的创新激发国际业务活力，聚焦能源电力、基础设施、水资源与环境等优势互补领域，与16个发达国家的30家企业开展第三方市场合作，取得一系列务实成果。中国铁建创新业务模式，发挥工程设计、全过程工程咨询"走出去"对中国技术和标准以及建设施工"走出去"的引领带动作用，加大与其他企业的优势合作力度，灵活采取海外G2G、PPP、BOT和资源换项目等多种模式，推动全产业链出海。近期，三峡集团和中国建筑下属企业对接东道国规划和发展需求，创新商业模式，丰富业务形态，分别以基于产出和性能的公路合同（Output and Performance Based Road Contract, OPRC）管理模式中标加纳公路项目。

四、加强优势合作，促进结构调整，是实现走出去高质量发展的必由之路

对外承包工程高质量发展要坚持企业主体、质量优先、规范有序、互利共赢的原则，进一步聚焦国家战略领域，加快布局结构调整，实现对外承包工程规模和全球市场份额稳中有升，结构逐步优化，领域不断拓宽，综合竞争力显著增强。持续的疫情给对外承包工程行业带来了巨大冲击，人们的生产与生活方式也因此被迫改变，但"地球村"的世界决定了各国日益利益交融、命运与共。从长期来看，全球通过基础设施投建拉动经济发展的方式不变，我国进一步对外开放的决心不变，畅通国内国际双循环的趋势不变，实现对外承包工程行业高质量发展的目标不变。回顾对外承包工程行业40多年的发展历程，历经数次重大的市场战略调整，市场主体结构持续优化，行业集中度不断提高。机遇和挑战并存，每一次战略调整，都是对风云变幻的国际形势的科学应对、对工程承包市场机遇的有效把握，一大批"走出去"企业在不断的结构调整中逐渐发展壮大。

例如，中国交建通过市场化运作，与金融机构、地方政府、兄弟单位、上下游企业打造战略联盟，构建"中央企业+地方政府+境外园区+境外企业"的价值网络发展模式，利用自身资源整合和上下游产业牵引带动优势，实现从单一产品到产业链，到价值链，再到价值网络体系的商业模式升级。中国能建近年来全面深化管理体制改革，加强下属公司优势合作和结构调整，力争再造一个高质量发展新能建。新组建国际集团，深度融入全球产业链、价值链、物流链，在全球范围内开展"风光水火储一体化""源网荷储一体化"实践，有序引领12大业务全面出海，扩大"走出去"优势基础。

面对新形势、新挑战，"走出去"企业要以高质量共建"一带一路"、推进国际产能合作、构建国内国际双循环相互促进的新发展格局为契机，对后疫情时代的市场发展战略进行科学分析，及时调整，找准定位，化危为机。"大鹏之动，非一羽之轻也；骐骥之速，非一足之力也。"不论国企民企、中资外资，都坚持开放包容、多方参与、形式多样、互利共赢原则，依托不同产业、不同行业和不同企业的不同优势，开展互利合作和跨界整合，增进产业链上下游的优势合作，推动中国装备、技术、标准和服务"走出去"。把握碳中和新政策和新技术带来的新机遇，融入双循环新发展格局，加大在新能源、大数据等领域的开发力度，强化风险防控和合规管理，促进结构调整和转型升级，实现对外承包工程高质量发展，由对外承包工程大国向对外承包工程强国转变。

新发展格局背景下建筑国企"内外联动、双向互促"发展模式的启示

——以中铁十四局国际化发展为例

张记力[①]　王　丽[②]

习近平总书记指出：坚持稳中求进工作总基调，以推动高质量发展为主题，加快构建以国内大循环为主体、国内国际双循环相互促进的新发展格局，推进国家治理体系和治理能力现代化，实现经济行稳致远、社会安定和谐。国有企业作为国民经济的"压舱石"，在构建双循环新发展格局中发挥着"顶梁柱"和"先锋队"的作用。中铁十四局作为较早"走出去"的建筑央企，积极适应新时代新要求，统筹国内国外两个市场，于危机中育新机，于变局中开新局，走出了一条以拓市场、强实力、跨文化、属地化、履责任为基本内涵的"内外联动、双向互促"高质量发展之路，进入中国铁建第一发展方阵，并向建筑"行业一流"企业迈进。

一、全力开拓国内国外市场

构建以国内大循环为主体，不是关起门来封闭运行，而是充分发挥内需潜力，利用好国际国内两个市场、两种资源，实现更加开放持续的发展，不断拓展业务范围和经营领域。

（一）战略引领，稳步推进

近年来，中铁十四局紧跟国家战略，强化从战略层面提升经营工作

---

① 中铁十四局海外公司党委秘书长兼党委工作部部长
② 中铁十四局海外公司党委工作部部员

品质，目前已发展成为拥有完善的行业产业链，集科研、规划、设计、施工、维护、运营和投融资于一体的现代企业集团，具备了为业主提供一站式综合服务的能力。2001年，企业实施"低成本+上游拉动"发展战略，推动以投融资带动工程项目总承包经营业务开展，在技术、人才、设备、品牌增强竞争实力。进入"十二五"，企业形成了"国内施工+投资特色+海外"的"三分格局"，大力实施品牌创新战略。不断转变经营方式，探索和开展BT、BOT、PPP、FEPC等投融建模式。2018年，中国铁建正式提出并大力实施"海外优先"战略。中铁十四局集团根据国内外经济形势发展变化，提出并实施"国内施工+投资特色+海外+新型业态"的"四轮驱动战略"，积极布局新业态、新基建领域，承建了山东临沂河东凤凰岭片区开发项目、兖州国际陆港物流园等一批新业态项目。

（二）扎根国内，深耕细作

中铁十四局积极跟进国家统筹推进传统基础设施和新型基础设施建设，打造系统完备、高效实用、智能绿色、安全可靠的现代化基础设施体系。一是延伸产业链条，打造规划设计、投资、工程承包、物流物贸、工业制造、运营维管全产业链发展优势。二是推进"7+N"新兴业态发展，集中培育片区开发、产业园区（侧重产业投资）、流域及生态治理、尾矿整治及矿山开发、TOD站城一体化开发、城市更新、乡村振兴7个新兴业态，重点拓展地下空间开发、工程医院、新材料、新型节能建筑、智慧停车等N个新兴业态，力争"十四五"期间，新设10家孵化器类公司，控股10家新业态公司。三是推进经营机构发展。服务雄安新区、长江经济带、粤港澳大湾区、成渝双城经济圈等国家战略，在全国布局11个区域总部，将部分二级单位搬迁至经济体量大、市场前景好的城市，强化央地合作，推动与政府平台、地方民企混改，促进地方经济发展，惠及民生，造福社会。

（三）布局海外，势头迅猛

企业竞争力充分体现在对全球资源的配置能力和手段上。"世界很精彩，我想去看看。"然而"走出去"也并非一帆风顺，正如中铁十四局副总经理王红卫回忆说：2001年集团公司决定"走出去"时，我们一没外经人才，全局懂国际商务、外语好的人才几乎是零；二没资质，我们加班加点跑商务、市场部门，取得外经贸资格，拿到了"走出去"的"通行证"；三没信息，对外承包工程几乎一无所知。面对困难，中铁十四局迎难而上。一是敢当拓荒牛，开辟市场。经过将近3年的努力，克服了海外信息跟踪、市场投标等种种困难，2003年6月终于在险象环生的阿富汗拿下海外第一标。二是开展高端经营。紧跟国家政策，着眼于"一带一路"建设高质量发展，深度融入"一带一路"建设，积极参与中国–中东欧国家合作、"六廊六路""周边互联互通"规划，积极参与双边多边经贸，聚焦重点国别区域，与所在国政府建立良好关系，了解国家发展规划。三是借船出海，合作共赢。与系统外中信、新兴、中地海外、中石油等建立合作关系。与中信等合作建设的阿尔及利亚东西高速公路项目被誉为阿经济发展的"发动机"，目前在安哥拉、哈萨克斯坦、阿尔及利亚等一直保持良好合作关系。四是以援外项目为平台，属地深耕，开拓多个国别市场。2013年，中铁十四局承建了中国政府援多哥道观中学，凭着企业良好信誉与实力，与多哥MNS建设产业集团实行强强合作，充分发挥当地企业资源人脉优势和集团强大的施工组织能力，建设了多哥洛美国际机场跑道工程，多哥5号、6号国道，西非蓄电池厂等工程，其质量、信誉深受当地政府和民众认可，在阿富汗、多哥、尼泊尔、厄瓜多尔已形成自己的重点市场。五是带动出海。海外在建项目带动了国内中小施工企业、材料生产、机械制造、物流等行业走出国门，为共建"一带一路"发挥了积极作用，为国内企业"走出去"提供了广阔平台。目前，中铁十四局已建立了一支高素质的海外人才队伍、一套比较成熟的海外项目管理模式、一个比较高效的海外经营网络，拥有较强的海外施工管理能力，并形成了援外市场、属地深耕、企业品牌、人才储备和党建引领等五大优势。

二、全面提升企业综合实力

中铁十四局在市场经济浪潮的洗礼中，不仅为国家基础建设做出了卓越贡献，建设了青藏铁路、京沪高铁、港珠澳大桥、南京长江隧道、济南黄河隧道等一大批工程，也锻炼了一支铁军队伍，拥有公路、铁路、市政、建筑"4+1"特级施工总承包资质，获得"中铁建大盾构""中铁十四局大盾构"两项注册证书，成为国内首家拥有"大盾构"品牌的建筑央企。

（一）经营承揽创新高

"十三五"期间，中铁十四局瞄准"铁建一流"，埋头苦干实干，综合实力快速攀升，新签合同5 204亿元，海外业务实现跨越式增长，新签合同额300亿元。特别是2020年，在国际政治环境动荡、疫情影响持续反复的不利条件下，公司各项指标均取得历史性突破：新签合同额1 744.8亿元，完成年度计划145.4%，同比增长54.1%；营业收入692.3亿元，完成年度预算指标116.5%，同比增长21.2%；净利润完成年度预算119.7%，同比增长7.2%；在股份公司系统内实现由并跑到领跑的转变，各项指标均创新高，多项指标在股份公司生产经营龙虎榜榜上有名。

（二）科技创新成果丰硕

面对新时代、新要求，中铁十四局坚持强身健体、夯实基础，全面实施创新活动。一是实施管理创新。连续5年开展"项目管理年""项目管理提升年"活动，全面提升项目执行效率，实现了效益预期，积累了人才、设备、技术、管理雄厚实力，获得中国铁建管理创新奖。二是实施科技创新。制定科技兴企战略，精心打造中铁十四局科技创新品牌，创建国家认定的企业技术中心、博士后科研工作站、山东省院士专家工作站，拥有11个省级创新平台、2家全国高新技术企业、8家省级高新技术企业，取得专利900多项，多项工程获评詹天佑奖、鲁班奖荣誉称号，连续4年列山东省建筑业企业综合实力30强第一位，成为国内大直径盾构和水下盾构隧道及城市轨道交通领域的骨干和龙头企业。三是实施信息化。现场就是市场，体现着企业管理水平的高低，也是企业效益的源泉。面对分布在国内外的上千个项目，中铁十四局十分重视项目管理，落实项目管理的标准化、专业化、集成化、信息化、协同化"五化要求"，建立起集人力、成本、财务、物资、设备于一体的信息化管控平台，有效实现国内外信息共享、资源共享，随时了解现场施工进度、工程质量、物资设备消耗、资金收支等一系列信息，实现网上一键知晓千里。2019年7月，中铁十四局在厄瓜多尔米拉多铜矿污水隧道施工过程中，遭遇"水帘洞"施工考验，最大流量达到3.5 m³/s。中铁十四局选派岩土、爆破、水利方面专家，仅用一个月时间就制服了"水帘洞"，保证了矿山项目的竣工投产。

（三）海外指数连年攀升

凭着雄厚的国内业绩支撑，中铁十四局海外发展稳中快进，精彩不断，企业海外资产、营收指数、海外员工指数、跨国指数连年攀升。一是涉外资质更加齐全。中铁十四局2003年取得对外承包工程资格证书，2006年通过对外援助成套项目施工任务实施企业A级资格认定，2015年12月通过商务部对外援助成套项目总承包企业资格认定并于2019年办理了资格延续，2016年1月获批对外技术援助项目实施单位资格（技术保障专业），是中国对外承包工程商会认证的AAA级企业。二是多国开花。中铁十四局累计进入20多个国别市场，先后承建了中国政府援阿富汗共和国医院、援尼日尔二桥、援尼泊尔国家武警学院、援尼泊尔体育场改造、援赤道几内亚毕科莫水电站、援斐济斯丁森桥和瓦图瓦卡桥等多项援外工程。三是收获品牌信誉。目前，中铁十四局在阿富汗、尼泊尔、马拉维、赤道几内亚、尼日利亚、密克罗尼西亚联邦、萨摩亚多哥等7个国家担负着援外工程建设任务。2016年后，有5个项目获评优良工程，较好地完成国家交给的对外援建任务，受到我国驻外大使馆、经商参处以及所在国政府的高度肯定。

三、提升文化建设软实力

（一）文化传承——企业发展的不竭动力

中铁十四局有重视党建思想政治工作的优良文化传统，形成了不同时期的企业文化。解放战争和革命建设时期，中铁十四局诞生于东北战场，转战祖国南北，保障战时供给，服务国家基建，形成了"纪律严明、四海为家，特别能吃苦、特别能战斗、特别能奉献"的军旅文化。兵改工后改革开放和平建设时期，经历过改革开放和市场经济的洗礼，中铁十四局变中求进，持续深化改革，奠定基业长青，形成了以"诚信创新永恒、精品人品同在"为企业价值观的市场竞争文化。进入新时代，中铁十四局践行高质量发展理念，对标对表系统行业标杆企业，积极问鼎前沿技术，攻克大量世界级难题，打造了全国具知名度的"十四局大盾构"品牌，形成了以诚信唯实、实干兴企、爱企如家为内涵的"实干家"文化，以品质引领企业转型升级，全力打造"行业一流"企业。在走向海外的过程中，中铁十四局形成了"责任担当、包容互鉴、创誉中外、带路先锋"的海外特色文化，助力海外业务高歌猛进。

（二）文化融合——走向海外的软实力

文化因交流而丰富多彩。面对因不同国别、不同地域、不同社会制度产生的思想观念、文化理念、价值观念等差异，中铁十四局积极开展跨文化管理，打造独具特色、深入人心的海外企业跨文化管理，为企业"走出去""走进去"提供了强大精神支撑。一是开展交流培训。项目开展技术、语言、技能培训，提升跨文化沟通水平。二是开展双向人员交流。邀请阿富汗青年领袖访华团、尼泊尔企业家代表团、尼泊尔高中师生代表团到访企业总部，观摩"万里黄河第一隧"施工现场，切实感受中国的发展变化。

（三）文化活动——促进友好的桥梁和纽带

通过举办职工运动会、企业文化节活动，让中外员工在沟通交流中共同学习、践行企业理念、价值观念和企业精神；利用三八妇女节、五一国际劳动节、六一儿童节、世界无烟日等节日，增进员工友好互助。利用春节、中秋等中国传统节日，传播中国热爱和平、美美与共的思想观念，吃水饺、贴春联、挂红灯笼、用微信成为外籍员工了解中国的代表性元素。同时，积极参与厄瓜多尔狂欢节、阿富汗胜利日、尼泊尔德赛节等所在国节日，拉近中外员工的心灵距离，达到心灵交融。

四、属地化管理，助力合作共赢

推动共建"一带一路"高质量发展，促进资金技术人才管理等生产要素与世界其他国家交融合作，大力推进属地化建设。企业属地化建设的好处有很多：一是降低企业成本。不少企业"走出去"之初，带着设备、人员不远万里，虽然完成了施工任务，但企业成本高昂，降低了竞争力，属地化则可以节省大量管理成本。二是培养当地人才，提升所在国民众福祉。三是促进中外员工友谊，厚植国家间民意基础。中铁十四局重点推进"市场开发、项目管理、专业分包、劳务人员、生产配套"5个方面属地化建设，着力提升技术、标准、品牌、管理软联通，更好融入当地经济社会发展，提升海外市场属地化程度。自2013年承建中国政府援多哥道观中学项目以来，从最初聘用当地安保、保洁、司机做起，目前现场施工人员、普通技工属地化已达到90%，基本实现了让当地人管理当地人，避免了管理上的水土不服。根据该公司最新属地化管理办法，除项目财务总监、总工程师外，下步管理人员属地化率也要达到80%，以进一步节约成本。厄瓜多尔矿山项目自建采石场、拌合站、维修厂，实现生产配套属地化。

五、敢于担当，履行社会责任

中铁十四局在服务国家重大战略、促进经济社会发展的同时，积极履行企业社会责任，为国家税收、吸纳社会就业、保障员工福祉、社会公益活动做出积极贡献。在国外，海外项目建在哪里，社会责任的触角就延伸到哪里，不断擦亮央企海外品牌。一是坚持每年定期发布履行社会责任报告，指导和规范企业慈善工作，赢得社会广泛赞誉。二是积极投身国家重大战略、重大事件、突发事件。在国内，中铁十四局投入脱贫攻坚战，定点帮扶河北省尚义县并实现该县脱贫。在国外，中铁十四局先后协助我国政府完成从利比亚、多米尼克、阿富汗撤侨任务；积极参与尼泊尔政府组织的"4·25"大地震救援。三是助力人才培养。"授人以鱼不如授人以渔。"在海外项目建设过程中，中铁十四局高度关注当地政府需求，不仅采取多种方式吸纳当地劳动力就业，还通过中外员工"一对一"传帮带、工地课堂、实践锻炼等方式，不断提升当地工人劳动技能，"走出去"十几年来，培养6 000多名工程施工管理技术人才。四是多形式参与社会公益活动。"100棵刚刚栽种的幼嫩树苗迎风而立，焕发出勃勃生机，期待在不久的将来为这片土地贡献一片新绿，而一个月前这里还是一个工地的临时钢筋加工场……"中铁十四局海外公司厄瓜多尔矿山项目一则主题为"我们用心呵护每一片绿色"的推特消息引起当地关注，合作伙伴和账号"粉丝"纷纷为该项目开展植树造林公益活动点赞，并积极转发推文，中国企业绿色、环保施工，爱绿护绿行动好评如潮。五是发挥榜样作用。突出讲好工程建设中涌现出的先进人物、先进事迹，讲好"中国故事、中国企业故事、中外员工友好的故事"，不断提高中铁十四局美誉度、知名度和影响力。

当前，面对世界百年未有之大变局，中铁十四局加快融入国内国际双循环新发展格局，在保持传统市场优势的基础上，做实新兴业态领域，坚持以投融资带动工程项目总承包，推动集团公司高质量跨越式发展，向着"中国建筑业的领军者、全球最具竞争力的大型建设集团"的目标奋勇前行。

新时代背景下国有企业境外党建工作实践与思考

张记力①

摘要： 国有企业作为践行"走出去"战略、参与"一带一路"建设的重要力量，如何在落实好境外党建要求的基础上，积极稳妥做好境外党建工作，有效应对当前复杂严峻的国际环境考验，引领和保障境外业务高质量发展，已成为众多国有企业共同探索的一项重要课题。本课题结合中铁十四局"走出去"20年来的实践经验，从境外党建工作的重大意义、取得的成效、存在问题及原因分析、主要对策等方面进行研究总结，提出一些具有参考意义的建议，以期对本单位及"走出去"企业提供更有价值的借鉴和指导。

关键词： 国有企业；境外党建；实践；对策

一、充分认识加强国有企业境外党建工作的重大意义

坚持党的领导、加强党的建设，是国有企业的"根"和"魂"，是我国国有企业的独特优势。作为国有企业党建工作的重要组成部分，加强境外党建工作，既是贯彻落实中央全面从严治党的需要，也是确保国有企业"走出去"持续健康发展的坚强保证。

（一）加强国有企业境外党建工作是贯彻落实我国"走出去"重大战略的根本保障

实施"走出去"战略，是我国在综合研判国内外两个大局、全面建成小康社会、实现中华民族伟大复兴的高度做出的战略抉择。国有企业作为实

---

① 中铁十四局海外公司党委秘书长兼党委工作部部长

施"走出去"战略的主体,既要坚定"走出去"战略信心不动摇,坚决落实"走出去"战略部署,又要落实全面从严治党要求,毫不动摇地坚持党的领导,加强党的建设,打牢组织基础,切实为实施"走出去"战略提供根本保障。

(二)加强国有企业境外党建工作是推动完善企业法人治理结构的应有之义

实现党的领导与企业法人治理结构的有机统一,是深化国有企业改革、推动企业发展的重要保证,也是实现党组织对企业政治领导的应有之义。坚持两个"一以贯之",建立中国特色现代国有企业制度,就是要把党的领导融入公司治理各环节,把企业党组织内嵌到公司治理结构之中,明确和落实党组织在公司法人治理结构中的法定地位,健全组织、明确职责、监督到位,确保国有资产保值增值。

(三)加强国有企业境外党建工作是保证境外项目顺利实施的有效手段

"把支部建在连上",是中铁十四局党建工作的红色基因,也是中铁十四局这支大军战胜各种风险挑战的制胜法宝。境外项目普遍条件艰苦、环境恶劣、任务艰巨,只有切实抓好境外项目党组织建设这个基础,才能在工作上充分发挥党组织的战斗堡垒作用和共产党员的先锋模范作用,才能带领员工队伍在境外披荆斩棘,攻坚克难,优质高效地完成任务。

(四)加强国有企业境外党建工作是树立企业品牌形象的重要载体

党的十八大以来,习近平总书记就推进国际传播能力建设提出了一系列新理念新思路,强调要下大力气加强国际传播能力建设,让世界认识一个立体多彩的中国。塑造负责任的大国形象既是我国外交的重要工作之一,也是"走出去"国有企业必须承担的政治责任。近年来,中国铁建以"编织大地经纬,成就美好生活"为企业使命,以建设"最值得信赖的世界一流综合建设产业集团"为愿景,积极落实"海外优先"战略,布局海外市场。在"走出去"过程中,境外党组织充分发挥自身优势,在工程建设、对外交流中,全面讲好中国故事,传播中国铁建好声音,塑造企业品牌,展示企业良好形象,提高企业在当地的信誉度和市场竞争力,不仅展示了中国企业负责任的良好形象，也为企业在当地实现滚动发展营造良好环境。

二、当前国企境外党建工作取得的成效

习近平总书记在全国国有企业党的建设工作会议上指出，党对国有企业的领导是政治领导、思想领导、组织领导的有机统一。走出去20年来，中铁十四局不断加强党的领导，以高质量党建引领企业高质量发展，领导班子团结有力，企业管理大幅提升，经营承揽累计进入27个国家和地区，建设了一大批有一定国际影响力的海外重点工程，海外事业呈现持续向好的发展局面。

（一）海外党的组织和工作实现全覆盖

在对海外153名员工的调查问卷的党组织设置情况调查中，有90%的员工认为党组织和党的活动做到了全覆盖，仅有10%表示组织不够健全、活动有待加强（图1）。绝大多数党组织做到了"四同步"：在成立项目部时，同步建立党的组织；坚持生产经营任务和党务工作同步安排；按照"双向进入、交叉任职"的原则，同步配备专兼职党组织书记；做到生产经营和党建工作成效同步考核评价。例如，中铁十四局海外公司党委结合海外国别市场和项目实际，提出党组织覆盖"三种模式"：根据境外工程规模设置党总支，如贝宁、厄瓜多尔等核心市场；中小型项目设立党支部，如尼泊尔、阿富汗等体量规模不大的项目；临时以及较小项目设立党小组，采取上级党组织或邻近项目党组织代管的形式，如党员人数少、工期短的萨摩亚技术援助项目、赤道几内亚技术援助项目。另外，针对个别偏远国家项目，则与有关中企成立联合党支部，主要负责党员的日常学习，其管理隶属仍在公司总部。目前，中铁十四局海外党建已基本形成了"公司党委—区域办事处（项目部）党支部—党小组"的管理链式结构，实现了组织的横向、竖向全覆盖，正如2019年4月12日外交部党委书记齐玉在调研中铁十四局承建的尼泊尔体育场项目时所说：中铁十四局之所以能在这么艰难的条件下，高质量完成对尼项目援建任务，非常重要的一点是有健全的党组织，支部活动丰富多彩，为援建发挥了"中流砥柱"作用。

答题人数：153

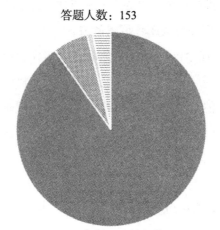

做到了党　　　只成立党组织、　　党组织建　　　　不清楚
员全覆盖　　　没有全覆盖　　　　立不健全

图1　党组织设置情况调查结果

（二）党组织领导体制机制更加完善，作用得到较好发挥

中铁十四局境外党组织充分发挥"把方向、管大局、促落实"的作用，坚持服务生产经营不偏离，坚持党组织对国有企业选人用人的领导和把关作用不能变，建强国有企业基层党组织。一是积极推进党建工作入章程（管理制度）。坚持党组织在企业中的法定地位，把党组织从领导体制、运行机制、制度规范、工作考核4个方面嵌入集团治理结构各环节和项目决策全过程，把党建工作融入海外发展规划、改革发展、经营承揽、施工生产、安全稳定等工作中去。二是严格党组织研究决定和前置决策程序。认真落实党委议事规则，制定"三重一大"集体决策制度、"三重一大"事项决策清单，对研究事项实行议题审批、会议讨论决策、落实执行、反馈报告流程化管理，确保党组织对企业的领导落实落地。三是坚持党管干部、党管人才。坚持德才兼备配班子、建队伍，把政治建设摆在首位。坚持配齐配强党支部书记，选拔优秀年轻同志充实到党务干部岗位上来，把"党员身份"作为选拔项目经理、项目关键岗位的重要条件。四是抓实舆情管控和意识形态工作。舆情无小事，时刻绷紧舆情应对处置这根弦，敢于与

消极言论、负面舆情做斗争，筑牢安全防线，确保意识形态阵地守得住、管得好。官网、官微、海外社交账号、重要工作群全都设立政治联络员，负责做好监督指导工作，教育引导党员干部把严守政治规矩、保守国家秘密、遵守外事纪律放在第一位。

（三）党建引领企业高质量发展效能突出

面对海外社会环境复杂、工作条件艰苦等诸多困难，中铁十四局在境外党建上坚持服务生产经营这个中心工作不偏离，按照"外不公开、内部坚持、因地制宜、发挥作用"工作方针，切实发挥党组织战斗堡垒作用和党员先锋模范作用。一是建设优良工程。在海外工程项目部成立党员突击队、开展党员先锋岗、共青团员安全生产示范岗活动，带领员工在建设一线攻坚克险。中铁十四局承建的尼泊尔国家武警学院、尼泊尔国家体育中心、阿富汗国家职业技术学院、多米尼克约克峡谷桥、密克罗尼西亚联邦公路桥等项目获评中国政府援外优良工程奖。集团公司《坚持以党建为引领　添彩"中国援助"品牌》在全国商务援外系统建设经验交流会上进行交流。二是保障人员安全。海外风险无处不在，尤其是新冠肺炎疫情发生以来，各方面风险不确定性进一步增加。在疫情防控上，集团公司各级党组织坚持生命至上，严格落实上级有关疫情防控的部署及要求，建立常态化工作机制，实行"网格化"管理，组织做好疫苗接种和核酸检测工作，切实保障海外员工生命安全、身体健康和思想稳定。所有海外项目部都专门设立隔离房间，供疫情防控紧急使用。在日常安保工作上，集团公司紧紧依靠所在国（地区）使馆（机构）党委支持帮助，及时掌握所在国（地区）安全动态和潜在风险，制定预案、做好防范。每当海外项目遭遇自然灾害、政局动荡、恐怖袭击等风险时，海外党组织挺身而出，配合国家完成突发时期的应急救援任务。如2021年6月，阿富汗政局和安全形势发生急剧变化，在集团公司党委领导下，海外公司中亚办事处党支部迅速启动重大事件应急预案，组织5名员工顺利完成紧急回国任务；再如2017年9月多米尼克"玛丽亚"飓风袭击事件，由中铁十四局集团多米尼克峡谷桥项目部组成的党员服务队，全力协助使馆做好中国员工的撤侨工作，而中铁十四局党员最后一刻撤离，彰显了央企员工的担当。三是重视维护员工切身利益。如中铁十四局自2003年进入阿富汗市场以来，经过20年的探索，形成了具有自身特色的安全管理模式，在系统内建立了第一个员工心理疏导室。在海外党建工作对促进生产经营和管理有哪些改善和帮助的调查中，有86.27%的员工选择能够发挥党组织领导作用，有70.59%的员工认为能够充分发动广大党员职工，仅有3.9%的员工选择无明显感觉（图2）。

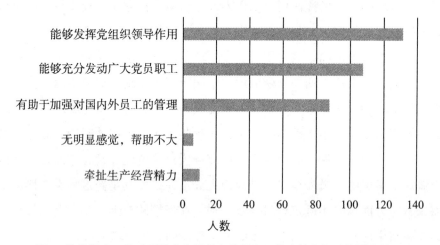

图2　海外党建工作对促进生产经营和管理有哪些改善和帮助的调查结果

（四）有效推动海外项目跨文化管理

文化是沟通的桥梁和纽带。在"走出去"过程中，中铁十四局把推进跨文化建设作为党建工作的落脚点，在中国铁建企业价值观的引领下，理解尊重所在国文化差异、开展文化交流、促进文化融合、依法合规经营、实施属地化管理，经过20年跨文化管理的实践探索，打造了"包容互鉴、义利天下"的海外特色文化，为集团公司进入近30个国家和地区发展发挥了助推器和润滑剂作用。一是跨文化管理相关制度办法日臻完善。在认真贯彻落实国家出台的《中国境外企业文化建设若干意见》《"一带一路"文化发展计划（2016—2020年）》等相关加强境外文化建设、推进跨文化管理文件的基础上，集团公司又制定了《中铁十四局"十四五"企业文化建设发展规划》，其中对海外项目跨文化建设的任务、途径、方法等提出了具体要求。二是全面提升了企业国际形象。在项目实践中，我们既注重发挥中国传统文化的优势，也尊重吸收他国文化，发挥社会主义核心价值观对项目文化管理的引领作用，把社会主义核心价值观融入项目管理各层面，转化为海外员工的情感认同和行为习惯。多项工程被所在国授予国家勋章、总统勋章、友谊奖等荣誉称号，在国际上树立了中国企业的良好形象，受到中外民众普遍好评，有力助推企业在当地实现滚动发展。三是培育了一支优秀的海外人才队伍。在"包容互鉴、义利天下"的海外特色文化滋润下，造就了一支扎根海外、忠诚奉献、技术精湛的优秀海外人才队伍。同时以海外工程项目建设为依托，积极推进人才属地化建设，培养了大批优秀外籍人才，打造企业海外发展的主力军。如阿富汗籍员工纳吉20岁入职中铁十四局，从一名采购员干起，一干就是18年，目前已成长为企业高级管理人员，多次获评中铁十四局"优秀外籍雇员"称号。四是促进了不同国别之间文化的有效传播。在海外项目施工中，通过定期举办中国文化节、企业文化宣传日等活动，接受国际媒体采访报道，开通社交平台账号等形式，定期发布项目有关信息及文化动态，深受外籍员工喜爱。中铁十四局选送的作品，已连续3年获得国资委、环球网等联合举办的"一带一路"百国印记短视频大赛优秀作品、特殊贡献奖等奖项。

三、当前国有企业境外党建工作存在的问题与原因分析

（一）境外党建工作存在的问题

与国内相比，境外党建工作受国外独特的政治经济因素影响，加之项目和人员高度分散，存在种种现实的困难和挑战，普遍存在"组织成立难、活动开展难、学习跟进难"等问题。一是党建工作与中心工作融合得不够。对党建工作认识不足，党组织的优势不能有效发挥，"两个责任"落实不到位，项目主管领导存在轻党建、重生产的现象。二是党建活动形式单一。受所在国（地区）条件的约束，党建活动开展没能有效创新，仅仅

是传统的"规定动作",在"自选动作"的谋划和组织上没有与时俱进。三是党建制度不配套。一方面,目前企业制定的一些党建制度办法,均是在国内大环境的背景下出台的,很少考虑到境外党建工作的特殊情况,没有区别对待,执行起来与境外实际不符;另一方面,各单位境外党建工作的方法、措施各有不同,还未形成系统的办法和可借鉴的做法。四是对员工关注的热点、难点和焦点问题解决不够,尤其是在面临境外疫情、国际形势的重大变化等方面,给员工带来的思想认识转变、工作不便、家庭生活问题的关注不够、解决办法不多。

(二)原因分析

境外党建工作存在问题的原因,主要包括以下3个方面:一是党建意识薄弱。对党建工作的重要性认识不足,从主管领导到党员干部,抓企业生产经营投入的精力多,抓党的建设投入的精力少,没有完全认识到党建工作对中心工作的重要作用,对党建工作责任制执行不力,对于如何"融入中心抓党建"思路不清、方法不实,存在党建、经营"两张皮"现象。二是党建活动受限。由于所在国政治法律制度不同,有的国家对外资企业开展政治活动高度敏感,使得党组织开展活动的合法性、活动空间会受到很大限制,加之党建工作"五不公开"原则,增加了开展党建工作的难度,难以形成常态化坚持和开展的工作机制。三是认识存在误区。在海外党建上,部分人员在认识上存在误区:有的认为企业"走出去"主要是为企业创造效益,党建工作是软任务;有的对党建工作认识不深,对于通过党建工作提升员工素质能力、助力企业生产经营办法不多、融入不够。四是海外环境复杂。以前出国是许多人羡慕盼望的事,但随着中国的日益现代化,出国已不再像以前那样具有吸引力。特别是近3年来,由于疫情等种种原因,企业经营生产成本加大,员工出行变得艰难,一些员工包括不少长期在外的员工在平衡个人"精神与物质、付出与待遇、工作与生活、当下与未来"后,更愿意选择在国内工作。

四、加强国有企业境外党建工作的对策

加强国有企业境外党建工作，必须深入贯彻习近平新时代中国特色社会主义思想，全面落实习近平在全国国有企业党的建设工作会议上的讲话精神，着眼海外实际，聚焦中心工作，突出党的领导，加强顶层设计，推动境外党建工作在创新中提升，在提升中发展，为境外企业提供政治保障和思想保障。

（一）坚持培根铸魂，确保政治信仰筑得牢

党的政治建设是党的根本性建设，决定党的建设方向和效果。境外党建必须要突出政治性这一根本属性，注重党的组织领导和思想引领作用，筑牢员工身在海外红心向党的根和魂。一要在组织形态上落实党的领导。健全境外党组织设置，确保党的领导在组织、制度上得到保障，党员领导干部要增强党员干部身份认同。二要坚定把"两个维护"作为首要任务。要深刻认识"两个确立"的决定性意义，树牢"四个意识"、坚定"四个自信"、做到"两个维护"。全面建立学习贯彻习近平总书记重要指示批示"首要责任""第一议题"制度，按照"有没有学习研讨、有没有贯彻措施、有没有督导推动、有没有跟踪问效"四项标准督促跟踪落实情况，确保总书记重要指示批示在境外项目落地生根。三要筑牢思想根基。要切实领会习近平总书记关于国有企业"两个基础""强根固魂""两个一以贯之""三基建设"等重要论述，全面落实境外党建新要求，牢牢把握坚持党的领导、发挥国企党组织的政治核心作用重大原则，为培育"行业一流"企业提供坚强政治保证。

（二）坚持求真务实，确保组织建设出得去

作为铁道兵整体转制企业，中铁十四局有着"把支部建在连上"的优良传统。考虑到海外特殊环境，在落实"四同步、四对接"基础上，要严格落实《中国铁建党委关于加强境外党委党建工作的指导意见》。一是完善组织设置，要考虑单位规模、时间长短、党员人数、所在国（地区）实际，灵活设置党组织，因地制宜设置党小组，合理配备专兼职的党务工作人员，确

保党的工作全覆盖，充分发挥党组织的战斗堡垒作用。二是加强支部书记队伍建设，要注重选用政治素质过硬、组织协调能力强、善于做思想政治工作的党员担任党组织书记，建立一支专职党务工作者队伍，并严格落实党组织书记述职评议考核制度。三是建章立制，要紧扣海外与国内环境差别，制定规范实用的党建制度，确保党组织监督保障作用的充分发挥。在党员队伍建设上，坚持用马克思主义中国化最新成果强化理论武装，扎实开展"两学一做"学习教育、"不忘初心、牢记使命"主题教育、党史学习教育，组织形式多样的喜迎党的二十大系列主题活动，切实做到学有所成、学以致用、寓教于乐。

（三）坚持守正创新，确保体制机制管得住

体制顺则机制活，这就如一个人如身使臂、如臂使指，挥洒自如。抓境外党建，必须从完善体制机制抓起，这就要求企业总部党组织做好境外党建顶层设计工作，从境外党建目标任务、组织建设、考核评价、监督检查等方面予以完善。在境外党组织设置上，要按照"四同步、四对接"要求，同步设置党的组织，配齐党组织负责人，实现全覆盖。在境外党建领导体制上，要认真落实境外单位党的工作由国内派出企业党组织和所在国（地区）使领馆（机构）党委共同领导、分工负责的"双重领导"体制，派出党组织要接受使馆党委的政治领导，定期向使馆党委报告工作。在党的领导作用发挥体制上，要进一步完善企业治理结构，坚持把党委会研究讨论作为董事会、经理层决策重大问题的前置程序，进一步明确党组织在公司法人治理结构中的法定地位；要在领导结构上体现党的领导，对海外单位领导人员的配备严格落实"一岗双责、交叉任职"。在党建责任落实上，要突出对各级党组织书记抓党建责任考核，公司党委每年要与基层党支部签订党建工作责任书，鼓励基层对境外党建的做法进行探索创新，切实发挥好党建引领发展作用。

（四）坚持选贤任能，确保人才队伍顶得上

人才是企业最宝贵的资源，也是企业能够"走出去"、更好"走进去"

的关键。面对激烈的海外市场竞争，境外党建工作要发挥组织优势，坚持党管干部、党管人才原则，培育优秀海外干部人才队伍。一要坚持"海外优先"战略，精准科学选人用人。一方面，要树立聚天下英才而用之的眼光，不拘一格市场化选聘企业急需人才，引进一批企业投融资、项目管理类专业高端人才；另一方面，要建立内部选优制度，按照"优中选优、优先安排、优先保障、优先提拔"的原则，建强配优海外单位领导班子，以高标准选配好党组织书记，严格经理层人员选用程序，大力提拔基层经验丰富、实干实绩突出的优秀年轻干部，从而让干部队伍结构明显优化、素质明显提升。二要坚持"海外特色"，加大培养锻炼力度。采用内培和外培相结合。在内部，积极开展专业化培训和轮岗交流，让干部到吃劲负重岗位经受摔打，在开拓市场、施工生产、推进改革、专项攻坚等一线前沿经受磨炼，加快成长为善于治企兴企的复合型干部；在外部，委派人员到兄弟单位、上级单位挂职锻炼、学习深造，不断开阔视野、增强能力。三要坚持人才"属地化"原则，加大人才"属地化"力度。一方面，在项目建设中通过职工夜校、中外员工结对子、导师带徒等方式，培养使用当地人才；另一方面，通过第三方服务、联合培养、走进中国境内高校选聘所在国留学生等不同方式，引进企业高端人才，充实人才队伍。

（五）坚持多措并举，确保海外品牌打得响

在加强国内宣传的同时，通过国外媒体的本地化传播更容易为海外受众接受。一要培育具有世界格局的企业文化。要充分发挥海外党建组织优势，注重做好企业自身文化、国际企业通用规则、当地特有文化三者的融合，形成中外员工都能接受的"融合文化"。同时，注重企业文化品牌建设，提炼特色文化理念，培育员工投身海外的战略思维，着力打造友善、包容、仁爱，全心全意服务社会、服务公众的良好中国企业形象。二要开展多形式立体化新闻传播。针对职工队伍结构的新特点和经营环境新变化，要强化企业正面宣传和舆论引导，主动挖掘海外生产经营中的先进事迹、先进典型，加大宣贯力度，主动加强与当地媒体沟通交流，借助海外全媒体、融媒体，主动讲好中国企业故事，传递中国建设者负责担当的好声音。三要强化意识形态和舆情管控。坚持马克思主义在意识形态领域指导地位的根本制度，强化舆论引导和阵地建设，提前做好重大节点和敏感时期意识形态的管控。加强系统性谋划，压实责任，做到舆情即时收集、即时上报。采取内外结合培训形式，持续加强舆情管理队伍建设，开展积极的日常管理。加强对媒体和网络的舆情监控，妥善做好突发事件中的新闻处置，提高舆论引导能力。四要树立中国企业良好形象。在建设精品工程、创造经济效益的同时，要积极履行社会责任，注重社会效益，提升民生福祉，促进社会经济发展，为所在国（地区）民众排忧解难，让中国建设、中国援助更加深入人心，擦亮中铁十四局在海外的"金字招牌"。

新时代呼唤新担当，新时代应有新作为。国家推动共建"一带一路"高质量发展和深入实施"走出去"战略，为企业的发展创造了新的历史机遇，提供了广阔的舞台，也给境外国有企业党建工作带来了新挑战。国有企业开展境外党建工作要把主要精力聚焦在稳定队伍、防范风险、维护安全、促进发展上，使企业党组织"把方向、管大局、保落实"作用得到充分发挥，为海外事业发展奠定坚实的组织基础，以实际行动推动企业高质量发展。

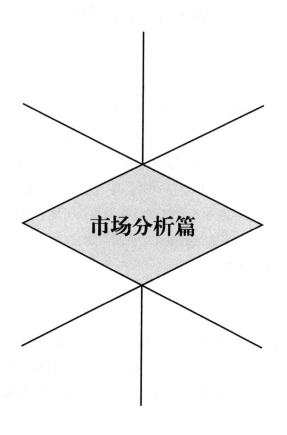

市场分析篇

非洲能源电力市场浅析

张 梁[①]

撒哈拉以南非洲平均每千人40千瓦的发电量，不到南亚（150千瓦）的1/3，更是不到拉丁美洲和加勒比地区（230千瓦）的10%。同时，撒哈拉以南非洲地区的缺点是人口远多于其他地区。非洲仅有约1/6的国家电网覆盖率超过30%，大部分国家甚至低于10%，无电人口更是达到了6亿。随着国家的发展，非洲国家不断加大对基础设施的投入力度。有些非洲政府允许并欢迎外国投资者参与当地基础设施的投资与建设。

一、非洲能源资源情况

非洲拥有极为丰富的资源，尤以水资源、风资源、光资源及化石燃料为重。

根据《BP世界能源统计年鉴（2018版）》，非洲已探明石油储量近800亿桶，为世界总量的7.5%，主要分布在利比亚、尼日利亚和阿尔及利亚等国，在埃及、突尼斯、苏丹、安哥拉、刚果、加蓬、喀麦隆等国也有一定量分布。利比亚为非洲第一大石油资源国，储量达295亿桶。

非洲已探明天然气储量达14.3万亿立方米，为世界总量的7.6%，主要分布在尼日利亚、利比亚、埃及等国，在喀麦隆、突尼斯、安哥拉、刚果、纳米比亚、南非、民主刚果、加蓬等国也有一定量分布。尼日利亚为非洲第一大天然气资源国，储量为35 092亿立方米。

非洲已探明煤炭储量达132.2亿吨，为世界总量的1.2%，主要分布在南

---

① 中国电建集团核电工程有限公司国际工程公司区域代表

非、博茨瓦纳、津巴布韦三国。南非为非洲第一大煤炭资源国，其煤炭储量约占非洲总储量的91%。

非洲水能资源主要分布于刚果河、尼罗河、尼日尔河等流域，总蕴藏量达到11.55亿千瓦，仅次于水能资源最为丰富的亚洲，居于世界第二。其中，技术可开发的水能资源为6.28亿千瓦，经济可开发的水能资源为3.58亿千瓦，仅次于亚洲和拉丁美洲，居于世界第三位。

非洲风资源丰富，潜在年可发电量为（5 000～7 000）万亿千瓦时，主要分布于沿海及撒哈拉地区。

非洲拥有全球最丰富的太阳能资源（是欧洲的2倍），可受太阳垂直照射地区约占总面积的75%，太阳能资源可用程度高。

二、非洲能源消费情况

国际能源署（IEA）数据显示，非洲能源消费总量为5.73亿吨油当量，约占世界总量的6.1%，主要形式为生物质能、石油、电力、天然气和煤炭。

根据《BP世界能源统计年鉴（2017版）》，2016年非洲石油消费量为1.8亿吨，占世界生产总量的8.6%，主要消费国为埃及、南非和阿尔及利亚。天然气消费量为1 382亿立方米，占世界消费总量的3.9%，主要消费国为埃及、阿尔及利亚和南非。煤炭消费量为9 590万吨油当量，占世界消费总量的2.6%，主要消费国为南非、埃及和阿尔及利亚。

非洲电力发展水平极低，电力供应不足已成为制约经济发展的关键因素。英国能源咨询机构伍德麦肯齐（Wood Mackenzie）最新发布的《整合非洲发展，重塑全球电力需求报告》提到，2030年前撒哈拉以南非洲电力产业需要投入3 500亿美元，用于建设发电及电力传输设施，包括民用及工业用电设施。在过去的10年，撒哈拉以南非洲用电人口大幅度增加，但仍有6亿人口用不上电。独立运作的太阳能供电系统将重塑非洲的能源未来。撒哈拉以南非洲的用电需求在过去的15年里已经增加1倍，预计在2050年之前将增加8倍。

非洲开发银行2018年发布的报告说，非洲制造企业的平均电力成本接近每千瓦时0.2美元，约为世界其他地区工业电费的4倍。IEA公布的数据显示，截至2019年年底，非洲有5.8亿人未获得电力供应，即大约每2人中有1人无电可用。

从IEA发布的《2017年供电展望》可以看出，南非和北非地区的电力普及程度较高，无电人口主要分布在中非、西非、东南非地区。

目前非洲有5个电力联合体，分别为北部非洲电力联合体（COMELEC）、东部非洲电力联合体（EAPP）、西部非洲电力联合体（WAPP）、中部非洲电力联合体（CAPP）和南部非洲电力联合体（SAPP），涵盖了非洲48个国家（毛里求斯、马达加斯加和佛得角等岛国为独立电网）。各联合体的成员国间以及联合体之间均建成或规划有电力线路来进行电能交换。

伍德麦肯齐发布的《更光明的非洲——撒哈拉以南非洲电力板块的发展潜力》报告中指出，为满足非洲到2040年所需增加的电力需求，撒哈拉以南非洲需要投资8 350亿美元，其中4 900亿美元用于发电能力建设，另外3 450亿美元用于输配电能力建设（800亿美元用于输电网建设，2 650亿美元用于配电系统建设）。

根据IEA 2016年发布的报告，2010—2020年中国企业在撒哈拉以南非洲区域承建的新电力项目超过200个，装机总量达17吉瓦。在输配电领域，中国企业承建至少28 000千米的输配电线路，覆盖整个电网产业链。

三、非洲国家电力领域发展方向

（一）埃及

埃及政府在电力市场采取三大举措：一是削减补贴，提升电价；二是鼓励私营部门以PPP模式投资；三是重点发展新能源和煤电行业。

埃及拥有丰富的太阳能资源，是全球受关注的可再生能源市场之一。埃及平均日照时长为9~11小时，年均太阳直接辐射强度高达每平方米3 200千瓦时，无疑是发展光伏的沃土。

埃及在光伏领域更是动作频频，2023年年初发布了《2035年综合可持续能源战略》，为光伏产业发展设定了具体目标，即到2035年，埃及光伏发电装机达到43吉瓦，在可再生能源电力装机总量中的占比超70%。

（二）摩洛哥

摩洛哥计划2030年可再生能源占电力总装机比例提高到52%。摩洛哥政府鼓励外国企业在风能和太阳能领域投资。

（三）肯尼亚

肯尼亚政府鼓励开发清洁能源，允许外国投资者参与当地基础设施项目投资，鼓励通过PPP模式推动私人投资电力建设项目，但目前PPP模式进展缓慢。

近年来，肯尼亚大力推行绿色能源发展，是非洲地区可再生能源的主要倡导国之一，地热、风能和太阳能为政府确定的优先发展能源。肯尼亚政府发展清洁能源的意愿十分强烈，决心很大。

肯尼亚前总统肯雅塔曾在2018年11月举行的巴黎和平论坛上提出，到2020年实现100%可再生能源发电。目前来看，这一目标未能如期实现，但肯尼亚在改善能源结构，形成以地热、水电、风电和太阳能等多种清洁能源形式的互补发展上取得了一定进展。

（四）尼日利亚

尼日利亚政府目前致力于推动电力行业私有化改革，来自国外的私有投资者将充分享受投资优惠政策。外资在尼日利亚主要采用EPC模式参与当地基础设施合作。

（五）喀麦隆

喀麦隆一方面鼓励国内企业和金融机构为基础设施建设投资，一方面积极向西方国家、中国等国家以及国际组织申请贷款，同时尝试推广PPP模式，允许并鼓励外国投资者参与当地基础设施建设。

（六）南非

南非的电力生产主要由南非电力公司（Eskom）负责，南非95%以上的电力供应来自该公司。

南非电力公司2017年年初宣布,"可再生能源独立电力生产商计划（IPP）"协议完成后,将不再与独立电力生产商签订新的电力购买合同。

南非矿产资源和能源部（DMRE）启动了第六轮可再生能源独立电力生产商采购计划（REIPPPP）。它的目标是采购1吉瓦的光伏和1.6吉瓦的风电。此次采购活动是近12吉瓦产能招标计划的一部分,是在南非新的综合资源计划（IRP）之后进行的。IRP的目标是到2030年新建6吉瓦的大规模太阳能,以及6吉瓦的分布式光伏发电能力。

（七）加纳

加纳政府鼓励使用可再生能源来降低对化石燃料的依赖度。该国在2011年发布的《可再生能源法案》（第832号法案）旨在支持可再生能源的开发和利用以及投资。

加纳在2021年安装的可再生能源装机容量为170.1兆瓦,而2010年只有2.8兆瓦,在此期间的复合年增长率达到45.1%。加纳安装的可再生能源大部分来自陆上风电和光伏发电设施。

加纳仍在致力将其国民经济从新冠肺炎疫情中复苏。根据该国的可持续发展目标以及《巴黎协定》下的气候承诺,现在可以获得潜在的投资机会。作为《巴黎协定》的一部分,加纳政府已经承诺到2030年将可再生能源普及率提高10%。此外,作为可再生能源总体规划的一部分,加纳综合电力部门总体规划的目标是在2022年至2030年安装大量光伏系统和风电设施。

（八）刚果（金）

目前,刚果（金）全国各地仍面临不同程度的电力短缺问题,其中,加丹加地区和金沙萨地区电力供需矛盾尤为突出,电力缺口分别为750兆瓦和450兆瓦,这些地区经济和工业发展受到严重制约。为尽快缓解这一状况,刚果（金）政府在世界银行等金融机构帮助下积极筹集资金,加紧英加Ⅲ期（4 500兆瓦）、宗果Ⅱ期（150兆瓦）、卡棠德（64兆瓦）和卡波博拉（10.5兆瓦）等水电站的建设。

近年来，刚果（金）政府采取一系列措施促进经济发展和基础设施建设，从而刺激了电力需求的快速增长，全国电力供应明显不能满足需求。刚果（金）政府虽采取了从周边国家进口电能等措施，但仍无法满足国内生产和生活的基本用电需要，造成经常性大范围停电，用户经常依赖柴油发电机自行发电。在刚果（金）东南部的加丹加省，近年来矿业冶炼企业数量不断增多，生产规模逐步扩大，但相应的电力基础设施并未配套升级，导致矿区电力缺口巨大（仅能满足设计能力的40%左右），经常出现不规则停电现象，给企业正常生产造成巨大影响。各企业虽试图通过柴油发电或从赞比亚进口电力等方式缓解"电荒"，但随之而来的是生产成本的大幅上升。部分企业也试图通过自建、合建水电站等方式寻找出路，但短时间内无法从根本上扭转整个矿区缺电的现状。一些中国公司希望在矿区开发太阳能发电项目，由于成本较高，项目开发遇到一定困难，尚无实质性进展。

（九）津巴布韦

2020年3月，津巴布韦启动了可再生能源政策和生物燃料政策，以利用资源优势推动电力领域的发展，提高国家电力供给能力和调节电力结构。

津巴布韦能源部战略目标是到2025年实现可再生能源发电能力达到1 100兆瓦，或发电量占总发电量的16.5%或更高，到2030年实现可再生能源发电能力达到2 100兆瓦，或发电量占总发电量的26%。

2020年11月，该国政府推出《国家发展战略（2021—2025）》，针对基础设施建设提出：将供电量从2 317兆瓦提升至3 467兆瓦；增建280千米输配电网络。

津巴布韦正与赞比亚商讨在赞比西河共建巴托卡水电站项目，总装机容量240万千瓦，年发电量102.15亿千瓦时。

四、结语

本文从撒哈拉以南非洲国家的能源资源情况切入，主要对该区域的电力市场进行了浅析。当然,真实的分析要比本文描述的内容复杂很多,比如宏观环境的分析需要从多维度分析外部因素可能会引起的影响,行业环境的分析需要深入行业生命周期判定以及战略群体分析。而以上几种外部因素形成的影响矩阵,组成了我们判断目标市场可进入性的科学、客观依据。

浅谈津巴布韦电力市场发展

马峥峥[1]

一、津巴布韦市场概述

（一）地理位置

津巴布韦位于非洲东南部，系内陆高原国。北与西北以赞比西河为界，与赞比亚为邻；东与莫桑比克接壤；西与博茨瓦纳毗邻；南以林波波河与南非为界。国土面积约39.1万平方千米，全境内80%的地区海拔在600米以上，其中1/4的地区海拔高于1 200米。

津巴布韦首都哈拉雷属于东二时区，比北京时间晚6小时。

（二）自然资源状况

津巴布韦矿产资源丰富，粗略估计有80多种，已经基本探明的有40多种。主要矿产品为钻石、铂金、铬、黄金、铁、煤炭、镍、铜、铅和锌；工业用矿产品包括石灰石、磷酸盐、黏土和白云石。另外，新探明的沼气储量也极为丰富。据初步勘探估计，津巴布韦铂金储量居世界第二位，铬矿储量居世界第二位，铁矿储量约380亿吨，煤炭储量270亿吨，煤层气储量5亿立方米。2011年在津巴布韦发现储量丰富的钻石矿，初步勘探结果表明，其钻石储量居世界第一。

津巴布韦大部分地区属热带草原气候，年降水量从西南向东北由300毫米递增到1 250毫米。境内大部分河流的流量因降雨不均而变化很大，许多中小河流在天旱时流量很小，甚至断流，因此津巴布韦总体水量并不充

---

① 中国电建集团核电工程有限公司东南非区域公司副总经理

沛。赞比西河是最主要的河流，流经津、赞两国之间并经莫桑比克入海。它的支流遍及津巴布韦西部、北部和东北部地区，水力资源丰富，适合梯级开发建设水电站。

（三）政治社会概况

津巴布韦人口约1 300万，官方语言为英语，主要宗教是基督教（58%）和本地原始宗教（40%）。津巴布韦议会则实行两院制。总统为国家元首和武装部队总司令，国民议会是国家最高立法机构。政府实行总统内阁制，内阁成员由总统任命，具有议员资格才能入阁。

（四）经济发展状况

曾经的津巴布韦是南部非洲的"面包篮子"，农产品远销欧洲，工业水平在非洲名列前茅。但随着2000年穆加贝政府强行推行"土地改革"，英美等西方国家开始对津巴布韦施行经济制裁，津巴布韦经济状况从此一落千丈。2008年前后，津巴布韦发生了严重的货币危机，出现极端通货膨胀，政府不得不取消本国货币津元，采取其他多种国际货币取代津元流通。2009年经济取得短暂的恢复性增长，但2012年后，津巴布韦经济明显下滑，2015年名义GDP为139亿美元，增长率为0.2%。

津巴布韦财政状况长期保持赤字状态，约占GDP的3.6%。公务员队伍庞大，政府财政预算的90%都用于支付公务员工资，致使政府长期无力更新基础设施，国家基础设施破损严重，无论水、电、公路交通都无法满足国民生活需要。在肩负着沉重的公共债务的同时，津巴布韦还背负着巨大的主权外债。

2018年，在国际经济低迷和大宗商品价格持续下跌的背景下，津巴布韦经济状况可谓内交外困、举步维艰。受厄尔尼诺现象影响，津巴布韦经历了几十年一遇的大旱，农业减产，导致约50万民众挨饿。政府为了度过危机，不得不实施短视的"本土化法案"，从而进一步打击了外来投资的信心，工业也陷入瘫痪。

（五）与中国的双边贸易

自西方国家对津巴布韦施行经济制裁以来，穆加贝政府坚定执行"向东看"政策，与中国保持紧密政治外交关系，同时，两国的经贸关系也发展迅速。2017年中国对津巴布韦出口额为5.5亿美元，同比增长37.5%，而中国主要进口烟草和矿产资源，但由于国际大宗商品价格的波动和津巴布韦对部分矿产出口的限制，中国进口额出现下滑，为7.6亿美元。这使得中国对津巴布韦的贸易逆差缩减到2.2亿美元。

二、各行业发展规划

（一）电力发展规划

1. 电源现状

截至2019年年底，津巴布韦有5座电厂运行，均由津巴布韦电力公司（ZPC）投资并运行：旺吉燃煤电站装机920兆瓦；哈拉雷电站装机135兆瓦；布拉瓦约电厂装机120兆瓦；穆尼亚提电厂装机145兆瓦；卡里巴南岸水电站装机750兆瓦。电站总装机2 070兆瓦，其中火电装机1 320兆瓦，水电装机750兆瓦。实际发电能力约1 300兆瓦，如表1所示。

表1　津巴布韦电站装机容量

电站名称	装机容量/兆瓦	实际容量/兆瓦	已运行年数/年
旺吉燃煤电站	920	450	30
卡里巴南岸水电站	750	750	50
穆尼亚提电厂	145	24	69
哈拉雷电站	135	60	69
布拉瓦约电厂	120	16	69
合计	2 070	1 300	

2. 市场目前供需关系分析

自1986年以来，津巴布韦电力需求增长显著。由于经济高速增长，电力需求至2014年已增至2 200兆瓦。然而，国内电站总装机虽然达到2 070兆瓦，但由于大部分机组老化严重，已无法正常运行，发电能力只有约1 300兆瓦，这就导致了接近900兆瓦的电力短缺。电力缺额一般靠从周边国家比如莫桑比克进口，然而，这些国家自身的电力不足已经给津巴布韦进口电力带来了越来越大的压力。为应对电力供应矛盾，津巴布韦目前只能通过定期切负荷以平衡电力系统供需。

3.电力市场预测

津巴布韦电力市场受以下约束，因而电力供应缺口不能在短期内得到填补：

（1）ZPC及津巴布韦输配电公司（ZETDC）财政拮据，无论是短期借贷还是长期投资，ZPC和ZETDC都将持续面临进入主要国际资本市场的挑战。

（2）上一次大的投资还是1986年旺吉燃煤电站二期扩建增加的440兆瓦机组，之后，虽然做了种种努力以吸引投资建设新的发电厂，但由于历史原因都没有实施成功。

（3）现有发电机组除旺吉燃煤电站为20世纪80年代投产外，其余电厂均为20世纪60年代投产。一方面，机组经长期运行，出力下降甚至经常因事故停机，已达不到额定出力。另一方面，机组面临经常检修、被迫停运、煤耗高、效率低、存在严重安全隐患等问题。可以预测，在未来的5~10年，部分老旧机组将会彻底关停淘汰。

（4）整个南部非洲电力联合体（SAPP）电力供应不足的局面预计将至少持续到2030年，由于博茨瓦纳和莫桑比克新增发电机组时间的不确定性，区域性供给受限将持续一段时间。

（5）受厄尔尼诺现象影响，津巴布韦及南部非洲地区干旱、高温情况还将持续，上游来水的减少使卡里巴湖的水位比2022年同期降低了6米，赞比西河道管理局不得不关停卡里巴水电站部分机组，从而进一步加剧了津巴布韦的缺电状况。

根据现有的数据，ZPC保守估计，最大电力需求将从2011年的2 029兆瓦增长到2025年的3 000兆瓦以上。如果不能新增进口电力或国内发电能力，供需缺口预计将从目前的900兆瓦增大到2025年的1 800兆瓦。考虑已列入建设计划的发电项目（旺吉燃煤电站扩建600兆瓦和卡里巴南岸水电站扩建300兆瓦）后，到2025年电力需求仍然超过供给。如果考虑在未来5～10年至少50%的现有火电机组关停淘汰，电力缺口将会更大。津巴布韦电力需求预测如表2所示。

表2　津巴布韦电力需求预测表

年份	正常情况时电力需求 / 兆瓦	较好发展时电力需求 / 兆瓦	政策较好时电力需求 / 兆瓦
2018	2 176	2 197	2 264
2019	2 265	2 292	2 385
2020	2 355	2 415	2 568
2021	2 450	2 547	2 768
2022	2 546	2 683	2 982
2023	2 616	2 794	3 167
2024	2 688	2 911	3 365
2025	2 763	3 033	3 576

4. 电力发展规划

2013年10月份，颁布了新的能源发展计划，其中50%的电源项目都是燃煤电站项目，但是伴随着全球的减碳呼声越来越高涨，津巴布韦固有的煤电计划除了已经开工的旺吉670兆瓦扩建项目外，均处于停滞状态。

表3　津巴布韦电力行业开发计划表

项目	装机容量 / 兆瓦	计划投产年份
卡里巴南岸扩建项目	300	2019 年已投产
旺吉电站 7&8 号机组扩建项目	600	2023 年已投产
戈奎北 1 400 兆瓦燃煤电站项目	1 400	已暂停

（续表）

项目	装机容量/兆瓦	计划投产年份
巴图卡水电站	1 600	2030 年
中非阳光 600 兆瓦燃煤电站项目	600	已暂停

5. 清洁能源

津巴布韦太阳辐射平均为 2 100 千瓦·时/（米^2·年），每年光照时间可达 3 000 小时。可满足太阳能热系统（TSS）及光伏系统（SSF）相关设备应用的要求。津巴布韦目前完成了 3 个 100 兆瓦太阳能电站的招标工作，还有其他一些私人 IPP 太阳能项目都在前期可行性研究阶段。但是，由于政府无法提供电价补贴，在目前的电价基础上，太阳能电站的经济可行性不高。

（二）电网发展规划

1. SAPP

SAPP 成立于 1995 年，总部设在津巴布韦首都哈拉雷，目前共由 12 个国家构成：① 民主刚果共和国；② 安哥拉；③ 坦桑尼亚；④ 赞比亚；⑤ 马拉维；⑥ 纳米比亚；⑦ 博茨瓦纳；⑧ 津巴布韦；⑨ 莫桑比克；⑩ 南非；⑪ 斯威士兰；⑫ 莱索托。总供电面积 926 万平方千米，约占非洲的 28%；人口 2.5 亿，约占非洲的 25%。

为缓解 SAPP 输电工程的阻塞，主要建设了津巴布韦－赞比亚－博茨瓦纳－纳米比亚联网（ZIZABONA）和津巴布韦中部输电走廊工程（Central Transmission Corridor，CTC）。

2. 近期计划建设的主要整治项目

（1）ZIZABONA 工程。ZIZABONA 工程主要是 SAPP 成员国赞比亚、津巴布韦、博茨瓦纳、纳米比亚之间的电网互联工程，计划 2028 年投产。（ZIZABONA 是由 4 个国家名称的前两个字母构成），计划 2019 年投产，拥有总长 408 千米的 400 千伏线路，输送容量 600 兆瓦。

ZIZABONA工程的主要目的有三个：一是消除中部输电通道过载现象；二是通过建设西部输电通道增加SAPP南部与北部之间的电力交换能力；三是增强系统供电可靠性和安全性。

该工程的项目范围：① Hwange至Vic Falls开关站的线路，Pandamatenga至Vic Falls开关站的线路；② Vic Falls至new Livingstone 330千伏站的线路；③ Livingstone至Zambezi站的线路。

（2）CTC。该工程主要是为了加强津巴布韦电网，输送容量300兆瓦，计划2017年投产。工程主要包含以下项目以及一些无功补偿装置，均已完成可行性研究工作。

① 阿拉斯加至舍伍德第二回330千伏线路，长度160千米；

② 班德拉至玛汝尚伽的330千伏线路，长度80千米；

③ 印苏米尼的第二回330千伏线路，长度约40千米。

（3）莫桑比克-津巴布韦2回线路。该工程计划输送容量500兆瓦，以加强莫桑比克与津巴布韦电网联络通道输电能力。

（4）津巴布韦-南非2回线路。该工程计划输送容量650兆瓦，以加强津巴布韦电网与南非电网联络通道输电能力。

以上电网规划项目原计划2018年均建成运行，但由于资金原因，至今没有开始建设。

三、津巴布韦工程承包市场的机遇和挑战

津巴布韦受西方经济制裁，世界银行及其他国际金融机构拒绝给予资金支持，因此，在过去的10多年里，其基础设施建设几乎停滞。近几年，得益于中国资金的支持，津巴布韦逐渐开始了基础设施项目的开工建设。中国电建正在建设的卡里巴南岸扩机项目就是其中之一，也是津巴布韦在建的最大的基础设施项目。项目采用中国进出口银行的优买资金，解决90%的项目融资。项目已经在2018年3月完工发电。

（一）津巴布韦的优势和机遇

（1）津巴布韦与中国是传统友好国家，两国领导人频繁互访。2015年

12月，国家主席习近平成功对津巴布韦进行国事访问，将两国政治外交关系推向新高度。2018年3月，津巴布韦总统姆南加古瓦访问中国，与习近平主席就双方的合作进行了深入探讨，同时就旺吉电站项目的最终落地达成一致。

（2）津巴布韦蕴藏着大量的矿产资源，包括黄金、铂金、钻石、铬矿、煤矿等。一旦全球大宗商品价格复苏，这些矿产资源将逐步产生资金流。津中两国政府一直在探讨基于矿产资源担保的一揽子贷款协议，相信在未来，一定会找到合理的途径解决贷款担保问题。

（3）津巴布韦近20年没有进行基础设施建设，某些领域比如电力和市政供水等已经严重影响了国计民生，成为经济发展的瓶颈，大量的基础设施项目亟须上马建设，百废待兴，市场潜力巨大。

（4）津巴布韦政府正在致力于逐步建设一个民主政府，为彻底解除制裁努力。可以想象，西方国家的制裁解除之时，西方的资金会大量涌入，津巴布韦的经济将迅速恢复，给工程承包领域带来机遇。

（5）津巴布韦社会稳定，治安良好，国民受教育程度较高，民众识字率超过90%，这些都是吸引外国投资的良好条件。相信一旦津巴布韦政府将发展方向调整到经济建设上来，国家经济将会迅速恢复。

（二）挑战和困难

（1）由于穆加贝时代已经彻底结束，现任总统在2023年大选中得到了连任，但是下一任政府大选仍有不确定因素。

（2）三年的全球疫情让津巴布韦的经济雪上加霜，但是通过与中国的积极合作，双方在疫苗的供应上取得巨大的成功，津巴布韦是整个南部非洲最快走出疫情的影响，恢复经济的国家之一。

（3）由于西方经济制裁加上巨额外债，津巴布韦融资渠道过于单一，基本全部依赖中国。但是，中国能提供的资金额度毕竟有限，加上津巴布韦政府财政收入匮乏，还债能力较差，在旧债无法清偿的情况下，很难再获得大量的资金支持。因此，全面开发基础设施的时机仍未到来。

（4）无论是业主还是政府，资金流动性都非常差，几乎无法解决项目资本金。几乎所有的项目都要求100%融资，从而极大地制约了项目的经济可行性。

（5）经济政策不稳定，常常朝令夕改，尤其是政府近几年采取的"本土化"政策，对于外国投资者要求将51%的股权转让给本地黑人持有。该政策极大挫伤了外国投资者的投资信心，令国内大量的工况企业趋于停产。

（6）政府公务员工资水平很低，而且经常拖欠，导致政府部门官僚主义严重，公职人员工作效率低下，腐败严重。

（7）劳动法陈旧、不合理，过于保护本地劳工，对于任何企业都是沉重的负担，推高企业成本，使产品没有竞争力。

四、工程承包领域新形势及对策

宏观上，目前的困难有以下几方面。

（1）全球经济呈现负增长，逆全球化思维显现。三年疫情、俄乌冲突、中美博弈等原因影响，个别国家出现逆全球化思维，贸易保护主义明显抬头，非传统安全风险增大，国际招标项目锐减，新项目开发中断，在建项目履约困难，市场开发和合同履约风险加大。

（2）国际基建市场短期下行趋势加剧。疫情加剧了国际经济下行趋势，全球多数经济体呈现负增长态势，资本避险情绪持续升温，国际基建市场资金缺口将继续扩大，加速冲击许多发展中国家债务的可持续性，进一步限制其实施基建刺激措施的能力，短期内基础设施投资需求将受到进一步抑制。

（3）传统商业模式受到挑战。中国对外承包业务80%集中在亚洲和非洲市场，疫情前市场竞争已经非常激烈，利润空间有限，疫情后市场可能会进一步萎缩。

（4）热点市场趋于饱和，外部竞争压力增大。其他发展中国家是中国对外承包企业的主要市场。受疫情影响，大多数发展中国家的主权债务攀升，国家风险及主权债务风险评级下降，部分国家主权债务违约风险加大，金融机构暂缓放款，融资框架项目急剧减少。

中国海外工程承包业务品种已经从单纯的DBB、EPC或者F+EPC模式发展到EPC+F+Investment、BOT或者PPP模式。这种情况在津巴布韦尤其明显。津巴布韦政府身负重债，津巴布韦财政部已经拒绝为自身没有还款能力的项目提供主权担保，避免进一步增加自身的财政负担。

因此，无论是津巴布韦政府还是中国金融结构，目前都更加看重项目自身的经济效益和还款来源；同时，为了分担风险，中国金融机构会坚持要求承包商参与投资，并在项目完工后负责运营，以保证项目能达到预期的经济效益。

鉴于上述情况，应对策略大体如下。

（1）一定要找好项目。要找既关系国计民生，能够成为国家级最优先发展的项目，又有良好的经济效益，具有自我造血功能的项目，这样才有可能顺应大势，成功获得融资。

（2）融资与投资并举。在充分利用中国政策性软贷款的同时，对于经济效益良好、风险较小的项目，可以考虑参与小比例投资，帮助业主解决资本金难题。

（3）积极进行融资创新。充分利用中国金融机构的融资平台，整合内外部资源，灵活运用各种金融产品，为津巴布韦基础设施项目提供融资方案。

（4）着眼于未来。坚信津巴布韦广阔的市场前景，利用中资企业的全产业链优势，根据其需要，抢占先机，从源头规划项目。

五、结语

津巴布韦的民主进程和开放步伐会更加迅速，同时与西方国家的和解进程也会很快完成，重新融入国际大家庭，津巴布韦的社会经济发展会走上良性循环，同时本国的矿业、建筑业等重工业水平会显著提高，对于电力的需要会更大，即便旺吉电站商业运行后，电力缺口依然巨大，未来新能源电源和输变电项目会越来越多。

希望更多的中资企业能积极参与津巴布韦未来的基础建设，利用我们的专业和资金优势，积极推进更多的基建项目成功落地，为中津友谊做出更大的贡献。

新形势下海外市场营销的思考与认识

杨　毅[①]　宋志杰[②]　王风亮[③]

当前，后疫情时代国家经济市场逐渐恢复正常，海外市场逐渐活跃，对于国际业务发展是机遇也是挑战。全球碳减排和碳中和为各类基础设施建设提出新的要求。国际业务发展顺"时"、应"势"、求"变"，聚焦新能源、矿业、基础设施等各个领域，努力在"一带一路"布局中寻找适宜的区域进行布局，加快海外市场区域深耕。

一、如何推动共建"一带一路"，扩展国际业务新空间

"一带一路"是"丝绸之路经济带"和"21世纪海上丝绸之路"的简称。国家主席习近平分别于2013年9月和10月提出建设"新丝绸之路经济带"和"21世纪海上丝绸之路"的合作倡议。依靠中国与有关国家既有的双多边机制，借助既有的、行之有效的区域合作平台，"一带一路"旨在借用古代丝绸之路的历史符号，高举和平发展的旗帜，积极发展与沿线国家的经济合作伙伴关系，共同打造政治互信、经济融合、文化包容的利益共同体、命运共同体和责任共同体。

2023年是深入贯彻党的二十大精神的开局之年，是推进战略转型和高质量发展的关键一年。自2020年以来，全球经济受到新冠肺炎疫情的冲击，加上贸易保护主义的抬头，全球各国除中国外均有不同程度的萎缩。只有顶住西方国家倒行的政治化经济关系的压力，才能在未来的全球经济中站稳脚跟。需要重点关注以下几个方面。

第一，"一带一路"沿线国家应更好地对接基础设施建设规划和技术标

---

① 中国电建集团核电工程有限公司国际工程公司招投标管理员
② 中国电建集团核电工程有限公司国际工程公司总经理
③ 中国电建集团核电工程有限公司国际工程公司副总经理

准，畅通基础设施骨干通道。完善的基础设施网络有助于降低交易成本，促进要素的跨境流动，拓宽贸易投资的范围，深化市场分工，促进区域乃至全球经济一体化。

第二，各国应加强政策沟通，以互利共赢为原则，推动投资和贸易规则的对接。近年来，各沿线国家在推动贸易投资便利化方面有所进展，但是国家之间的投资贸易壁垒依然存在，加之中欧全面投资协议在欧洲推动也受到了一些国家的阻碍，相互投资面临市场的准入、技术标准、就业政策等方面的约束。

第三，充分发挥多边金融机构的作用，撬动全球资本参与"一带一路"建设。目前，在亚洲地区，已有亚洲基础设施投资银行和亚洲开发银行等机构；在欧洲地区，也有欧洲复兴开发银行等组织。未来，既要充分发挥现有的多边金融机构在"一带一路"建设中的作用，也要积极探索主权财富基金、各类商业性金融机构在"一带一路"建设中发挥作用的有效途径。

党的十八大以来，我国实施了重要的国际合作战略，在国际合作方面发生了很大的变化，对"一带一路"倡议下拓展国际合作新空间实施了许多策略，公司也斩获了不少国际项目，在新形势下，需要扩展国际业务新空间。

（一）树立品牌意识，注重提高质量和加强服务

电力企业开拓电力建设海外项目承包市场，要想得到海外市场的青睐，就要发挥自身优势，在同行业竞争中脱颖而出，成为行业的佼佼者和领头羊。而要实现这一点，最根本的是要保证工程的质量及安全生产，树立良好的企业信用，建立良好的企业形象及声誉。个别电力建设企业的短期行为，不仅会影响到企业自身国际业务的开拓，无法为企业带来长久的利润，还会对国内同行业企业带来不良影响，甚至影响到国家的声誉。电力企业要想在国际承包市场长久立足并长远发展，产品质量与企业品牌声誉比什么都重要。

（二）加强人才培养，制订高素质综合性人才培养计划

打铁还需自身硬，电力企业要想拥有雄厚的实力，在海外市场开拓中占据优势，离不开一支高素质的人才队伍。电力企业在开发国际市场的过程中，要根据项目所在国具体需求制定战略规划，不断调整自身人才队伍建设的方式及方向，加强与一些知名高校的合作，为企业构筑高层次管理人才梯队。对内部员工进行工商管理、国际工程及外语等方面的培训，为企业培养一批专业技能过硬、英语熟练、熟悉国际项目流程及国外法律与文化习俗的复合型人才。同时还要建立良好的用人机制及薪酬机制，引进优秀的社会人才，根据市场及业主需求建立一支契合国际战略需求、具有全球化视野、管理严谨高效、专业能力过硬、综合素质突出、富有战斗力和凝聚力的国际一流团队。

（三）强化市场调查，构建以客户需求为导向的营销策略

要想在激烈的市场竞争中取胜，就必须以市场及客户的需求为战略导向。目前大部分国际电力工程承包项目用的是竞争性招标方式，最低标或者是次低标中标。即便是采用议标的方式，业主也要求承包商以合理低价签约。这就要求我国电力企业承包商充分了解目的国的政治、经济、社会、技术、行业环境状况，以便为工程投标报价提供及时、准确的基础资料，同时充分研究当地的技术条款、合同条款及融资方式，以成本为基础编制最具竞争力的报价。根据市场规律，提高生产的当地化水平，进行资源全球化采购及配置，是降低工程成本的一项重要措施。现如今F+EPC、BT、BOT、PPP等贷款和融资模式受到热捧，正是响应客户需求的体现。

（四）强化对相关国际政策法规条例的学习

完善的规章制度是确保各项工作顺利进行的重要基础，是拓展电力市场的必要条件。要想完成电力市场的拓展，就必须认真研究海外国家的相关规章制度，为电力市场的发展提供有利基础。

二、国际业务高质量优先发展新要求

自2020年年初以来，新冠肺炎疫情的蔓延影响了我国对外经贸发展，

对电力市场开发和项目执行也带来了一定冲击。2022年10月16日，在党的二十大开幕会上，习近平总书记提出，高质量发展是全面建设社会主义现代化国家的首要任务。针对国际市场业务，影响高质量发展的因素主要有以下几个方面。

（1）业务转型压力大，难签高质量订单，国际业务高质量持续稳健发展要求高。

（2）国际业务管控水平不高，难以适应中高端市场的要求。

（3）营销履约融合不够，营销履约团队人力资源水平不够、数量不足，深耕程度不够，资源投入不足，信息化程度弱。

受上述因素的影响，持续开拓国际业务需要结合集团全球发展国际业务集团化、国际经营属地化、集团公司全球化的"三步走"战略，公司始终坚持"国际优先"战略不动摇，优先发展与优质发展并重。顺应绿色低碳趋势，做好国际业务市场开拓，形成海外多元均衡业务布局，需要做好以下方面。

（1）坚持双管齐下、齐头并进的业务模式。一方面，继续加强与电建国际以及区域总部的深度对接，用好集团的营销网络和资源；另一方面，突出强化自身能力建设，增强话语权和主动权，充分挖掘前方开发团队潜力，统筹后方技术和商务团队资源，发挥好分（子）公司的专业优势，并明确其各自分管海外业务的负责人，提高自主开发项目比重。

（2）国际业务跨领域发展。随着国际能源市场的发展和全球各国能源、环保政策的变化，公司国际业务的中心由传统火电向新能源、市政、房建等业务转移，并结合地域特点，因国施策，持续加强海外EPC营销能力建设。积极融入集团营销体系，适应集团海外业务商业模式转型的要求，积极参与"投建营一体化"项目营销。

（3）强化重点区域的市场开发工作。在亚太、东南非、中东等区域国别市场充分发挥好海外分（子）公司和在建项目桥头堡的作用，积极推动重点项目落地，确保业务发展的连续性。

（4）聚焦优质项目，不签没有收入的合同，不要没有利润的收入，不要没有现金流的利润。

（5）加强国际化和推动本地属地化，改变以往带领大量国内劳工出口的现象，多招聘当地人员，在人员、材料、设备等方面增加当地元素；提升技术能力与管理水平，逐步转变为以技术和管理为核心竞争力的工程承包模式；大力发展第三方市场合作，与欧美国家和日、韩开展合作，发挥各自优势，合力开发当地市场；大力发展"投建营一体化"，以投资拉动EPC。

三、新形势下海外市场营销新思路

为在严峻形势下寻求更多项目机会，公司在海外市场营销方面创新思路，主要有以下几方面。

（1）加强资源整合，加快转型升级。现汇竞标项目、主权担保的融资+EPC项目，包括"两优项目"急剧减少，全球范围的债务违约潮将给债务国金融信誉带来极大的伤害。随着多国主权评级的下调，传统以中国资金引领的"EPC+F"模式难以为继，"投建营一体化"已经成为对外承包工程行业发展的共识和趋势。因此，对外承包企业要充分整合资金、设计、设备、运维等资源，依靠自身海外布局优势和EPC执行优势，依托投资型企业资金"走出去"，对于质量较高的项目，要敢于尝试以小比例参股的方式带动项目开发。

（2）高度重视履约精细化管理，推动本土化经营。对外承包企业要树立本土化经营的理念，借鉴西方企业在中国的运作模式，努力培养本土化的管理人才、技术人才和技术工人，降低项目执行成本。同时要认识到今天的现场就是明天的市场，高质量履约是最好的营销广告，要根据公司对市场、客户、项目的定位，加强精细化管理，做好安全、质量、进度管控，积极履行社会责任，在当地树立良好的企业形象。

（3）加强合规管理，做好风险管控。近年来被国际监管机构和多边银行制裁的中国企业案例迅速增多，合规管理整体向规则更复杂、执行更严格、竞争更激烈的趋势发展，特别是后疫情时代，随着中美在各个层面的竞争加剧，国际政治经济形势更加错综复杂，涉美风险、新冠肺炎疫情引发的风险、数据保护风险成为合规管理的热点。对外承包工程企业首先要完善合规管理体系，建立合规管理制度，重点做好腐败行为和投标禁止行为的管理，以联合体、联营体方式投标，还要对合作方进行尽职调查，避免受到牵连违规。

继续加强公司自身的合规体系建设，针对合规进行广泛和深入宣贯，运用多种培训方式，加强对公司员工的合规培训，使合规经营理念及合规经营意识深入人心，营造合规经营文化。同当地主流媒体保持良好的往来关系，出现疑似合规问题时，及时做出澄清、消除疑虑，尽量避免公司遭受合规传闻的负面影响。

（4）推进碳达峰碳中和。稳妥推进境外风光电EPC业务发展。聚焦国家推进的"一带一路"沿线、风险可控的重点国别和地区，把握影响力、带动力、控制力原则，获取信任、增强影响、开拓市场，获取更重要重大的其他项目，稳妥推进境外风光电项目投资。

寻找优质合作伙伴，创新合作机制和商业模式，控制总体投资规模，深耕风险可控的重点国别市场。加强境外风光电投资项目资产经营管理，将未来运营收益或运营风险具有不确定性、小而散的风光电投资项目尽快择机转让，促进资产滚动运营，盘活资产发挥更大效益。

（5）巩固和增强在火电领域市场优势地位的同时，积极构建海外"大建筑"市场，促进公司海外业务多元化发展。主要瞄准开拓房建、市政、矿产项目市场。同时，在传统火电领域，继续保持优势市场地位。

（6）执行机构前移、营销机构前移，宣传和落实"现场即市场"的营销理念。依托海外执行项目，积极筹建区域国别分公司，深化属地化建设，努力打造新项目群。

（7）积极观察市场动向，确定目标，分清主次，重点推动关键项目。对所有跟踪的投标类项目进行梳理和筛选，对于有望签约的项目进行重点跟进和做好资源配置方面的支持，重点专注于新能源投融资类项目，充分利用集团的投融资资源，提前跟踪并锁定项目，并继续以项目中标为目标，发动所有内外部力量，加强探索资源力度，朝着目标继续努力。

（8）提前分析国际关系。下一步需要重点布局政治风险较低的国别市场，对政治风险较高的市场做出退出策划和预案。

（9）利用网络通信手段同业主保持联系，抓住投资等各类型项目机会，快速反应，确保在非常时期能签尽签，内部灵活推进融资类项目，先求生存，后求发展。

（10）注重自我学习，主动积极学习技术、商务、投融资、市场开发业务等方面的知识，提升个人和代表处综合素质和实力，在特殊时期做好知识储备，为新领域拓展做好积累。

四、做好境外廉洁风险防控

加强海外党建是中央企业落实全面从严治党的必然要求，也是推进国际经营的内在要求和重要举措，更是提升企业"走出去"软实力的重要途径。

聚焦关键环节、加大风险防控。要针对海外经营发展新形势和新问题，进一步提升项目廉洁风险防范能力。要坚持问题导向，围绕管权抓好重点人员、管事紧盯重点环节、管钱突出重点领域，定期组织开展廉洁风险排查，制定落实防范措施，分阶段总结梳理排查情况，及时发现问题、纠正偏差、防控风险。

越南SD电力公司发展战略研究

赵中华[①]

一、导论

（一）研究背景与研究意义

1. 研究背景

在中国"一带一路"倡议大背景下，习近平总书记提出了2030年实现碳达峰和2060年实现碳中和的要求，中国政府也对外宣布不再支持中国企业境外建设燃煤火力发电厂，这进一步压缩了传统电力公司的市场份额，因此企业面临着向新能源业务转型的压力和动力，特别是风电和光伏业务。

越南风电市场正在蓬勃发展。越南全国约有3.5吉瓦的风电项目正在建设。据越南8号电力规划（PDP8）分析及各方预测，风电的补偿电价政策将会延续，且将重点支持风电的开发，包括完善海上基础设施的建设，港口、海上作业船、风电装备的引进等，并计划2030年达到20吉瓦的风电装机，未来5~10年，越南风电尤其是近海风电仍有望保持快速增长。

综上所述，本文研究越南SD电力公司的发展战略，符合国家"一带一路"倡议，符合越南基本国情及政策发展方向，也可以为SD公司的持续健康发展提供指导。

2. 研究意义

本文研究的目的是分析越南SD电力公司的发展情况，建立公司的发展战略和具体保障措施，并提出有效的策略和方法，使越南SD电力公司可以

---

① 中国电建集团核电工程有限公司国际工程公司副总经理

更好地长期健康发展。

期望通过本文的研究，使越南SD电力公司实现可持续健康发展，提高公司的竞争力和生存能力，新签合同额及产值获得稳定增长，实现企业效益最大化，为国有企业健康可持续高质量发展提供决策依据。

（二）研究思路和研究方法

1. 研究思路

对研究背景和研究意义进行了说明，点明了越南SD电力公司需要解决的问题。通过对宏观环境的分析、越南电力市场分析以及企业本身的特点分析，运用SWOT、PEST工具以及问卷调查法进行分析，选择了适合越南SD电力公司的发展战略。

2. 研究方法

主要采用SWOT、PEST、问卷调查法等研究越南SD电力公司的发展战略。

（1）SWOT工具。通过SWOT工具，分析了越南SD电力公司的优势、劣势、机会和威胁，找出适合企业的备选战略。

（2）PEST工具。通过政治、经济、社会和技术方面对企业外部环境进行分析，评估企业在外部环境中的表现情况。

（3）问卷调查法。在解决方案以及解决问题的过程中，通过问卷调查的方式邀请专家进行打分评判。

（三）主要创新点

全面分析了全球大环境以及越南电力市场的发展趋势和未来5年风电的发展潜力，结合企业自身的特点，制定了适合公司发展的战略。本文理论结合实际，作者有着丰富的海外工作经历。本文是近年来对越南市场环境的深入分析后的思考和总结，可以为中国企业在越南国别的发展提供一定的帮助。

科学评估了大型企业在发展中存在的问题，充分考虑了在组织机构和决策机制不灵活的情况下如何制定适合企业的发展战略，如何面对复杂多变的市场变化情况，保障措施中如何进行履约和风险把控，提高竞争力，加强属地化发展道路，提高各类资源整合能力。

二、越南SD电力公司外部环境分析

（一）宏观环境分析（PEST分析）

1. 政治及法律环境分析

为适应清洁能源发展潮流，减少环境污染，越南政府鼓励和吸引外资进入该领域投资，采用政府补贴形式，近3年以来可再生能源在越南发展迅猛。2022年初，越南提出国家能源发展战略的具体目标：2030年新能源比例将达到15%～20%。在2021年11月举办的第26届联合国气候变化大会（COP26）当中，越南承诺逐步淘汰燃煤发电，更正式宣布于2050年实现净零排放。2023年5月，越南副总理签发PDP8，未来5年越南风电特别是近海风电将会快速增长。

另外，在"一带一路"倡议下，中国从"十二五"末开始，都将重点放在加强与周边各国的协作上，积极推动清洁可再生能源领域的发展，如风电、水电、太阳能、核电等，与越南开展风力发电工程的伙伴关系日益密切。

2. 经济环境分析

越南是湄公河流域最大的经济体，人口为9 800万，人均GDP在2022年达到4 000美元，最近几年GDP增速分别为7.02%（2019）、2.91%（2020）、2.58%（2021），2022年GDP增速达到8.8%。越南计划到2045年将可再生能源装机容量扩大至1.27亿千瓦，其中太阳能光伏和风电分别占43%和48%。

3. 社会文化环境分析

越南是社会主义国家，越南政体与中国高度相似，越南共产党是越南唯一党派也是执政党。越南实行一党制的人民代表大会制度，国会为越南最高权力机关。经济方面，2006年11月加入WTO后，越南制定了很多优惠政策，加大吸引外资力度，实行经济自由化，促使国内市场进一步开放，进而推动宏观经济快速增长。在外交方面，越南保持全方位、多样化、全面交友的外交政策，近几年与中国关系持续升温。阮富仲总书记是中国共产党第二十次全国代表大会后第一个访华的外国领导人。

4.技术环境分析

风电市场的发展趋势主要集中在5兆瓦以上的风力发电机组。该型风机可以满足恶劣的气候条件。目前我国的风机发展水平处于全球前列。在软件技术方面，风电专业技术人才数量不断增加，人才建设规划稳步实施，这些都为风电发展提供了良好的技术基础。同时，输变电技术的快速发展，特别是超长距离输电技术的发展，使风电的消纳问题得以缓解。风力发电工业实现了连年的快速发展，其广阔的发展前景不言而喻。

（二）行业发展现状分析

越南位于中南半岛东南端，三面环海，地形狭长，略呈S形。越南自然环境优美，旅游资源丰富，矿产资源种类繁多。在过去的25年里，越南的经济增长每年达到6%以上。与此同时，在能源需求下，GDP几乎增加了2倍。在未来几年，预计能源的需求会持续增长，越南的能源部门将不得不面对许多挑战，例如有限的国内化石资源、空气污染和气候变化以及水资源短缺等。越南是世界上受气候变化影响较大的5个国家之一。该国的电力供应不可靠，尤其是在农村地区。为了应对这些挑战，必须通过立法来改革投资的框架条件，以吸引外国投资，并最终刺激可再生能源发电能力的增强。

三、越南SD电力公司内部资源分析

（一）越南SD电力公司简介

越南SD电力公司是一家集勘察设计、投资运营等业务于一体的综合性电力公司。公司拥有科技创新中心，具有以BOOT、PMC、DOBT等方式实施项目的能力，经营范围涵盖了电站、国际贸易、基础设施等多个行业，目前在越南从事电力投资、EPC总包、设计咨询、设备制造等业务，是越南知名的电力公司。

（二）越南SD电力公司的资源分析

1. 财务资源

越南SD电力公司十分重视资金的安全与稳健，保证了公司安全稳健发展，同时从中国香港发债，解决资金问题。越南SD电力公司充分发挥自我融资的能力，积极对接本国、中国及国际间银行组织，获取较低利率的美元融资，通过以上融资形式满足企业在越南发展的需要。

2. 人力资源

越南SD电力公司具有完备的组织机构，注重强化员工培训，对公司中层、基层干部、项目经理及入职员工分层次进行系统培训。近年来组织线上管理类培训20次，线下管理类和技能培训25次。

经过长时间的培训和招聘，越南SD电力公司拥有一批高素质的优秀管理团队，拥有充足的科研团队和技术管理人才。目前中方员工356人，外籍员工131人，共计487人。外籍员工经过培训和在项目上的锻炼，已经为公司在越南的发展提供了非常大的帮助，用当地人管理当地人，实现了初步的属地化运营，提高了企业的竞争力和社会形象。

越南SD电力公司中越管理人员超过200名，其中调入的近50名中方人员有着风电、光伏、LNG项目管理经验，通过在越南及其他国家项目的历练，积累了良好的设计管理、采购管理、施工管理、安全管理和质量管理的经验，完全具备了在越南开发风电项目及进一步开拓、承建燃机项目的能力。

3. 市场资源

最新版电力规划即将出台，风电市场前景广阔，这正好是越南SD电力公司的主营业务。越南金瓯海上风电项目是公司目前承接的海上风电总承包项目，是东南亚地区最大海上风电项目。工程完工后每年将新增发电量约11亿千瓦时，节约标准煤约45万吨，减少二氧化碳排放约88万吨，将显著改善当地乃至整个越南南部地区电力短缺现状，在越南具有很好的市场示范效果。

四、越南SD电力公司发展战略的确定

基于企业所处的内外部环境及面临的威胁等综合分析，选择企业的优势、劣势、机会和威胁因素，将各个因素进行比较和匹配，从而制定符合公司发展的战略（表1）。

表1　越南SD电力公司发展战略

外部环境	内部环境	
	优势（S）	劣势（W）
外部环境	S1.品牌赞誉度高 S2.资源整合能力强 S3.竞标能力强 S4.当地关系强 S5.属地化能力强	W1.产品种类少 W2.市场占有率低 W3.海外业务能力不足 W4.人才储备不够 W5.融资难度高
机会（O）	SO 战略	WO 战略
O1.政策鼓励风电发展 O2.越南风电市场潜力大 O3.政府财政补贴 O4.替代品威胁小 O5.无弃风限电	1. 将所具有的竞标能力发挥到最大 2. 发挥品牌的影响力，继续提高各方面的资源整合能力 3. 继续扎根深耕越南，走属地化发展道路	1. 储备更多专业复合型人才及高技术人才，尤其是在风电方面，以便帮助企业发挥显著人才优势 2. 提高市场占有率
威胁（T）	ST 战略	WT 战略
T1. 西方及日本的标准及融资优势 T2. 电网建设速度缓慢且难以实现并网 T3. 汇率变动大 T4. 疫情常态化 T5. 8号电力规划未批准	1. 在发展主体业务的过程中，要结合自己的具体需求，进行相关多元化的经营 2. 实现多样化，将公司的业务拓展至其他相关的电力行业，如物流贸易，以分散式的方式避免公司发展的危险	1. 针对越南风电市场需求，控制其规模，可以通过出售或者关闭等形式 2. 集中精力发展最中心业务，削弱国外企业带来的威胁挑战，排除不良因素的影响

越南SD电力公司的企业使命是助力越南新能源发展，为越南人民带来绿色光明。明确越南SD电力公司战略目标，确保越南新能源贡献率2025年超过20%，2030年超过25%，扎实推动公司业务高质量发展，为越南绿色能源发展贡献力量。

以服务"一带一路"建设为宗旨，以共商、共建、共享为理念，从2022年开始，越南SD电力公司继续深化与越南国家电力发展战略对接，重点瞄准越南可再生能源（风电）项目开发，同时积极寻求具备价值的项目并购机会；以最新修订版的PDP8为战略指导，规划越南SD电力公司的风电增量装机规模；坚持属地化发展，加强和当地政府的合作和交流。

通过对越南SD电力公司所处外部环境以及内部资源的研究，采用SWOT矩阵进行了综合分析，按照整体的发展战略要求。要想完成公司的使命，实现企业的愿景和发展，越南SD电力公司应该采用增长型的发展战略：第一，将所具有的竞标能力发挥到最大，凭借自身竞争优势，致力于企业规模的稳步扩大。第二，发挥品牌的影响力，继续提高各方面的资源整合能力。第三，继续扎根深耕越南，坚定地走属地化发展道路。瞄准越南的风电市场潜力，进而提前锁定市场开发的机会。

五、 越南SD电力公司战略实施

（一）提高企业竞争力

竞争力是公司赖以生存的能力，也是生存之本。在越南新能源大发展背景下，必须继续提高企业的竞争力。

1. 科学竞标

项目竞标是体现公司核心竞争力的一种检验方式，越南风电项目存在较为严峻的竞争形势，欧美公司靠技术、标准、性价比等获得较强竞争力。越南当地公司也慢慢成长，屡屡刷新最低价，是潜在的威胁。

越南SD电力公司的项目竞标是市场部标书经理负责制，经过分解后由各部室配合，经营部负责测算报价，物资部负责设备和物流方案及询价，设计管理部负责设计方案，财务部负责税务，法律风险部负责法律风险。

各部门各司其职，充分考虑各种影响后形成最终方案。

2. 全产业链优势

公司业务涉及传统火电、水电、新能源、储能、运维、施工、房建、码头、道路桥梁等业务，具有非常好的企业形象和业绩，在新能源、火电和水电领域稳居越南第一，近年来已打造新能源、运维、设备制造和储能等四大核心业务。

越南SD电力公司应充分深入于业务深耕国别，为中国公司在越南的发展提供经验。越南SD电力公司目前重点打造风电业务，依托前期项目积累的资源，打造风电的核心竞争力，获得了风电业务在投资、融资、设计、采购、施工和运维等全产业链的优势。

3. 整合形成项目信息数据库

为了能更好地控制报价，需要建立强大的数据支撑，人材机方面每个月定期从市场了解行情，结合项目部实际购买情况，定期更新。

税务方面聘请德勤为税务咨询，关注越南国家法律变化而引起的各种风险，针对不同项目请德勤出具合理的税务筹划方案。

（二）提高属地化能力

为了进一步提高市场影响力，公司做好属地化发展，深耕越南市场，以机构属地化带动公司属地化建设。

结合公司的实际情况，属地化统一部署，逐步建立一套适合企业发展的属地化发展制度。学习其他公司的先进属地化发展制度，吸收其经验教训，形成公司特有的属地化发展道路。在属地化管理优化的过程中，多听取和采纳越籍员工的意见和建议。只有得到当地员工的认可，制度才能更加有效和具可操作性，公司才能获得更好的发展。

（三）提高资源整合能力

1. 融资整合支持境外风电

加强和信保、银行等金融机构的沟通。中信保是政策性的金融机构，具有国家主权担保的性质，因此如果中信保评估项目可操作，项目就会有很大的成功可能。

相对于业主自行解决融资，越南SD电力公司与中信保及银行有紧密的合作关系，有利于减少来自融资的限制，降低成本，方便资金的获取。

2. 整合设计资源能力

与国内实力强的新能源、市政工程设计院进行合作，建立战略合作关系，加强沟通交流，提升自身综合设计能力。

六、研究结论与展望

（一）研究结论

在全球双碳目标的大背景下，越南的风电也在迅猛发展。越南SD电力公司应该采用增长型战略，抓住这一历史机遇，提高竞争力，提高资源整合能力，提高属地化能力。

第一，目前越南风力发电的需求旺盛，资金短缺。越南正在吸引国外公司投资开发风力发电工程。G7国家逐渐关注起了风力发电在越南发展的前景，在越南开展风力发电，已然成为了潮流，日本、韩国纷纷加入其中，中国也是如此。

第二，越南SD电力公司立足在越南进行属地化发展，在价格方面也优势明显；同我国其他企业相较而言，其拥有着良好的品牌信誉和市场占有率，成本控制到位，成本低，竞争力非常强。

第三，越南SD电力公司业务的拓展，必须依靠完善的发展战略计划，通过增长型战略选择，确保在疫情的冲击下加强市场影响力和竞争力，维护自身的品牌信誉，走长期稳定的发展之路。

第四，越南风电市场潜力巨大，但是相较于其他国家还存在很多需要学习和借鉴的地方，所以要加强中国产品的宣传，通过优秀的履约能力赢得市场和口碑。

（二）研究展望

本文着眼于探讨如何帮助越南SD电力公司长期稳定发展，帮助其制定相应的发展战略。通过现有理论的整理和分析，采用多种研究方法，针对越南SD电力公司在越南的发展现状，并结合越南市场的现状，就其制定适合的发展战略进行了探讨。受限于作者自身研究能力以及工作经验，论文尚存在诸多不足，具体如下。

第一，研究领域较窄。目前已有不少风力发电公司进入越南，但由于本论文仅针对越南SD电力公司的现状进行了分析，因此，所得结论并不完整，无法反映出真实的状况。在未来的研究中，期望能有更广泛的应用。

第二，实践不足。本论文的战略部分是建立在理论剖析的基础之上，相关的实际操作和实证研究相对匮乏，案例分析也不够全面，许多战略有待于时间的考验。

参考文献：

[1] 刘振亚，张启平. 国家电网发展模式研究［J］. 中国电机工程学报，2013，（30）：23-30.

[2] 陈志平. "实物法"在国际项目投标报价中的应用［D］. 天津：天津大学. 2013.

[3] 贾旭东. 现代企业战略管理思想、方法与实务［M］. 北京：清华大学出版社，2018：12-22.

[4] 蔡颖隆. 中国参与"一带一路"沿线国家基础设施建设的现状和影响因素分析［D］. 北京：北京外国语大学，2019.

[5] 王蓓. 越南电力市场开拓探讨［J］. 东方电气评论，2020，（34）：83-88.

[6] 任磊磊. 越南风电、光电市场投资浅析［J］. 电器工业，2022：70-77.

[7] 张强. GS火电工程公司发展战略研究［D］. 江苏大学，2019.

[8] 梁文东. H电力公司华东分公司竞争战略研究［D］. 山东大学，2020.

[9] 邓志伟. 未来10年东南亚重点部署智能电网［J］. 电源世界，2014，（11）：13-18.

[10] 张协奎，陈敬安. 中国企业投资越南基础设施建设探讨—中国企业投资东盟国家基础设施建设系列研究之二［J］. 广西大学学报（哲学社会科学版），2019，

（02）：98–106.

［11］托尼布什. 当代风电企业发展管理模式［M］. 南京：南京师范大学出版社，2016：30–33.

［12］葛洪伟. 基于哈佛分析框架下的风电企业财务分析——以金风科技为例［J］. 财务与金融，2019，（06）：59–62.

［13］朱永新. 风电企业发展战略的选择［J］. 中国高教研究，2017，（3）：23–25.

［14］林绿浩，胡晓曦，李子萧，熊彬. 我国风电的SWOT分析及发展规划［J］. 中国水力发电及电气化，2012，（04）：38–42.

［15］周斌. 风电企业生产管理模式探索［J］. 机电信息，2020，608（02）：121–123.

［16］Wai Wah Low, Hamzah Abdul-Rahman, Norhanim Zakaria. The Impact of Organizational Culture on International Bidding Decisions；Malaysia context［J］. International Journal of Project Management，2015，33（4）：917–931.

［17］Kishimoto J，Goto M，Inoue K. Do acquisitions by electric utility companies createvalueEvidence from deregulated markets［J］. Energy Policy，2017，（105）：212～224.

［18］Anna Kosieradzka，Katarzyna Rostek.Process Management and Organizational Process Maturity［M］. Palgrave Macmillan，Cham：2021.

地方建筑企业如何能长驻一个国别市场

李瑞国①

近年来，随着国内建筑市场竞争加剧，"一带一路"建设步伐加快，越来越多的建筑企业选择"走出去"谋发展。国际工程行业同样面临着巨大的竞争压力，特别是中国同行业间的"内卷"，致使投标价格直线下降，施工风险凸显，地方建筑企业承揽海外工程只能险中求进；部分国家陆续出现主权债务违约事件，主权担保愈加困难，央企凭借资金、技术、资源整合的优势，跨行业经营，大小项目"通吃"，这使得地方建筑企业的工程承揽之路更加艰难；传统的工程承包模式逐渐减少或难以为继，开始向更高质量的发展方向迈进。

普通的地方建筑企业在全产业链的资源整合上面临严重不足，处于国际工程承包产业链的中低端，且进入一个国别市场，前期投入较大。地方建筑企业在已经"走进去"的市场中"走下去"，进而"走上去"，就显得至关重要。笔者结合十几年的海外工程市场实践，认为关键是要做好以下6个方面。

一、精挑细选，开拓国别市场不搞大水漫灌

要聚焦与企业自身能力相匹配的国别，打造与企业资源相匹配的国别数量，否则资金支持与管理资源跟不上，就可能一溃千里。进入一个国别，就要想办法"走下去""走上去"。"走下去"就是要持续经营，"走上去"就是要在持续经营的基础上高质量运行。首先从公司管理层角度，要选择"一带一路"沿线与中国关系友好、资源储量丰富、工程承包市场对

---

① 山东高速德建集团有限公司副总经理

外开放且本土工程承包商能力不太强的国别。一旦选定，就要树立"只要当地人能做，我们就一定能做；只要其他公司能在这个国别发展，我们就一定能发展下去"的信念。没有大项目时，做小项目；没有小项目时，做国际贸易或分包央企项目，养精蓄锐。不可能所有项目都盈利，也不可能所有年份都盈利，必须要持之以恒、久久为功。要求每一任国别负责人都贯彻这个信念，国别的员工可以轮换，但公司运营不能停止，要有"咬定青山不放松"的精神和士气。

二、整合资源，打好拓展国别市场的组合拳

建筑企业的优势必然是项目施工，但"走出去"的方式可以是多种多样的。比如：从当地政府或者个人投资者手里承揽现汇项目；通过给当地政府"讲故事"，帮助他们策划设计民生项目并落实融资，开展工程项目建设；做大企业的分包，组成联合体共同投标，通过借船出海、抱团合作、优势互补，共同"走出去"；投资拉动购置土地，用来建设工厂或进行房地产开发；等等。

随着市场的激烈竞争，地方建筑企业应正确认识到：要想"走出去"，必须以工程承包为基础和主业，充分整合资源，发挥资源和技术优势，满足不同国别的发展需求，推动所在国别经济与社会发展。"走出去"的过程中，企业既要做具体操作者，也要做资源整合者，积极拓展所在国别有优势的上下游相关产业，以此实现企业海外业务的多元发展。

三、健全制度，保障国别市场健康长久发展

国别市场"走下去""走上去"与国内总部政策支持密不可分。既然选择"走出去"，公司总部就要给予国别市场强有力的支持，在政策上给予充分的倾斜，如支持所在国别市场发展到一定的规模以后，建立常驻基地，让员工的工作生活环境更舒适，更有家的感觉；同时又要断了后路，让海外全体员工明白"走不下去"就没有出路，让员工不得不"走出去"，又乐于"走出去"。国内总部要成立专业服务支持部门，让听见"炮火"的人来指挥战斗，让听见"炮火"的人呼唤"炮火"，这样大家在一线的工作才能得心应手，才不至于叫天天不应，叫地地不灵，无所适从。

风险无处不在、无时不在。要想在一个国别市场健康长久地发展，必须做到合规经营。不仅要建立健全内部各项管理制度和机制，也要熟练掌握外部的反腐败、出口管制、反洗钱以及所在国别劳工、税务、环保、安全、质量等方面的法律法规。作为国际工程承包的地方建筑企业要与时俱进，定期评估企业内外部风险，持续对合规体系进行调整和完善。空谈误国，实干兴邦，合规化的制度政策在建立和完善时要结合企业实际，真正做到务实适用，为企业健康长久"走下去""走上去"保驾护航。

四、团队建设，实现国别市场融情聚力共创

员工背井离乡，奔赴海外一线，他们中的大多数正值上有老、下有小的年纪，由于工作性质，本就与家人聚少离多，甚至家里老人去世也不能尽孝，爱人生产不能陪护。作为企业，有责任、有义务将团队建设的范围从员工扩大到员工家属，营造"融情、聚力、共创"多赢的企业氛围。

要支持境外公司千方百计丰富员工的精神生活。在保证海外员工安全的前提下，利用假期等业余时间开展生日会、读书会、球类比赛、厨艺大赛、牌类游戏、出游、野餐、参观等多种活动，同时组织员工参加老乡会、商会等行业活动。

国内总部要针对员工及员工家属开展一系列活动，比如送感恩，每年春节、重阳节为职工父母发放慰问金及慰问信、组织聚餐；送教育，每年组织职工子女参加夏令营、特长班或提供教育补贴；送健康，每年组织员工及配偶进行全面体检；送关怀，每年组织国内员工集体旅游，为休假的海外员工提供旅游补贴，要求带家属，定期走访探望境外工作的员工父母，尽全力帮助解决后顾之忧等等。通过一系列务实有效的举措消除海外员工的后顾之忧，让员工能够踏踏实实地在海外工作。

五、根植当地，支持国别市场的可持续发展

属地化建设是"走出去""走下去""走上去"的关键抓手，是利益、责任、命运的内生需求。虽然所在国别允许境外公司在当地承揽项目，但任何一个国别都需要解决当地的就业和民生问题，他们不愿意给太多的中国员工工签名额。因此，抓好属地化建设有助于提高企业所在国别的市场占有率，降低所在国别的经营风险，提升盈利能力。

除此之外，积极履行社会责任对于长驻一个国别市场亦是至关重要的。要全面深刻理解履行社会责任的内涵，不能片面地以搞慈善、做宣传为主，而是要通过培训提高当地员工的劳动技能，要加强对劳工权益和当地环境的保护，尽己所能促进当地经济社会发展，做到合作共赢。同时还要善于与当地媒体打交道，讲好中国故事，做好媒体宣传，根植当地，实现国别市场的可持续发展。

六、上下一心，打造国别市场风清气正氛围

要想在一个国别市场坚持运营下去、健康发展下去，只有信心还不够，还要形成一股上下一心的企业风气。"千里之堤，溃于蚁穴"，特别是做国际工程承包的地方建筑企业，"将在外，军令有所不受"，员工的人品尤为重要，公司要通过持续的思想教育，使员工具备吃苦耐劳、以身作则、严于律己、宽厚待人的品质。

企业要坚持"五湖四海、任人唯贤、德才兼备、以德为先"的用人原则，围绕组织体系建设、薪酬绩效制度、职业发展通道等内容改革创新，使"员工能进能出、干部能上能下、收入能增能减"。坚持与时俱进的薪酬体系和丰富多样的企业文化，让员工信赖企业，以企业为家，与企业同舟共济。

要特别发挥国别负责人的模范带头作用，要求员工做到的，国别负责人首先要做到。如所在国别发生战争、动乱等严重的社会治安问题，国别负责人要与员工在一起；春节、中秋节，国别负责人必须和员工一起在国外过节；管理人员和外派劳务人员食宿统一标准、统一管理，不允许管理人员搞特殊，更严禁国别负责人搞特殊。要给予国别负责人充分信任，疑人不用，用人不疑，企业制定市场发展方向，在合理合规的制度下，让国别负责人有更大的发挥空间，努力打造风清气正的企业氛围。

　　"长风破浪会有时，直挂云帆济沧海。"党的二十大报告指出，要"坚持高水平对外开放，加快构建以国内大循环为主体、国内国际双循环相互促进的新发展格局"。相信只要坚守初心、持之以恒，地方建筑企业也一定能够实现从"走出去"到"走下去"再到"走上去"的华丽蜕变，在国际国内双循环的大格局中闯出新天地、实现新作为。

新环境下电力装备企业的"走出去"

邓晓峰[①]

当今世界正在经历百年未有之大变局。大国关系竞合博弈，全球化动荡调整，文化多元化逐步走强，新技术新产业势不可挡，"黑天鹅""灰犀牛"层出不穷。我们面对的是一个不再那么熟悉的世界，它充满着不确定性、模糊性，也充满着希望、力量。

一、当前及今后一个时期的新环境

（一）宏观环境

一方面，国际宏观环境呈现地缘政治博弈加剧、地区局部冲突频发、贸易保护主义盛行等特点，这将显著延缓世界经济复苏，改变国际产业结构和国际供应链，改变国际政治经济格局。中美两个大国之间的对弈将成为一个时期的主旋律。另一方面，世界经济发展离不开中国。中国是世界第二大经济体、全球唯一拥有联合国产业分类中全部工业门类的国家。随着"一带一路"倡议和深化对外开放的持续推进，世界与中国的联系将更加紧密。

（二）行业环境

联合国2030年议程力求实现三大目标：解决8.4亿无电人口问题、实现低碳能源发展、把全球升温控制在1.5摄氏度。推进绿色电力建设、发展低碳清洁能源和可再生能源已成为全球共识。"一带一路"国家为推动工业化和民生发展，对能源特别是电力的需求十分强烈。2030年，亚洲国家有望全面实现电力普及，非洲电力普及率有望上升至66%左右。开展能源合作是

---

① 东方电子股份有限公司高级管理经理

推进"一带一路"基础设施建设的重要内容，也为中国电力技术、装备及管理的"走出去"提供了重要机遇。

当前及今后一个时期中国发展的内部条件与外部环境都已经发生或将要发生重大变化。内部进入"新时代""新常态"，外部也面临着"新环境""新挑战"。企业作为其中的基本单元，无法置身事外，必然会受到多种作用与影响。

二、新环境下"走出去"的主要风险及机遇

（一）主要风险

1. 地缘政治带来的风险

随着综合国力的大幅提升以及在国际事务中的作用及话语权越来越重，中国不可避免地会与其他主要经济体和国家产生利益碰撞、摩擦。地缘政治竞争的最后是经济和科技的竞争。美国对中国在政治、外交、经济、科技等方面的全方位围堵与打压，给中国企业"走出去"带来了极大的不可控风险。在美国胁迫下，多国政府多个企业在芯片产业领域对中国进行限制。因为边境冲突，中印关系持续遇冷，印度掀起了对中国投资、技术、产品及商务往来的限制。

2. 贸易保护主义带来的风险

贸易保护主义具有连锁性。美国在世界各地挑起的贸易战，将严重阻碍贸易全球化、便利化，改变国际产业链和供应链。如果贸易保护主义一直持续，理想的国际市场将不复存在，原来全球一体化的供应链将变成短链或区域链，买和卖都将变得困难。企业将面临技术引进及原料采购不畅、被强制列入制裁清单、出口锐减甚至停滞、无法收汇等风险。

3. 东道国政局不稳或政策突变带来的风险

东道国政府当局领导层变动、政府内外政策突变、社会不同阶层间利益剧烈冲突对抗以及国民经济发生剧烈变动等不稳定因素，都会使企业的生产经营成本、项目执行成本等大幅提高，甚至企业的在执行合同或项目还会被强制取消或暂停，从而给企业带来不可预估的损失。近年来，一些

非洲国家、南亚国家、南美洲国家等都出现过此类情况。

除此之外，企业"走出去"还面临着战略判断失误、资金链紧张或断裂、项目执行失控等经营性风险。

（二）主要机遇

1. 政策机遇

随着"一带一路"倡议和深化改革、扩大开放的持续推进，中国必将形成全新的对外开放合作格局，在多个领域深层次地融入世界经济复苏进程，为世界经济的发展发挥更大的推动作用，这将为中国企业的海外市场拓展提供有力支撑和保障，推动众多企业更好更快地"走出去"。

2. 市场机遇

亚洲的泰国、马来西亚、老挝、缅甸、柬埔寨、孟加拉、沙特、乌兹别克斯坦、塔吉克斯坦等国家虽然经济发展阶段各不相同，但都面临着相对落后的电力基础设施建设对其经济社会发展的制约。大部分非洲国家为了改善民生、发展经济，对电力基础设施建设与普及也存在着强烈的需求。这些国家的政府和企业普遍欢迎来自中国的投资与建设。

3. 技术机遇

新技术是把双刃剑，带来风险与机遇。积极的人更喜欢把它当作企业发展壮大的机会。高科技领域有个重要的"主航道效应"：谁占据了整个行业最具引领性的趋势，谁就会脱颖而出。在5G、AI、大数据、云计算、物联网等新技术逐步大量应用在当今的电力领域，企业如果脚踏实地、深耕创新，那么就有可能成为某个细分领域的引领者。

另外，国内完备的工业体系、专业技能人才红利、产业规模效应等也为企业"走出去"提供了有利机遇。

三、新环境下"走出去"的思考

（一）用好国际国内两个市场、两种资源

面对纷乱严峻的新环境，党中央提出打造和形成"双循环经济"的新发展格局。企业应把握大势，顺势而为。要立足立稳国内市场，充分利用

国内超大规模市场优势和内需潜力，把做好国内市场作为"走出去"的前提和支撑。要继续开拓国际市场，分类分策地对不同市场进行识别，制定出对应的执行战略，把"走出去"作为国内市场的补充和扩展。

（二）坚持国际化战略不动摇

从长远看，经济全球化仍是历史潮流，各国分工合作、互利共赢是长期趋势。当前一个阶段，受地缘政治博弈和全球经济低迷的影响，中国企业的国际化之路有不公、有挫折。对此我们要有百折不挠的韧劲，保持战略定力，不因为一段时期内的困难就轻易放弃多年来国际化开拓的成果。"走出去"是在这个时代成为"百年企业"的必然历程，也是有志于在这个时代成大事者的必然选择。

（三）做好合规体系建设

合规是企业的立身基石。一个企业只有身正律己才能行稳致远。在美国动辄就将经贸问题政治化，胁迫联合其他国家对中国企业以"莫须有"的理由进行打压围剿的今天，我们更要重视合规建设，不做不合规的事，不授人以柄。海外合规是一个内容广泛的概念，包括企业对他国和国际一系列重要法律法规的遵守，例如国际反腐败相关公约和法律、出口管制、财务审计、海外劳动法规等。我们应加深对海外合规的学习，建立自身合规内控体系，保证全业务流程的合规性。

（四）高度重视风控管理

通常海外项目执行的风险维度与综合环境要比国内项目更复杂、更多变，风控能力就成为海外项目执行的必要能力之一。我们要时刻保持风控意识，提升识别风险的能力，对项目的国别风险（含政治风险、法律风险、与中国双边关系风险等）、参与方风险、商务风险、技术风险、财务风险、卫生安全风险等进行精确识别，降低和规避项目风险。同时，在实践中完善风控体系，不断提高风控能力和水平。

（五）海外市场开拓要随势而变

随着外部环境、条件的改变，海外市场的战略也应进行相应改变。兵法讲"守则不足，攻则有余"。当条件和资源不足或不利时，就应该在防御中进攻。当前的环境下，我们要做到心中有数、进退有度，在保证原有市场阵地不丢失的前提下稳健开拓新市场。我们要通过"留债展期"、库存产品快速变现、加速应收账款回收、开源节流等方式保证现金流的稳定与安全，做到"现金为王"。我们要以客户为中心，打开产品与业务的边界，对不同区域和市场的客户需求进行分析识别，创新业务模式与产品，实现创新驱动发展。

千里之行，始于足下。全球化承载着人类探索与发展的愿望。历史的车轮总是滚滚向前。新环境新形势下企业的"走出去"任重道远，也如日方升。

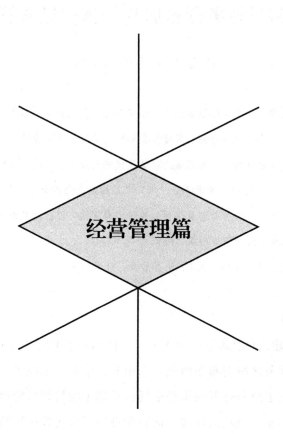

经营管理篇

P公司海外业务营销履约一体化经营管理探究

韩胜星[①]　周生明[②]　尹枭训[③]

摘要：在"一带一路"倡议下，我国海外工程业务发展迅速。海外工程项目具有差异性大、风险性高、管理复杂和执行周期长等显著特征。在复杂的国际形势和多变的环境中，营销履约一体化模式是海外业务扎根属地开拓市场、降本增效、合规履约的重要举措。本文以某建筑央企旗下二级子公司P公司为研究对象，重点从经营管理最主要的造价、合同两方面，对其推进海外业务营销履约一体化经营管理进行探讨研究。

关键词：营销履约一体化；海外业务；经营管理

一、背景

P公司是建筑央企旗下二级子公司，自2000年走出国门至今，承建海外项目43个，业务区域遍布东南亚、东南非、中东、东欧等"一带一路"沿线地区，形成了海外业务的重点市场，积累了项目管理经验。通过近年来组织机构改革及三级职能梳理，进一步理顺了公司营销履约一体化职责。同时，伴随着海外业务发展，尤其是"国际优先"战略的落地实施及持续推进，P公司有海外经验的员工比例已近四成，培养了一批批的海外业务骨干。

从外部环境看，由于新冠肺炎疫情叠加全球金融和经济危机造成成本增加及往返困难，俄乌冲突引发物价及汇率波动及欧元贬值，"双碳"目标

[①] 中国电建集团核电工程有限公司经营管理部副主任
[②] 中国电建集团核电工程有限公司副总经济师、经营管理部主任、党支部书记
[③] 中国电建集团核电工程有限公司经营管理部主管

下不再新建境外煤电项目，推进共建"一带一路"绿色发展，意味着海外业务项目类型、模式的转变。此外，国内海外业务"标兵企业"均探索出具有区域优势、业务特色的国际工程发展道路。

面对严峻复杂的局面，P公司逐步推进海外业务营销履约一体化发展，以保证海外业务高质量持续发展。

二、工作原则

营销与履约两者的关系是一体两面、辩证统一。推进海外业务营销履约一体化就是要树立现场就是市场的理念，没有高质量的签约就没有高质量的履约，没有高质量的履约就再没有高质量的签约。

经营管理工作贯穿工程项目营销和履约全过程，应坚持"事前算赢、事中干赢、事后双赢"原则，围绕造价管理和合同管理两个主要方面开展工作。造价管理方面主要包括投标报价、中标价格、目标成本、结算变更等测算和分析。合同管理方面主要包括招标文件、合同文本、合同风险、变更索赔等分析和处理。

营销阶段的经营管理以造价为主、合同为辅，结合招标文件、业主要求、外部条件、项目特点等输入条件，最终输出有竞争力的价格。

履约阶段的经营管理以合同为主、造价为辅，建立包括造价管理在内的全过程合同管理体系，在满足项目利益的同时达成项目各方面目标。

面对日益激烈的市场竞争、复杂的国际环境、国际化经营风险频发的"百年未有之大变局"，推进海外业务营销履约一体化经营管理是P公司扎根属地化发展、增强市场竞争力、提高企业效益、降低履约风险的重要举措。

三、初步成果

（一）初步建立统一的造价管理体系

（1）利用海外机构资源。通过在建项目或营销代表处属地化资源，对投标项目所在国的外部环境、政策、各类资源价格信息进行全面调查，保证各类信息的及时性和准确性，为投标价格测算提供支持。

（2）价格测算据实计算。按照海外业务清单报价模式，改变国内传统定额组价模式，依托竣工项目的成本数据，结合投标阶段拟定的技术方案及招标文件要求，对价格据实测算，使得测算价格更接近实际成本。

（3）以投标价格为依据设定目标成本。基于投标阶段成本测算确定项目目标成本，前后保持一致，便于横向对比，明确成本控制的重点难点，进一步挖掘成本节约的空间。

（4）费用划分口径一致。投标阶段价格测算对采购、物流、建安、调试等费用口径划分完善。划分口径作为履约阶段成本控制的基础体系，使成本动态监控工作更直观、科学和高效。

（5）收集实际成本资料。项目完工后，通过对项目成本情况进行复盘分析，对各分项成本详细分析，归类整理数据，为后续营销报价测算提供支持性资料。

（二）初步形成合同风险全过程管理体系

（1）投标阶段。投标阶段即从执行的角度全面分析合同条款，重点对商务部分的合同价格、价款支付、保函、保险、税费、变更和调整、索赔和争议解决等，技术部分的工期、罚款、合同工作范围、业主提供的条件和资源等进行深入研读分析，编制形成"主要合同条件表"。结合项目特点、公司自身情况及其他项目易出现的问题进行合同风险识别，提前制定规避、减轻、转移或自留等风险应对措施并在价格测算中统筹考虑。

（2）项目交底。项目中标后，由营销团队在投标阶段合同分析的基础上向履约团队进行合同交底，交底内容主要包括合同基本架构、合同文本资料、主要合同条件、合同风险识别及应对建议等。合同交底内容力争落实到履约阶段主要管理人员，保证营销团队和履约团队达成一致理解。

（3）前期策划。由履约团队编制项目前期策划，通过编制合同任务分解表，将合同任务分解到部门或个人，明确各岗位合同要求及实施注意要点。详细梳理合同条件，厘清责任义务，分析合同履约过程中的重点难点，制订合同风险预案。

（4）执行阶段。项目执行阶段履约团队结合项目自身特点，在公司制度办法的基础上制定项目内部的合同管理程序、合同风险应对机制、变更索赔管理办法等。根据工程进展进行风险动态管理，及时发现合同偏差，对风险事项及时响应。对合同相关方进行合同跟踪，及时发现合同偏差，挖掘变更、索赔机会。加强基础资料管理，针对项目相关信函、文件、会议纪要、视频录音等资料安排专人管理，为变更索赔提供支持性依据。

（5）收尾关闭。项目收尾阶段是履约问题集中暴露时期。对债权债务清理、合同争议解决、法律纠纷、保险保函、工程完工证明等程序提前开展研究，搜集整理相关证据资料，制订项目收尾预案。根据合同约定，按程序关闭合同，确保无遗留的合同风险。

四、短板分析

（一）海外业务经营管理重点工作识别分析处理不到位

在造价管理方面，重点是以下几方面。

（1）设计成本。对比履约实际，营销阶段对设计相关的关键指标、技术要求、参数标准识别不到位，设计工程量把控不准，影响投标价格水平和投标竞争力，进而影响项目中标价格。履约阶段设计"可控性"不足，以往项目履约中均出现工程量差异、设计材质及参数差异等情况，大幅增加采购和施工成本。

（2）采购成本。电力EPC项目中设备及装材采购费用占总造价比例在60%以上，且主要设备（尤其风电和光伏项目）占比在80%以上，是决定成本的重要因素。存在的问题包括：营销阶段询价文件编制质量不高，供货范围不清晰、技术参数不明确造成供货商不能及时准确响应并提供有竞争力的价格；设备材料监造和履约监督力度不足，不能及时发现供货商的违约情况，造成工期延误、罚款、二次采购等违约风险。

（3）物流运费。海外电力EPC项目运输吨方量大、运费高，尤其新冠肺炎疫情爆发以来，物流运输方案策划难度高，物流价格波动较大，是项目营销阶段价格测算的难点，也是履约阶段成本和进度管控的重要风险点。

（4）项目管理成本。项目管理人员成本由高峰期人员数量、工期决定，薪酬、往返差旅费、当地必要社保手续费等是项目成本的重要组成部分。由于工期进度滞后、组织机构和管理人员冗余、属地化管理人员比例偏低等原因，项目管理成本难以有效控制。

（5）工期影响。设计审批、采购物流及现场施工等延误影响，导致项目整体进度滞后，从而引发相关项目成本增加。

在合同管理方面，重点是以下几方面。

（1）业主违约。针对项目业主违约行为的识别、记录（如信函、会议纪要）、签证、回复、洽谈等全过程跟踪管理不到位，不能及时有效维护合同利益。

（2）开工条件。对合同中关于开工条件相关条款重视程度不够，往往开工条件中业主责任未履行即开工。在迫于相关方压力开工的情况下，不能留存强有力的证据资料，丧失索赔权利。

（3）竣工试验。对竣工检验及竣工后试验要求研读不深入，发承包双方工作范围界定不清晰，对项目所在国验收程序调研不足。国际项目竣工验收时往往上下游多个相关方介入使得程序复杂，预案中易忽视该方面风险，违约风险增大。

（4）变更与索赔。对变更、索赔事项敏感度不高，挖掘变更、索赔机会能力不强；变更、索赔依据不充分，对合同中变更、索赔相关条款了解不深，提交的索赔报告经不起推敲；证据链不完整，基础资料不扎实，导致证据链无法闭合，丧失索赔权利；索赔时机把握不当，索赔成功率不高。

（5）工程款支付。及时足额支付资金是业主的最主要职责，也是出现频率最高的业主违约行为。投标阶段现金流量表仅按合同条款测算，不能结合业主融资方式、资金安排等外部环境，对现金流缺口风险进行合理预估，导致风险应对不足，同时又难以向业主发起索赔。

（二）营销履约一体化经营管理中该一致而未一致

在造价管理方面，重点是以下几方面。

（1）营销履约策划方案的一致性。方案是价格的基础，项目合同关系、主体执行方案、关键价格指标应当通过长期的履约阶段经验总结反馈到有限的营销阶段，在价格中充分体现。在履约时，首先要在策划时充分考虑，其次在执行中，要合理配置生产要素，尽早理顺生产关系。

（2）目标成本分解口径的一致性。目标成本分解口径已基本统一，但依然存在采购测算与实际清单的参数差异、建安机械费计量口径不一致等问题，导致成本动态监控分析口径差异，影响成本分析的精确度。

（3）未能从产业链上下游分析项目经营情况。不能较准确了解上游协议、业主资金来源、业主关切等，并结合上述因素分析项目本身定价策略及经营情况。

在成本管理方面，重点是以下几方面。

（1）客户及相关方管理不到位。在国际市场竞争愈发激烈的大背景下，市场已发生变化，从"满世界都是项目"转变为"深耕国别市场辐射"。项目最终属于业主，要了解业主真正的关切。

（2）合同研读理解执行不到位。通过营销阶段公司层面组织的项目交底、项目策划已针对项目关键点、主要合同条款等进行了风险分析，但随着履约工作的开展和具体实施，项目合同培训的广度、频率偏低，项目履约团队人员合同研读不到位，导致实际履约和合同要求相背离。

（3）沟通管理不到位。履约阶段出现的问题缺乏高层沟通。履约过程中要敢于就存在的问题与高层沟通，寻求高层的支持与帮助，集思广益，加深信任，共同克服困难，这样既有利于问题的解决，也有利于后续合作的开展。

（三）营销履约一体化经营管理中该互补而未互补

（1）营销不能从"0"开始。项目是"渐进明晰"的过程。由于投标时间紧凑，应快速准确抓住关键点，将履约阶段风险"折现"到营销阶段。通过履约过程收集资料整理形成的不同项目类型的工程量指标、造价指标、工期指标、人材机消耗量指标等提高决策质量和效率。

（2）履约不能从"0"开始。项目履约应基于营销阶段方案，尤其新能源项目工期紧迫，更需要"前准后快"，各项计划应快速分解细化并责任到人，将预计利润"变现"。结合项目实际情况，及时对风险识别分析处理，通过变更、索赔等方式处理合同风险。项目结束后注意资料收集，项目管理经验"迭代"升级，为下一步的营销履约工作积累宝贵经验。

（3）海外机构的定位与反馈。前方营销团队定位需进一步明确，在做好市场营销工作的基础上，加强基础资料的收集工作，定期更新"商务信息收集表"。要对客户类型、项目模式等信息分类收集整理，加强培育客户、决策定价和项目风险处理能力。

（4）营销履约团队应分工明确、分层协作。关系管理是项目管理的重要一环。营销团队和项目高层应侧重与业主高层的互动和关系协调，宏观把握项目大方向。履约团队应侧重与业主项目团队的关系管理，从问题本身出发，防止"小鬼难缠"。

五、改进措施

（一）造价管理

（1）按照"抓总抓重"原则，除分析总价外，从工程量和单价两方面入手，重点夯实采购、物流、建安、施工等项目成本中占比高的部分，进一步形成中标测算、实际执行的对比分析，在测算评审、定价决策及履约成本管理时重点关注。编制形成不同类别工程量指标、造价指标、消耗量指标、工期指标等以提高投标决策的效率和质量。

（2）定期收集商务信息。通过重点深耕国别，建立询价网点机制，收集地材、税务、法律及出入境等商务信息和各类生产要素价格信息，实时掌握国别营商政策、市场环境，夯实价格基础，提高营销竞争力。

（3）扎根属地发展，提高投标决策水平。对重点深耕国别全方位梳理客户类型（政府、私人投资商、企业等）、项目模式、项目中标信息（含中标市场价格水平）等，作为投标决策的依据。

（4）充分认识设计对经营的决定性影响。通过提高对设计的重视程度、增加设计研发费用投入、聘用外部设计专家等渠道迅速加强设计质量管控、设计进度管控能力。

（5）工期延误是项目经营成果的恶敌。大部分海外项目亏损的直接原因即工期延误。在合同执行中，客观原因造成的延误能获得工期顺延已不易，能获得费用补偿难度更大，增加的成本只能由承包商承担。

（二）成本管理

（1）履约即为执行合同。培养全员合同意识，全员高频学习讨论，切忌经验主义，以合同分解为抓手，梳理工作内容、明确权责，及早识别处理合同风险。不要等到策划时才发现漏项、等到图纸审批时才发现问题、等到施工时才发现差异、等到调试时才发现不符。

（2）在关键事项上对业主履约行为重点跟踪。根据项目执行经验，业主违约情形多发生在提供场地、设计施工条件、及时支付资金等业主责任及项目开工条件、竣工要求等涉及多个相关方权责交叉之处。在项目交底、策划时应重点关注，履约中留有必要证据记录，并适时主张权利。

（3）加强合同风险全过程管理。合同商务风险多源自工程问题。需从风险识别、风险评估、风险应对、风险控制全过程考虑，结合项目特点、项目模式进行风险识别，结合政策环境、业主诉求进行风险评估，综合项目履约实际情况抓住合适时机做好风险应对、风险控制。

（4）加强变更与索赔处理。在明晰合同双方责权利基础上，客观留好记录证据，有理有据做好工期和费用分析，抓住有利时机处理。

（三）其他保障

（1）明确海外机构与总部部门职责。根据职能划分，在履约方面已有较为明确的分工，在营销方面应以在重点国别设立海外分公司作为试点，厘清权责，从项目跟踪进展、项目规模、项目类型等方面，合理划定投标项目评审决策层级，优化决策流程，聚焦重点客户和市场，以提高签约质量。

（2）推行"营销履约一体化经营负责人制"，即由项目投标经营负责人担任项目履约经营协调人，保持营销履约经营管理的连续性。此外，通过培训、人员轮换等方式，促进经营管理人员对营销履约工作的熟悉程度，提升造价管理和合同管理工作能力。

根据《中国电力建设集团（股份）有限公司境外工程承包项目履约管理办法（2022年版）》和公司2022年8月组织召开的海外营销履约一体化专题会议精神，为了进一步加强总部对项目部的管控（必要时成立项目工作专班），提高海外业务营销履约能力，经营管理部研究推行"营销履约一体化经营负责人制"。

关于推进海外业务一体化管理的研究分析

宋志杰[①]

国际营销履约一体化是公司国际业务"十四五"期间重要业务板块，但由于国际营销和履约一体化体系尚不健全，一体化程度有待提高，公司现有国际项目营销和履约面临诸多问题及挑战。基于公司国际业务现状，在此对公司国际营销和履约一体化的管理进行如下探讨。

一、研究背景

（一）集团海外战略方向和要求

近期中央印发《关于加快建设世界一流企业的指导意见》和《关于推进国有企业打造原创技术策源地的指导意见》。加快建设世界一流企业和打造原创技术策源地，是当前和今后一个时期中央企业改革发展的总目标和重大战略任务。

集团在"十四五"规划中，提倡可凭借国际经营先发优势，立足在建、以点带面，推动构建以在建项目和既有市场为核心的区域支柱市场，形成稳定产出；重点加强属地化建设，打造与属地、国际市场相适应的组织架构、管理体系和资源配置体系。

（二）公司"十四五"国际优先战略要求

2021年，公司编制发布"十四五"战略规划，明确了公司"十四五"期间的发展目标和方向，明确了"11268"发展思路。

---

① 中国电建集团核电工程有限公司国际工程公司总经理

（三）外部环境影响

受新冠肺炎疫情、俄乌冲突及世界范围内的碳中和影响，全球经济低迷，海外市场开发业务受到前所未有的冲击。随着市场竞争的加剧，从以前项目业主主动寻找承包方转变为承包商参与激烈竞争寻找项目，且项目需要从前端早期介入。这要求前方人员要有识别项目的敏锐感和快速反应能力，迅速行动，捕捉机会，而这恰恰需要对投标国别有着深入的了解、有丰富的当地资源并有一定能力的前方团队才能实现，尤其是中小型项目、短平快项目。而且，越来越多的国家已经意识到当地的劳工保护问题，开始明确规定用工当地化比例。在中国人力成本已不占有优势的现实情况下，用工属地化比例高、应用成熟的企业能在市场竞争中占领先机。

总之，公司处于新旧能源转换的新时代，面临着主营业务转型的新挑战，公司的国际业务应树立"走出去、走进去、融进去、扎下去"的理念，确立巩固的核心市场和稳定发展的根据地，深入推动国际业务营销履约一体化进程。

二、公司国际业务现有营销履约架构分析

公司目前坚持"国际优先"的发展战略，以及"立足东南亚和南亚、深耕中东和东南非、站稳中亚和东欧、开拓南美"的市场开发策略，利用集团营销、融资平台和公司在集团内部的竞争形势，全力做好内部公关，并逐步建立自己的营销网络，深耕重点国别市场。

三、现有架构及层级问题分析

（一）营销履约融合不够，无法做到完全无缝对接

营销履约融合度不够，各自为战。项目营销和履约不能平行对接；设计、采购、施工等职能接口未能有效搭接，从而影响项目整体的进行效率；海外分支机构职责不清，分工不明确，既不能突出每个部门独有的职能，也无法使各部门联动协调，发挥出最大能动性。

履约过程中遇到问题及积累的经验，无法直接反馈至海外营销团队，因而也无法及时识别并规避投标过程中的风险及问题；投标过程中对于项

目执行国别或者地域的了解不充分，造成投标方案、投标报价的形成根基不扎实，进而影响整个项目执行的经营成果。项目执行过程中的履约偏差对相关方的影响，不能及时反馈至国际公司，由此造成的不良影响又反过来会影响国际公司的市场开发。

（二）营销履约团队人力资源水平、配置数量不足

首先，在团队人员数量上，海外团队的人力配置不足以支撑实现"十四五"规划战略目标的落地。

其次，在团队人员质量上，当面对重要项目的时候，一是了解当地市场需求、熟悉成本控制、技术水平较高的全面性人才较少；二是在国际市场的开拓运营中，具有天然优势的当地技术、商务人员和能为公司带来长远利益的可持续性支出、投入不足；三是在施工阶段，企业往往通过采取控制成本、变更索赔等降本增效的措施，以获取二次开发阶段上的管理效益，此处投入也相对不足。

（三）深耕程度不够，资源投入不足，信息化程度弱

目前对重点国别的深耕程度不够，资源投入不足。对重点国别市场了解不全面，无法满足和支撑公司国际业务发展的需求。公司国际业务以"立足东南亚和南亚、深耕中东和东南非、站稳中亚和东欧、开拓南美"为开发策略，重点深耕印度尼西亚、巴基斯坦、伊拉克、沙特、越南、菲律宾、孟加拉国、阿根廷、哈萨克斯坦、塞尔维亚、津巴布韦等国别。重点深耕国别基本都有过或正在执行的项目，但是市场延续和维护并不是很理想。一方面是营销人员不足，另一方面是履约过程中，相关方关系的维护尤为重要。

除此之外，缺少属地化管理人才，加之在当地的沟通外联活动匮乏，就会导致源头上的项目营销信息不足；在海外项目中缺少一体化信息管理平台，必然导致对项目实施情况和人力资源管理的了解不充分，也会增加不必要的开支。

（四）转型业务储备不足

国家主席习近平在第76届联合国大会一般性辩论上宣布，中国将大力支持发展中国家能源绿色低碳发展，不再新建境外煤电项目。这对公司国际市场业务开拓既是挑战也是机遇。公司原以火电项目为主营业务，在国家发布碳中和政策后，公司在奋力加快主营业务的转型，但就近两年来的发展状况看，各部门对于跨领域业务的专业知识、技能储备严重不足，无法满足国际市场营销工作的发展需求，很大程度上限制了市场的开发、业务的拓展及EPC整体能力的提升。

（五）履约关键人员很难深度参与投标的前期工作

项目履约关键人员，如项目经理，很难深度参与项目投标的前期工作。项目经理对于投标的过程不了解，不利于项目营销到履约的平稳过渡。同时，项目投标时的策划与履约阶段项目经理的思路容易出现不一致，导致偏差。

（六）全员"大开发、大经营"理念不足

全员对项目开发过程中降本增效的责任意识不足，缺乏大开发、大商务、大经营的整体责任意识；对与相关方如业主、集团等方面的沟通意识不足，不能积极寻找项目开发机会；互相合作、支持的团队意识不足，存在各自为战的现象。

（七）全过程风险识别能力需进一步提升

在整个海外项目从投标到履约的全过程链条中，对于风险的识别、应对能力还存在一定的不足，需要进一步提升。营销履约全产业链人员在风险防控上的意识不强。

四、营销履约一体化建议

（一）进一步健全信息共享机制

开发国际项目营销履约一体化信息管控平台，共享经营、生产、开发相关联数据信息。做好项目营销和履约过程中经验教训的收集，降低后续项目营销和履约风险。

（二）进一步加强海外营销团队建设

（1）加强内、外部培训，提高现有营销团队人员的业务能力。

（2）建立中长期人员梯队培养规划，建立可持续的人才培养体系，通过多样化的培养方式，为公司海外业务的可持续发展储备人才。

（3）建立外部资源引入机制。对于紧缺优秀人才，可采用外部引入方式补充到人才队伍中；对于关键节点所需资源，可引入外部咨询方给予指导和咨询。

（三）通过分、子公司的建立，实现投标、执行团队前移

（1）决策属地化——建章立制、依规决策。构建科学规范、高效决策、有效制衡的公司治理结构，依法、合规建立健全属地化公司章程、工作规则、"三重一大"细则、授权清单等运行规则，形成与属地化公司运行管理相适应的体制机制；要加强制度建设，在公司制度框架内，结合自身特点、实际情况，制订属地化公司的运行管理制度体系，以制度管人、管事。

（2）机构属地化——健全机构实体运作。要以建成国别实体化市场竞争主体为目标，建立健全国别子、分公司的组织机构，明确内设机构职责、以健全高效的组织机构落实公司总体经营战略。

（3）资源属地化——统筹资源，属地配置。基本的工程技术人员、基层管理人员要以属地化用工为主；要采取灵活多样的用工形式，加大高端人才全球化、本土化引进力度，逐步提高中高级管理人员的属地化、全球化配置比例；要加强对当地设计公司、供应商、分包商、律师事务所、税务机构等资源的统筹和储备，建立属地资源库，建立长期合作机制，形成战略合作伙伴；要加强与当地金融机构、国际金融机构、大型财团的业务合作，探索使用国际化和属地化金融资源推动业务发展的工作思路。

（4）责任属地化——积极履责，融入当地。要不断加强企业文化、品牌形象的推广和建设，增强品牌在本地的影响力，提升品牌形象；要处理好与利益相关方的公共关系，尊重当地风俗习惯，处理好劳工关系，注重社区参与，深度融入当地社会，为所在国家和地区的经济发展、劳工就

业、社会和谐做出应有的贡献。

（四）业务转型技术储备建设

1. 前瞻性分析及规划

通过对国际形势及业务发展态势的分析，寻找影响因素，判断业务未来走势，对业务发展态势做出预测，做好了解、量化、评估，并制定相应的业务发展规划。

2. 加强与合作方的合作

在技术储备欠缺的领域，向合作方、业务引领方学习，打破壁垒，提升自身能力。

3. 加强人员专业培训

加大专业领域人员的专业培训力度，提高业务对口培训精准度，快速提升相应技术能力。

（五）转变观念，全员树立"大开发、大经营"理念

完善公司海外售后服务制度，建立长期战略合作伙伴关系，加强"二次开发、二次经营"能力建设。按照重要性和发展潜力，实现分级管理，促进忠诚顾客群的形成。各海外业务相关部门应在各自专业领域内寻找市场机会，抓好机遇，共同促进公司国际业务的发展。

积极构建"大建筑"市场，做强"建筑"，加强基础设施等领域业务；做优"新能源"，顺应低碳清洁能源发展趋势，巩固公司在相关领域市场地位与份额；做大"工业园"，国外工业园模式的贡献力非常显著，一般都是所在地区具有极强战略意义的项目。

1. 创新规划引领优势，打造高质量产业链与价值链

要注重设计规划的引领作用，要紧抓机遇，发挥设计、施工、安装、运营一体化产业链优势，提高新能源和基础设施规划设计的价值创造力，深入了解业主需求，有针对性地提供一揽子解决方案。

2. 创新第三方市场合作形式

第三方市场合作是强化国内外循环能力的重要途径。第三方市场合作

项目要满足所在地区市场需求，符合当地可持续发展需要，稳妥推动"技术可靠、经济可行、风险可控、互利双赢"。第三方市场合作要充分整合企业的资金、技术和管理。目前的合作多为设备供货等形式，在价值链中仍然处于弱势，下一步要与金融机构、投资商、运营商等多类别企业合作，利用外资力量整合更多资源、撬动更多项目，打造多点盈利的价值链。第三方市场合作要扬长避短，以自身EPC建设能力、EPC风险承担能力为基础，依托市场网络搭建合作平台，将当地企业与资源整合进来，构造三方合作共赢的产业链，有效提高盈利能力、分散经营风险。

（六）建议制定项目前期工作组制度

投标前期深度参与投标策划和合同谈判，中标后转入项目履约。

（七）进一步加强从营销到履约全过程风险识别、分解

完善风险全过程识别、预警、管控制度，做好风险的分级管控，把风险控制在可控范围内。

市场是企业发展的源泉，要发挥现场即市场的作用，以现场促市场。"做好工程就是书写最好的标书"，国际业务是实现公司愿景的重要支撑和必由之路，坚持"国际优先战略"，优化公司海外业务布局，加快海外营销和履约一体化战略，确保国际业务高质量发展。

国际EPC工程总承包项目成本控制管理

王风亮[①]

摘要: 随着全球经济一体化的深入发展,我国企业承接的国际EPC工程总承包的业务发展迅猛,规模也在日益扩大,国际竞争力显著提高。但是在境外EPC项目实施过程中,仍不可避免地存在一定风险。基于此,企业需要加强对国际EPC工程总包成本控制管理能力,从根本上提升企业自身境外业务项目的抗风险能力。

关键词: 国际工程;EPC总承包;成本管理;对策

EPC工程总承包就是设计、采购和施工总承包,是国际上运用最广泛的一种工程总承包方式,由于一般采用固定总价合同,投标和签订合同时确定总价就非常重要;EPC承包商承担设计、采购、施工全部责任,EPC项目实施过程费用控制和进度控制的难度加大。这些对EPC承包商的投标报价、过程控制等商务管理能力提出了更高的要求。

本文以EPC工程的风险管理和项目商务管理作为研究基础,通过比较和分析提出应对措施和建议。

一、EPC工程总承包项目管理的相关思考

(一)如何实现项目收益最大化

在EPC工程总包过程中,商务管理的过程就是实现项目收益最大化的过程。项目价值链由三部分组成,分别为售前、售中、售后。在成本控制的操作过程中,售前成本的控制是最重要的部分,对于国际EPC工程总承包

---

① 中国电建集团核电工程有限公司国际工程公司副总经理

项目而言，就是要根据招标文件要求和当地市场信息进行价格测算，合理进行投标报价，这也是实现营销毛利最大化的主导因素。此外，还应控制好EPC工程项目的售中成本，也就是项目执行成本，对于EPC工程总承包项目，首先要在设计阶段加强管理，做好设计优化，在源头上控制成本，在施工阶段加强分包成本和设备采购成本的管理，做好成本的过程控制。加强对于工程尾款的收缴，以及有针对性地进行索赔和反索赔，以此来实现售后的成本控制。

（二）EPC工程总承包模式下的成本管理风险识别

每个工程项目建设都具有周期性，在建设周期内的不确定因素过多，工程造价管理存在着各种各样的风险。很多企业更关注售后的成本控制，尤其是很多企业通过低于成本价的方式中标，并期望通过后期索赔来完成项目盈利的方式存在很多不确定因素和风险，而忽略了售前的预测、售中的成本风险管理。此外，我们往往忽略工程中的其他因素。如工程范围变化、设计标准的变化、劳务和设备材料价格上涨、工期拖延、性能不达标等一系列因素所引发的合同金额变动，或因工期拖延或者性能不达标而遭致业主方的违约罚款，以及因此给企业的信誉和形象带来的负面影响等。这些综合因素对企业的成本管理有着至关重要的影响，一旦有所疏漏，将会对成本管理造成很大程度的影响。

1. 承包商自身的风险

对总承包单位而言，成本管理风险主要包括四类。

（1）不能认真、准确、彻底地调查项目环境，不能充分考虑环境因素。在国外，有些建筑工程往往比国内工程更难，而且还没有进行详细的调查。这些因素很容易给项目期间的后续建设中埋下许多不必要的隐患。

（2）如果承包商没有设计能力，对整个项目的工程设计、设备采购、有效控制等方面就不会有主动权，也就是在EPC工程总承包模式下客户设计标准信息不足。与此同时，整个设计项目的采购要求不依赖于设计标准，易受后续施工的影响，因而施工往往比较被动。

（3）设计、采购、施工风险。一些大的承包项目在经济环境下，往往需要在设计、采购、施工等方面进行合作。实践中，需要不断探索，项目各方和施工方都要考虑，因此风险分担是必然的，不利于总承包商更有效地管理成本。

（4）建设规划组织管理不明确，如总体上人口数量、结构的变动。在建设初期阶段，需要项目科学地规划和配置人力、物力和财力，做到最优配置。但有些项目施工环境复杂，不可预见因素考虑不全面，在设计和前期规划、施工组织和管理方面存在较大风险，导致增加项目成本。

2. 来自业主方面的风险

（1）由于业主要求在设计和施工中进行微小的变更，EPC承包商不太可能有效地提出索赔，这样做肯定会增加成本。在有些情况下，如中午高温、气候变化等，后果无疑由总承包商来承担。

（2）业主可能延长工期，项目立项阶段，不能全面地进行审核。工程建设过程中，随着市场变化会出现材料、人工等价格上涨，导致建造成本大幅增加。建设过程中会有不可抗力的发生，造成工期延误，导致施工方不能按照合同约定完工，增加不必要的合同延期费用。

（3）由于业主对合同风险的重视程度不够，部分业主不能有效地满足施工现场、供水供电、土地征用等相关条件，从而导致项目成本上升，给项目管理和成本控制带来了严重的障碍。

（三）项目动态化管理

成本管理并不是一成不变的，而是一个动态化的过程，需要根据工程中不同的变量来进行调整。EPC工程总承包的成本管理过程，要根据实际的工程情况进行调整，并且不断进行优化，同时要关注和项目相关的一系列因素，实现精细化全面管理。在过程中，需要及时发现问题，进行监控，一旦发现问题就需要及时调整管理方案。因此成本管理涉及工程中的各个因素，每一个环节都必须在成本管理体系中有所体现。

在EPC工程总承包项目管理中，工程项目的成本管理是至关重要的一部分。成本管理需要调动不同部门、不同的管理点、控制点，并将多个方面想结合共同考量。对项目总承包商而言，所有内部员工必须通力合作，共同完成良好的成本管理，才可以实现经济利益最大化。公司员工分工明确，但是他们之间配合不够顺利。对于技术人员来说，通常只从技术层面出发，考虑可行性的施工方案，很少考虑项目管理的经济性。为保证工程质量达到业主要求，材料采购部门会选用更优质的材料，这就需要更高的价格。材料采购部门重点关注材料的质量，忽略了材料价格的变化规律，虽然提高了材料的利用率，但同时造成了成本投入增加。项目承包商需要加强所有管理人员的经济意识，使项目资金投资管理的效率达到最优。

二、EPC工程总承包项目成本控制的有效措施

（一）项目的前期成本预测——成本管理基础

（1）提升在投标环节成本计算的严谨性和准确度。项目成本预测是投标过程中极其重要的一点，更是项目分包施工过程中成本管理的基础和参考。因此EPC承包商必须在投标初期就对成本有一个完备的认识。

（2）加强成本预测。先对成本进行预测，这是工程项目实现预期值的一个重要保证。而投标阶段的成本预测就需要正确理解业主招标文件的要求，并对工程所在地市场进行有针对性的了解，收集当地的分包资源和劳务价格、建材设备的市场价格、税收政策，以及了解当地的市场、施工环境、人文环境和政策环境，这样才能准确地预测成本。

（二）加强采购成本的控制

在总承包项目成本中，材料费用、设备采购成本占据了大部分的成本预算。在一个承包工程中，设备材料费用常常可以占据总成本的60%以上。因此，项目要想取得竞争优势，在同行的激烈竞争中脱颖而出，就需要企业拓宽采购渠道，提高竞争力，把质高价廉的原材料引进到工程项目中。另外，在施工过程中，需要严格控制材料的采购数量，避免材料的浪费、施工成本的增加。

（三）科学采购EPC工程设备，充分把握项目设计的控制权和主动性

EPC工程涉及设计、采购、施工等多个环节，所以EPC工程在项目策划阶段和项目控制阶段必须具备充分的主动性。在设计阶段，需要有各种可能条件，例如自然、社会和经济条件，以便明确和执行关于工人、机械设备和材料的有力政策。为了避免在技术结构上出现不必要的矛盾和经济纠纷，我们应该对设计图纸进行全面审查，并在投标前与业主协商。与此同时，总承包方必须充分了解设备的采购情况，充分了解设备合同和项目的主动权，充分了解和记录业主的要求，制订科学的采购计划，并制定合理的设备使用计划和设备管理规定，使费用大大降低。

（四）加强施工成本控制

施工成本控制是整个项目成本控制的一大部分，也是商务管理的重要影响因素之一。应严格控制工程质量，加快工程进度，提高工程的安全性，以免给工程造成影响。另外，由于EPC工程项目的周期较长，时间成本也是一个重要组成部分。因此，在施工阶段，要严格控制工程的进度，合理安排项目资金。做好分包商之间相互协调多方面的配合，这样才能保证项目总成本得到有效的控制。

（五）制订健全的项目成本管控方案

就工程总承包商而言，要想制订一个完美的成本控制计划，需要将各个方面的因素结合起来。例如，在对人工的管理方面，制订出施工本地化的实施方案；而对外来劳工人员的管理，就是要解决他们劳动效率低下的问题，通过技术考核或建立激励机制做好人员成本管理；为了对材料和机械进行成本控制，必须从两个方面着手，即材料、设备的价格和消耗；建立健全会计制度和内部审计制度，完善企业成本会计制度；建立专业化的成本核算机构，加强会计、预算计划的编制、协调和执行，及时处理协调和执行中的问题，及时对责任单位进行考核，不断完善成本核算体系，积极引进外部审计制度，定期对相关部门和责任单位进行审核，科学合理地控制经营成本，提高经营效益。

（六）项目的过程经营活动分析

过程控制是项目成败的关键，控制的优劣直接影响经营成果。企业需要多方位收集和分析项目中有关进度、结算收入、采购和分包成本、资金等信息，通过月度和季度经营活动分析，进一步准确分析将要发生的成本，对国际EPC工程在执行前、执行中经济效益状况和底线有清晰的掌握，并对成本增加和结余原因进行分析和总结，使项目的经营更加准确和可靠。

三、总结

本文根据国际EPC工程总承包项目发展模式的现状，以EPC模式为主，讨论了项目管理中总承包的成本管理。介绍了EPC模式中项目管理模式和EPC工程项目的项目成本管理，并结合实际提出了相关的解决办法和措施。项目的周期长、影响因素多，在项目全周期中，针对EPC工程，完善成本控制体系，制订合理管控方案，合理控制影响项目成本的因素，可以达到项目成本的最低化和项目收益的最大化。

参考文献：

[1] 李杰波. EPC工程总承包项目的成本管理方法研究 [J]. 城市建设理论研究，2014（36）.

[2] 张勇为. 浅议如何提升EPC工程总承包项目的财务管理 [J]. 西部财会，2015（10）.

[3] 孙盼国. 如何加强EPC工程总承包项目的财务管理 [J]. 中小企业管理与科技，2016（10）.

海外陆上风电EPC项目成本管理复盘分析

周生明[①]　韩胜星[②]

摘要： 本文以中国承包商S公司承建的东南亚V国某陆上风电EPC项目成本管理为例，从明确成本管理目标、搭建成本管理体系、分析成本管理影响因素等方面，全面复盘分析海外陆上风电EPC项目成本管理的关键点，以期提高此类项目成本管理水平，进而提升项目的盈利空间，为后续海外新能源EPC项目成本管理提供一些可行的建议。

关键词： 目标成本；海外新能源；成本管理

在东南亚V国工商贸易部统筹规划下，该国近年来大力发展可再生能源。特别是2016年批准的《第七次电力发展规划》及2018年颁布的第二轮FIT政策（风电项目），吸引了众多投资商加入，推进该国可再生能源开发建设。中国承包商S公司凭借在V国能源领域深耕优势和项目前期规划，成功中标该国某陆上风电EPC项目。相较于传统能源项目，以风电及光伏为代表的新能源EPC项目具有规模小、采购占比高、工期短等特点，对国际工程承包商在成本管理方面提出了更高的要求。结合本项目管理实践，从以下几方面对项目成本管理进行复盘分析。

一、明确成本管理目标

（一）项目基本情况

本项目位于V国西部高原地区，场区内海拔高程在700米左右，由两个装机容量50兆瓦的风电场组成，每个风电场包括15台相同容量的风力发电

---

① 中国电建集团核电工程有限公司副总经济师、经营管理部主任、党支部书记

② 中国电建集团核电工程有限公司经营管理部副主任

机组，同时新建一座110千伏升压站及5.2千米双回路输电线路接入当地电网，并对32千米的既有110千伏线路进行升级改造。EPC项目工作范围为上述设施及配套范围内的所有工程勘察设计、设备材料采购、建筑安装施工、系统调试至可靠性运行后移交等工作。本项目适用V国标准和国际标准，合同工期15个月，其中自合同签订生效至实现商业运行（COD）11个月，质保期2年。

项目业主为T国投资商在V国当地成立的项目公司，并聘请了国际咨询公司进行项目管理。在EPC承包商内部又有设计院、风机及其他设备供应商和多家当地及中国施工分包商。

本项目采用里程碑付款方式：预付款比例15%，进度付款至80%，COD完成后支付5%，最终移交后支付5%。保函基于合同价格，相应比例为预付款保函15%、履约保函10%、质保保函5%。由于项目列入V国第七次电力规划项目范围，适用含补贴的固定电价，项目业主对工期要求极为严格并施以重罚。除了上限为合同价格5%的工期罚款外，另需分两次提交COD保函，比例分别为合同价格的4%和5%。此外，如果因承包商原因造成项目未能按照原计划的COD日期完成相关工作，且电价低于固定电价时，另需承担上网电价损失补偿金。

综上可见，业主的项目收益与工期息息相关，需要承包商统筹EPC各项工作衔接，集中加载各类资源，以确保工期目标。而从成本管理角度看，在确保工期目标的要求下实现成本管理目标，也对承包商提出了更高的要求。

（二）明确目标成本

投标报价是成本管理的起点。本项目合同基于FIDIC1999版设计建造合同，在项目投标阶段，项目EPC成本测算基于两方面进行，一是主机等相关设备预招标及询价，二是类比V国市场单位千瓦造价，结合初步资源组织方案，最终形成的中标测算价格符合当时的市场行情。

基于中标价格，结合项目前期策划，进一步对本项目的目标成本进行了编制、确定和分解。各项成本划分具体如下。

勘察设计：按照投标阶段给予配合且拟委托实施的设计院相应勘察设计价格确定目标成本。

设备材料采购：风机本体根据拟采用的主机厂家及机型方案，参考前期预招标及洽谈情况进行测算；塔筒、箱变、主变等设备及动缆、接地材料为采购占比较大的重点目标成本控制项目，结合前期询价、中标测算及目前了解类似项目价格水平确定目标成本。

物流运输：结合主机厂家及主要设备供货情况形成的物流策划方案和初步询价情况，确定目标成本。

建安工程：工程量按照中标测算所依据的工程量，单价结合V国当地地材询价、风机吊装机械方案及其他类似项目建安价格水平，确定目标成本；送出线路由指定EPC承包商完成并按其报价确定目标成本。

财务费用：项目占比较大的风机采购、主要建安工程及送出线路均以美元计价，本项目汇兑风险较小。此外，保函、保险按合同及相关约定进行计算，核定目标成本。

项目管理：根据人力计划及各类员工薪酬水平，休假政策等核定项目管理人员薪酬、项目管理费及差旅目标成本。

二、搭建成本管理体系

S公司在既有的EPC项目成本管理基础上，针对新能源EPC项目特点和本项目实际情况，进一步健全海外新能源EPC项目全过程成本管理体系。

（一）明确EPC各环节成本管理主体

EPC项目部作为项目执行主体机构，为项目经营效益的第一责任人，负责本EPC项目组织协调和项目实施：在收入方面，统筹负责EPC项目结算、变更及索赔事项；在成本管理上，侧重负责EPC项目除E、P部分外的成本控制。

设计部、采购部作为项目执行主要单位，分别负责设计、采购等具体工作实施，负责设计、采购部分的成本管理。

S公司就项目成本进行分解，划定各项成本管理范围，设定E、P、C成本管理的目标，对项目部、设计部及采购部等成本管理主体分别进行目标成本考核。

（二）划定EPC各目标成本管理范围

设计成本包括勘察设计费用和根据限额设计工程量测算的PC费用。勘察设计费用包括勘察费、设计费等相关费用；PC费用以限额设计工程量（具体指设备材料分类汇总清单及建安工程清单等中的工程量）方式进行控制，重点是设计优化或偏差引起的PC费用变化。在本项目中，由于涉及V国政府的TD设计审查及标准转化等问题，相应费用也计入设计成本管理范围。

采购成本包括构成EPC工程永久实体的设备、主要材料购置费及物流运输费，即从设备材料出厂至项目现场所有的采购及物流费用。经采购及物流方案比选分析后，按照满足EPC合同要求并保证效益最大化的原则确定采购部和项目部的具体采购及物流范围。根据本项目实际，风机、箱变等主要设备材料以中国采购为主，由采购部负责；塔筒、钢筋及水泥砂石等以V国采购为主，由项目部负责。物流以海运目的港为界，之前海运段由采购部负责，之后的境内运输等由项目部负责。

项目部负责对施工目标成本，包括人工费、机械费、分包费、其他设备材料费以及临建费、现场管理费、税金等进行管控。

依据项目前期策划和中标测算等资料编制项目EPC各环节目标成本。设计成本中的勘察设计费以金额表示，限额设计测算的PC费用以限额设计工程量的方式进行控制，限额设计工程量以施工所采用的最终施工图工程量为准。同时，结合项目实际和投标阶段预招标及中标测算采购费用等，确定项目采购目标成本。采购目标成本以金额表示。

三、分析成本管理影响因素

在本项目执行过程中，动态的成本管理主要是通过对目标成本和实际成本进行对比分析。结合项目经营分析等其他方式，全面掌握本项目EPC各环节成本变动情况。目标成本分析的主要内容包括两部分：一是目标成本执行情况的分析，把项目中标后编制的目标成本与实际成本进行比较，从整体层面分析两者之间的差异，用以评价目标成本的实现情况；二是分析成本变动因素对目标成本影响，通过分析目标成本变动因素查明影响目标成本升降的具体原因，为采取相应整改对策提供依据。以本项目的成本分析结果来看，目标成本与实际成本主要差异项可归结为以下四方面。

（一）设计成本

根据设计成本管理划分情况，设计成本差异项可分为设计费用的差异、设计引起采购成本的差异、设计引起施工成本的差异三部分。该项目设计费用本身与目标成本偏差较小，差异主要来源于设计引起的采购或施工成本增加。虽然通过设计优化，本项目在箱变基础、风场接地等方面也做了一部分设计优化，节约了项目成本，但一些设计问题还是引起了项目采购或施工成本的大幅增加。

根据成本差异因素的不同，可将本项目设计部分引起的采购或施工成本增加因素概况为三类：设计漏项、参数变化、工程量变化。通过对设计漏项、参数变化、工程量变化引起的采购施工成本差异的统计发现，工程量变化引起的采购施工成本差异占比为52.08%，如风机基础及吊装平台、风场道路、接地；设计漏项引起的采购施工成本差异占比为26.25%，如无功补偿、运维区工程、风机平台及栏杆；参数变化引起的采购施工成本差异占比为21.67%，如箱变由美式箱变改为欧式箱变、PHC管桩的桩型变化。

（二）采购成本

根据对项目实际成本的分析，采购成本占比高达63%，是决定项目成本管理的主要部分。经对比，采购物流部分差异占比14%，采购部分的差异相对较小主要得益于其中占比较大的风机设备采购成本管理到位。在项目投标阶段，通过项目前期规划影响，结合业主发电收益、技术规范等要求，S公司很早就与风机供货商确定了适合本项目的风机型号并签订了排他协议，风机供货商能够提前备料生产将风险锁定。

其他差异的主要原因是主变压器采购及物流运费差异。铜的原材料价格上涨，导致主变采购价格超过40%；而物流运费成本增加则是因为新冠肺炎疫情的突然爆发及V国风电抢装潮的影响，海运及内陆运输资源短缺甚至毫无运力。除物流成本外，通过对风场及升压站设备实际采购费用分析，影响采购成本的主要是风机、塔筒及箱变三项设备的价格。

（三）施工及其他项目管理成本

此部分成本主要由项目部负责管控，占实际成本约30%。经对比实际成本与目标成本，施工部分差异占比37%。通过进一步分析，此部分差异主要分为施工成本和赶工成本两方面。

通过前期询价并锁定部分资源，同口径对比的施工成本略有结余。然而，本项目执行期正值V国风电抢装潮，叠加V国在2020年3月起爆发的疫情影响，导致分包及机械租赁价格上涨。此外，前期设计和采购进度滞后，导致现场风机吊装不得不通过增加工作面、加载吊装资源进行赶工。此外，在新冠肺炎疫情的叠加影响下，赶工引起的管理成本、签证及差旅、办公成本及防疫费用也急剧增加。在实际成本中，主要施工部分的风机基础及风机吊装价格远超目标成本。

（四）外部因素

除去新冠肺炎疫情大爆发带来的项目外部客观因素外，在本项目执行过程中，业主未派遣项目管理团队来V国，而是委托其V国代理方几人进行现场管理，其主要职责为负责征地、安全监管及其他相关事务的协调。同时，聘请了职业经理人进行商务管理。此外，项目业主委托国际咨询公司负责具体项目管理。该咨询公司项目团队又分两部分：一部分在V国，负责现场监管和验收，并将监管和验收结果提交位于T国的总部审批后执行；另一部分人在总部负责设计图纸、现场监管和验收结果的审核以及汇报业主进行最终决策。因此，业主项目管理团队极为松散，项目管理协调效率极低。

在项目前期遇到征地移交、青苗补偿、设计审批、融资方式变更等关键问题时，业主及其项目管理相关方的决策及推进效率较低。项目开工后半年内，为应对上述问题，合同双方累计签订了8份增补协议，本应快速高效执行的项目，不得不因为准备不足而推进缓慢。业主等不利的外部因素，对于本项目EPC各环节成本管理也都造成了不同程度的影响。

四、成本管理复盘总结

近年来，随着全球绿色清洁能源的发展，以风电、光伏为代表的海外新能源EPC项目逐步成为中国国际工程承包商的主营业务。通过本项目成本管理实践，海外新能源EPC项目成本管理应当重点关注以下几方面。

首先，设计对海外新能源EPC项目成本管理具有决定性作用。一方面是设计进度方面，包括设计出图、设计审查等，将直接影响设计进度；另一方面是设计质量方面，设计接口是否清晰、设计标准是否有依据、设计清单是否有漏项或重大差异，将严重影响EPC项目成本。

其次，采购及物流是海外新能源EPC项目成本管理的重要部分。采购及物流在海外新能源EPC项目中占比过半，特别是风电类的风机、塔筒、箱变、主变及电力电缆，光伏类的面板、支架、逆变器等设备材料，其采购进度和成本将决定项目的盈亏水平。

最后，工期延误是海外新能源EPC项目成本管理的最大恶敌。近年来，众多国家为促进绿色能源转型，纷纷发布电价补贴政策，如期实现商业运行才能使项目获得更多的收益。此外，如果由于设计、采购和施工组织不力而延误工期，也会大幅增加项目成本。

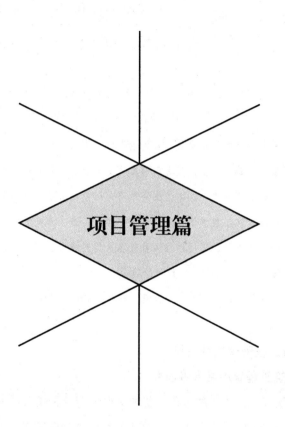

项目管理篇

建筑工程施工技术应用管理与安全质量控制问题探究

王贝贝① 郭平平② 朱春彦③

摘要： 随着社会的不断发展，人类生产力水平的不断提高，高层与超高层建筑物的数量也是越发增多，随之而引发的安全质量问题固然已成为建筑行业重点关注与讨论的事项之一，本论文通过研究讨论施工技术应用管理与安全质量的关系，以及其在工程建设中发挥的重要作用，进一步论证技术应用管理在工程建设中的核心地位，以便增强项目管理人员对技术应用管理的重视程度，进而达到降低建筑业安全质量问题风险效果。

关键词： 建筑工程；技术应用管理；安全；质量；风险

一、建筑工程管理的性质特点

（一）建筑工程管理具有多面性

工程建筑从开工到竣工的过程，犹如父母养育孩子长大成人，又像是一场重要战役从组织策划到战斗胜利。在施工过程中项目管理者有着多方面的工作需要进行协调处理，例如技术应用管理、安全质量管理、进度控制、风险控制、成本管理、人员管理、现场安全文明施工管理等等，通过问题的不断产生、不断解决才能最终完成竣工移交任务。

---

① 青建集团股份公司胡庆社区项目经理
② 青建海外发展有限公司工程部业务主管
③ 青建海外发展有限公司黄岛华大基因检测项目质量经理

（二）建筑工程管理具有危险性

建筑工程管理的危险性在一定程度上受到建筑工程管理多面性的影响，复杂的建筑环境、多方面问题及工作面的交叉，使得建筑工程管理的危险性更加突出，项目时时刻刻都在面临危险，材料问题，高空作业，坠物，电击，易燃易爆品等等，都增加了项目生产的风险。

（三）建筑工程管理具有不确定性

工程项目在施工过程中，总是会遇到一些未知的问题，例如暴雨、地震、水文地质环境、现场突发情况、不确定外在因素的影响等，都会增加项目管理的难度，管理者要时刻保持清醒的头脑，不断变通，以便适应复杂的施工环境。

因此，在建筑工程管理过程中，施工技术应用管理与安全质量控制就显得尤为重要。

二、建筑工程施工技术应用管理措施方法

一种好的方法、一个对路的实招，可以下活一盘棋，可以开辟一条道，可以影响一大片。

（一）制定完善的施工项目管理实施规划

建筑工程施工技术是工程建设的核心内容，没有技术支持的工程项目，就像是一盘散沙，可以任由摆布。技术应用管理直接影响到工程施工的质量，进而影响到工程的安全，任何工程项目在进行实施之前，都需要编制相对应的施工项目管理实施规划，并细化施工组织设计。实施规划是一个项目实施的整体指导性文件，可以在项目实施过程中应对各类多样性、危险性以及不确定性的建筑工程项目，使得施工有据可依，进而有的放矢，有恃无恐。

编制的施工项目管理实施规划要根据项目具体特征、周边环境及不确定因素，统筹规划进行编写，而不能为了工作而工作，毕竟技术应用管理是统筹整个项目实施的决定性因素之一，要按照事实编写，只有结合项目实际施工情况而编写的项目管理实施规划才具有实质性意义。

（二）项目图纸会审技术方案编制

在项目实施过程中，各管理班组成员要结合施工项目管理实施规划、施工组织设计以及施工图，编制单项工程及单位工程施工技术方案，该方案将作为工程实际施工过程中的应用性文件，具有实际施工的指导性意义，对于图纸中的问题要提前预判，以免造成后续施工过程产生质量问题而影响项目实施。

技术方案编写要结合结构施工图、建筑施工图、水电安装图纸、装饰装修图纸以及工程量清单等相关文件，统筹编制，技术方案要细化到每一个施工结点部位，从平面位置到立面再到剖面，使得项目施工有明确的理论性文件，保证结构施工的可靠性，建筑施工的美观性以及实用性。

（三）从上到下做好技术交底工作

整个工程是一盘棋，车马炮和小卒子哪一个也不应少。

建筑工程是一个整体，团队的每一名成员都有着不可或缺的作用，都会对工程建设产生一定的影响，因此做好交底工作就显得越发重要，中间任何一个环节脱扣，都会对整个工程实施产生影响。

因此要做好各级项目相关人员交底的施工准备工作：施工管理者应向工长做详细的图纸工艺要求、大样图、安全质量技术交底；在各个工序开始之前工长应向各班组长进行详尽的图纸、施工方法、质量标准交底；作业开始前班长向班组成员做具体的操作方法、设备工具使用、质量及安全要求的详细交底，并进行相关签字确认工作，务必做到每一位班组成员对工程施工过程及其细节了然于胸，确保安全质量事故零发生。

只有做到从大框架控制小框架，才能保证整个项目的顺利实施，技术应用管理的重要性也在此有了淋漓尽致的体现，无规矩不成方圆，技术先行，没有技术支持的项目实施，是没有办法顺利完成并移交的。

三、建筑工程施工安全质量控制

（一）项目质量计划的应用

建筑工程项目在实施过程中要时刻警惕质量问题的发生，保证项目质量也就保证了项目实施的可行性，质量计划作为工程实施不可缺少的一部分，要求每一位管理者都要铭记于心，以便在项目实施过程过程中能够灵活应变，确保工程的顺利进行，质量计划的应用主要体现在如下几点：

项目经理部应对施工过程质量进行控制；施工企业应根据需要，事先对施工过程进行确认；施工企业应对施工过程及进度进行标识，施工过程应具有可追溯性；施工企业应保持与工程建设有关方的沟通，按规定的职责、方式对相关信息进行管理；施工企业应建立施工过程中的质量管理记录。

项目施工过程中，各方要统筹规划项目实施情况，根据相关项目周边环境及施工技术的要求采用新材料、新工艺、新技术、新设备等，并进行相应的策划和控制；关注大宗材料的质量问题、结构及建筑装修设计问题、设备机械使用问题，现场人员操作流程事宜，做好工程记录，确保有据可依，为工程的顺利实施创造优越的条件。

（二）建筑安全管理措施

"安全第一，预防为主"，这是每一个项目经理部每天都在关注并耳熟能详的一句话，安全作为项目生产管理的第一要素，是项目管理者都要明确的一个代名词，没有安全保障的项目是无法令人安心工作的，任何安全事故都将造成一定的社会影响，因此安全管理工作已成为现今项目管理过程中不可缺少的一部分。

安全管理可以极大地降低项目实施风险，项目经理部要根据项目管理实施规划，项目施工组织设计及相关技术文件，编制合理的安全控制措施及安全检查制度，以便应对项目突发状况。

要进行定期安全检查。项目部应规定安全检查的时间段，考核制度及相应的检查人员，对现场临边防护、安全佩戴、安全文明施工、设备机械及周边环境进行定期检查，并形成相关报告，并针对具体情况进行整改。

安全技术交底。任何分部分项工程在展开施工之前，都要做到交底到各级个人，并进行签字工作，留好交底证明。

安全教育。项目经理部要对现场管理人员及施工人员进行不定期的安全教育，落实到个人，并可以组织相关安全方面的考试，以便加强对安全的认识。

建立健全安全生产责任制。制度是项目经理部的规矩，有了大框架就可以更好地管理安全，使项目运行整齐划一，顺利实施。

关注天气情况，做好事后检查。在经历大风、暴雨及特殊气候环境之后，项目经理部要做好排查工作，要对电器类设备、仓库等进行重点检查，确保安全生产。

四、建筑工程施工技术应用管理与安全质量控制之间的关系

技术作为工程项目实施的核心内容，影响着整个建设项目体系、施工技术的应用，使得各个分部分项工程都有了理论的依据，以便在保证施工质量的前提下进行任务分配与具体实施。没有技术应用管理作为控制，整个工程将会面临严重的质量问题，甚至会影响到建筑工程主体结构的施工，主体结构质量问题所造成的严重后果将会是无法估量的。

五、结论

建筑工程施工技术应用管理与安全质量控制是相辅相成的，想要成为一名合格的管理者，首先要懂技术。技术是项目实施的核心，通过技术应用管理可以降低项目实际施工过程中的风险，在遇到不确定性的突发情况时，可以有据可依，有章可循，而不是手忙脚乱地进行项目生产管理。建筑结构的安全性、适用性及耐久性是质量问题的重要体现，只有技术可靠，并加之以完善的项目管理，才能够保证项目的施工质量与安全，进而完成项目的顺利实施与移交。因此，建筑工程施工技术应用管理在项目实施过程中的重要性就不言而喻了，管理成员要不断地学习先进的技术理论知识，完善自我提高自我，为中国建筑行业奉献出自己的一份力量。

参考文献：

［1］李瑞环.学哲学用哲学［M］.北京：中国人民大学出版社，2005，88.

［2］李瑞环.看法与说法［M］.北京：中国人民大学出版社，2013，1129.

［3］全国一级建造师执业资格考试用书编写委员会.建筑工程管理与实务［M］.北京：中国建筑工业出版社，2015，210–211.

国际工程供应链管理的变化、问题及对策

宋鹏飞[①]　高　坤[②]

摘要： 在席卷全球的新冠肺炎疫情等因素影响下，国际工程供应链正经历着前所未有的变化和挑战，同时面对全球化设计施工标准迥异，差异化项目管理体系及多元化市场的现状，供应链管理如何保障供应，变被动为主动，在成本控制和现金流管理方面服务于项目管理和企业战略，进而构建高效的运转体系，是国际工程供应链管理面临的核心问题。本文首先对国际工程供应链基本内涵进行了阐述，然后对国际工程供应链管理的变化及产生的问题进行了分析，最后提出了国际工程供应链管理的对策。

关键词： 供应链；变化和挑战；对策

一、国际工程供应链管理模式及其重要性

国际工程供应链的基本内涵就是将建筑企业多地域的运营发展目标作为基础，并科学化地把控物流、信息流与商业流，从采购施工材料的环节入手，一直到整个项目工程结束。与传统的成本管理方式相比，融入供应链管理模式，能够不断强化成本管理力度，还能扩大成本管理覆盖的范围。对于建筑企业来说，不仅需要加强对供应链上游企业的管理，还需要对材料设备供应商、维保服务等进行全过程管控。通过细分供应链条各枝节，梳理清晰脉络，在实行整个流程管理工作的过程中，最大限度地将链条各方紧密结合，共担共享。

---

① 青建海外发展有限公司阿尔及利亚分公司董事长
② 青建海外发展有限公司援圭亚那公园项目项目经理

近几年,我国国际工程发展迅速,2020 年虽然受到新冠肺炎疫情的强烈冲击,2020 年我国国际工程营业额仍达到了 1.08 万亿美元,设备供应工作是国际工程项目的重要组成部分,一般说来,设备要占到合同总额的30%~50%,有的项目甚至能占到合同总额的 60%以上。国际工程项目采购的设备数量大、种类多、规格复杂、时间跨度长、地域跨度大,并且设备互相配套、互为影响,涉及成千上百家的设备供应商。因此,搞好供应链管理是国际工程成败至关重要的因素。

二、国际工程供应链管理的变化

虽然逆全球化及单边主体抬头,但在当今全球化的大背景之下,供应链已不再是一条封闭的链条,而是一张覆盖全球的大网。这张大网的一端是需求,一端是供给,通过中间纵横交错的环节联系起来。那么,要满足国际工程物资供应需求,原来单一、点对点的单个链条平行式的管理模式自然无法适应,就需要创新管理思维并以科技助力加持,构建起纵专横连互联互通的信息平台,这是应对供应链变化的必要途径和可行方法。

三、国际工程供应链管理面临的问题

(一)疫情仍旧严峻,全球供应链面临空前危机

目前,我国基本已处于后疫情阶段,各行各业基本已恢复正常。与此同时,海外疫情却扩张迅猛。据美国约翰斯·霍普金斯大学的实时数据显示,截至北京时间3月31日6时30分,全球新冠肺炎确诊病例超133万例。为了遏制疫情的进一步蔓延,越来越多的国家实行了封国政策,部分工厂陆续停产,由此可能造成全球供应链断供风险。

(二)国际工程项目物资采购程序复杂

国际工程项目因国别、适用标准、政策和文化等的不同,采购和物流及报关流程方面都比较复杂。作为采购物流管理、研究、计划、核查、制造商的审查、投标和谈判的一部分,需要准备足够的资料和合同。材料的进出口程序必须一致,包括采购合同、装箱清单、供应商资质、进出口许可证、产地证、信用证、港杂费清单箱、报关单、船期等材料和申报给海关内容要一致，并要留有充足的海运物流时间。

（三）设计、施工及检验测试标准不同，导致物资供应顾此失彼

不同国家的建筑设计、施工标准都存在着较大差异，材料检验形式各不相同。这意味着建筑材料的采购途径也大不相同，如必须根据当地的设计标准进行采购；再如电气方面，中国需要3C论证、欧美则需要AC、NOM认证，甚至国内具备他国标准生产的材料，在大陆却没有具备相应认证资格检测机构对其进行检验，诸如此类问题，中国标准、国际标准的通用性仍很大程度制约着物资供应的高效实施。

四、国际工程供应链管理的对策

（一）国内国外"双循环"保驾护航

疫情在重挫世界发达经济体的消费信心同时，让本已遭受逆全球化导向冲击的国际工程供应链受到了更大的震荡，期间全球和中国的供应链处于前所未有的震动之下。综合判断，具体影响的表现主要集中在："缩""阻""断""延"这四点上，而这四点又分别表现在两个层面。首先，从国际工程供应链的实际运行层面，原本的生产活动大幅收"缩"；参与工程建设的企业生产受"阻"；来自全球供应链的供货渠道切"断"；原本正在进行中的供应链布局"延"后；其次，世界主要经济体生产投入预期在"缩"减；原本在全球范围内流动的人流、物流、资金流受"阻"；疫情导致关键行业的关键投入将在一段时间"断"供；各类生产资源的跨国流动无限期"延"后。

双循环意味着什么？国内建筑业正走在"由规模向结构的转变"的路上，建筑业的结构是一种由产业链、区域和资源构成的三重结构。国内市场，增量不再，存量竞争，内循环对建筑企业的启示是，在这种三重结构中"循环"起来，找到发力点，参与到核心竞争之中，充分参与到国内较为稳定、成熟的建筑市场循环之中，多措并举，通过集采、年度标、区域化调配等多种手段，最大化地调动起国内供应链，降本增效；而海外市场，鉴于各国处在不同的发展阶段，会有不同的趋势，外循环的启示则是，走出去，到有空间的

地方争规模，分门别类地把握项目特点，采取有针对性的供给方式。

（二）提前筹划

疫情的影响，导致供应链受到冲击，采购工作要变被动为主动，就要超前介入，包括在工程项目投标阶段和项目设计阶段两个阶段的参与。

在投标阶段，采购部门为投标部门提供基础成本数据，以保证项目一旦中标，不致于采购成本倒挂，同时，采购团队在正式采购实施前，有了足够的时间熟悉项目需求，为采购工作争取足够的操作时间。

项目中标后，针对不同设备物资，面向项目属地、中国、第三国进行充分的调研，提前做好供应链管理方案策划，涵盖采购策略、物流仓储方案，支付计划等。

在设计阶段，采购部门立足于采购预算，为设计部门、设计院提供支持，保证设计工作从输入端即进行成本控制，保证项目整体造价水平不超限。同时，设计与采购的充分互动，有利于在国际工程项目中，加快图纸和产品的审批，加强图纸的设计深度，减少后期图纸变更，有利于促进现场施工，这就是国际工程所提倡的"结合"工作，良好的"结合"工作还可以促进产品选型和设计方案的优化，在降低成本和提升客户满意度方面实现双赢。

（三）集中规模采购

多个分布于不同市场的项目往往需要同类的设备物资，如钢材、水泥，以及机电安装设备和物资。因此，集中采购十分重要，"集中"包括数量、时间和空间三个维度，数量集中的作用既包括规模化采购，还包括资金使用的集中安排；时间集中使采购团队可以立足于长期需求，以集中招标、框架协议、固定价格或浮动价格方式进行采购，通过优化与供应商之间的合作方式，与供应链上游企业共同压缩成本，对冲市场波动；空间集中侧重于对集中采购的多点配送进行集中统一的安排，以优化的运输资源和运输路线，以最优的物流成本保障供给。

（四）适应不同区域集约化建筑标准，采取供应集中化

完成需求端的数量、时间是供应链管理的第一步，放眼属地市场，不

同设备物资需求在不同区域常呈现集约化分布。供应来源的集中，首先受设计施工标准和市场习惯的影响，当前承揽的不同国家和地区的工程项目，需要遵照不同的设计施工标准。例如，中东地区普遍适用美标；北美成为主要的产品来源地之一；北非地区普遍适用法标和欧标；欧洲，尤其法国是主要的产品来源地，经援使领馆项目，在国家主导下，主要采用国标并充分结合属地做法来实施。综上所述，需要把不同地区、不同项目的建筑标准梳理明确，储备上中下游供应链；另外供应来源的集中还受采购成本影响，例如，中国、其他亚太国家等，因劳动力成本优势和政策优势形成的全球范围的成本洼地，应作为主要采购来源地；此外，物流成本和供应弹性引发的属地化就近采购，也是供应来源集中化选择的重要影响因素。

（五）供应链整合与优化

建筑行业的供应链涉及众多的工业生产行业，并且是工业化生产的最终环节，因此，我们可以将供应链管理的界面向上游延伸，不仅面对直接为我们服务的供应商，而是进一步关注上游供应商链条上每一个环节的合作关系、成本优化、市场波动和产品开发，通过规模、资金的杠杆作用和资源整合能力，实现供应链条某些环节的整合或细分，进而挖掘供应链优化的潜力，实现降本增效。

（六）构建标准化业务流程和界面管理

标准化业务流程类似于现代化工厂的生产流水线，在满足合规管理的同时，提高管理效能，解决采购集约化管理带来的巨大工作量和沟通成本。坚持"纵专横联"的原则，分步推进信息平台建设。首先，推进物资采购做精做专，确定统一的数据标准，为横联奠定基础；第二阶段，全面实现纵专横联。

持续打造优材优建平台：https://www.ucujcn.com/#/。将优材优建致力于成为国内领先的建筑产业供应链综合服务平台，拓展更多优质采购商资源做大GMV，在现有物资采购平台基础上，逐步增加科研、设计、施工、劳务、咨询等产业资源，提升平台影响力，打造产业齐全、门类丰富的高效供应链交易平台；嫁接植入优质的供应链金融产品服务，并实现全流程线上化，为采供双方提供多样化融资服务；加强平台大数据建设，建立健全数据分析模型，开展信用管理服务。

五、结语

总而言之，建筑企业应始终贯彻供应链管理理念，提升供应链管理效率，进而降低企业的成本消耗。要想将供应链管理作用凸显出来，仍需要继续深入，加大探究的力度，创设完善的供应链管理机制和信息化管理平台，进而降低成本的投放，将资源的应用效率发挥到最大化。

参考文献：

［1］吉文学.浅析国际工程项目中物资采购和供应链管理［J］.商情，2019（49）：169.

［2］沈冰.工程采购与供应链管理［J］.国际工程与劳务，2018（9）：78-79.

建设工程精细化管理之探讨

孙文明[①]　朱　未[②]

摘要： 当前，随着科技的进步和现代化管理水平的提高，加速了各行业管理模式的转型升级，建筑业作为传统经济产业，对其自身管理模式的发展也提出了新的要求。施工企业依靠以往传统的管理模式进行工程项目资源的管理已无法提高效率，获取预期经济效益。如何在有限资源的情况下，通过各项管理手段，优化资源配置，使其创造最大价值是施工企业必须思考的问题。精细化管理作为一种优化资源配置的管理理念，将其从制造业引入建设工程项目当中，恰好可以减少浪费，提高施工可控度，促进施工企业转型升级和提高经济效益。

关键词： 建设施工；精细化管理；项目管理

一、理论综述

（一）工程项目管理理论

1. 项目的概念

项目是指人们通过努力，运用新的方法，在给定的费用和时间约束规范内，完成一项独立的、一次性的工作任务，以期达到由数量和质量指标所限定的目标。所以从相对广义上来讲，项目是一个特殊的等待被完成的限时任务，是在一定的时间范围内，将可利用资源整合在一起来保证其目标的实现，具有独特性、临时性、渐进明晰。

---

① 青建海外发展有限公司纳米比亚分公司 NKURENKUR 警察局项目副经理
② 青建海外发展有限公司纳米比亚分公司 NKURENKUR 警察局项目总工

2. 建设工程项目的概念

作为现代管理科学的重要分支学科，工程项目管理在1982年引入中国，1988年开始大力推广，并联同项目管理体制改革进行初步探索。同时在项目建设过程中不断对其进行改革完善，使项目管理的概念不断拓展。

（1）概念。建设项目管理是指运用科学合理的理论方法，系统地规划、组织、控制、协调、指挥建设项目，确保项目目标的实现。

（2）类型。根据建设项目不同参与者的工作性质和组织特点，可分为：业主项目管理、设计师项目管理和建设项目管理。基于此，本文主要考察了施工方的项目管理。项目管理是一个动态覆盖整个项目生命周期的管理过程。本文虽然讨论了建设过程的项目管理，但也应该审视整个建设项目生命周期的项目管理工作。打造精品工程，更好地服务业主。

（二）精细化管理理论

1. 精细化管理的概念

对于精细化管理的定义，中国学者也通过研究给出了解释。王忠秋先生解释说：改进管理是一种管理理念和管理技术。通过规则的系统化和精细化，运用程序化、标准化、数据化、知情化的手段，使组织管理单位准确、高效、协作、和谐、连续运行。孙念怀先生指出，强化管理是在过去粗放经营的基础上，逐步从宏观到微观精细化管理，降低公司的生产成本，增加利润，从而增强公司的竞争力。从以上学者对精细化的定义，可以概括为：管理层认为企业可以通过优化流程和构建系统来减少工作程序、提高效率、降低成本，最终获得效益。

2. 精细化管理的内涵

精细化管理理念的内涵主要包括"一个核心""一个目标""两个支柱"和"三个基础"四个部分。具体内容为：

"一个核心"是全员参与。强化管理的实现不仅限于乌托邦式的管理，还需要充分发挥和调动公司员工的创造性和主动性，从公司基层进行强化管理。

"一个目标"就是降本增效。实施强化管理的主要目的是通过各种措施提高企业生产效率，降低成本，进而实现效益。

"两个支柱"是指及时生产和自动化。准时生产（JIT）是指使用节拍时间、连续流、看板绘制等方法，优化投入生产要素的时间，缩短改变操作程序的时间。自动化是指当质量或设备出现异常时，设备或生产线自动关机或操作人员主动关机的能力，从而消除隐患，减少损失。

"三个基础"是指① 现场5S管理。② 通过操作指导、可视化管理、操作流程标准化。③ PDCA质量循环，通过改进建议等方法持续改进。

强化管理最基本的特点是注重环节、注重过程、注重基础、注重细节、注重质量、注重效果，注重把事情做好、一丝不苟、不断进步。

（三）建设工程项目精细化管理理论

1. 建设工程项目精细化管理的概念

如上所述，加强管理是建筑企业转型提升的必然选择，但加强建设项目管理并非一蹴而就。建筑企业的发展过程是一个粗放的、标准化的、精细化的发展过程，因此，要做到精细化，首先要做到标准化。所谓标准化，是指建设单位首先要建立各种管理制度，按照标准化要求开展生产活动，对建设过程中做什么、怎么做都有明确的标准。

在实现施工企业标准化的基础上，对所制定的流程或标准管理方法进行更细化的划分，对在建项目进行全面、系统、全过程、持续的规划，做到成本最低，创造最大的工程价值。

2. 建设工程项目精细化管理的内涵

根据精细化管理的核心可知，推行建设工程项目精细化管理的核心是要全员参与，只有激发全员参与的积极性，才能发挥人员的主观能动性，为精细化管理的发展和创新提供源源不断的动力。

建设工程项目的精细化管理理论，其表现为将精细化管理的理念与工程项目管理的思想进行结合。具体来说主要包含三个内容：

（1）全面性。精细化管理理念的推行要立足于施工企业的整体布局，无论是制定的工程项目管理的步骤或措施都要遵循标准化、整体化，对施工企业的短期效益和长期效益都有所帮助。

（2）细致性。在对工程项目实施精细化管理时，要针对工程项目的实施目标进行科学的界定和细化，统筹处理每一阶段的阶段性目标，做到各项资源配置最优化。同时还要责任细化，按照精细化管理的"精、准、细、严"的标准和原则，做到专项工作有专人负责，防止权责交叉出现、相互推诿的问题。最后还要做到监督考核细化，在明确责任的同时对责任人进行科学的考评。

（3）量化性。量化和细化其实是相辅相成的作用，施工企业无论是上述目标的细化、责任的细化还是监督机制的细化，其衡量标准都要转化为量化，其目的是将模糊的文字描述转变为精确的数字表达，从而提高了目标的明确性，也保证了责任、监督在执行时的公平性。

3. 建设工程项目精细化管理的原则

通过对建设工程项目管理理论内容的大致梳理，在对建设工程项目实施精细化管理时大致包含以下原则：

（1）制度化。制度化顾名思义即施工企业在推行精细化管理办法时，要营造一个符合公司发展方向、理念及有利于价值观认同的文化氛围，同时形成对员工行为具有约束、规范、整合效力的管理机制，实现用制度管人、按流程办事。实现员工的行为活动与施工企业的目标相一致。

（2）系统化。在确定企业与员工价值观及目标相一致的情况下，施工企业还要形成系统地解决问题的原则。对工程项目而言，其本质就是对项目管理活动中包含的内容进行处理。一方面是项目管理人员在处理问题时，能否做到对问题整体系统的观察和把握，另一方面也是施工企业是否能构建一个高效、有序的项目管理系统，使项目管理人员遇到问题时有"法"可依，从而提高项目的管理水平。

（3）数据化。该原则主要是指在构建系统化的管理模式后，对施工期间的各项管理活动都要以科学的数据进行量化，其目的一方面作为项目管理水平的衡量标准，借助数据的计算基点对项目的管理质量进行评价；另一方面是在施工过程中对收集到的数据进行分析，对下一步工程的推进状况进行动态的追踪和预测，从而根据当前状况和预测结果进行资源优化，让数据服务项目。

（4）信息化。数据经过加工后变成了有意义的信息；而信息需要经过数字化的转变才能进行储存和传输。所以施工企业在实现数据化时，要借助信息化的技术手段，将抽象不具备实际意义的数据转变为有意义的信息。信息化科技的使用不仅可以解决信息传递的时效性，同时还能保证信息的准确性，为项目管理者在决策时提供准确的信息，提高决策效率。

二、建设工程项目施工管理现状

在建设工程项目施工过程中包含进度、质量、成本、安全、材料、环境等多个部分，根据文献查阅及现场施工经验，确定本文的研究对象主要是针对建设工程项目施工过程中的进度管理、质量管理、成本管理三部分的内容。

进度质量成本关系分析。质量、成本、进度三者只从字面意义来看没有任何价值，但从价值转换的角度来观察，工程项目的建设就是投入资源，将资源转化为资本，进而建设的项目才有相应的价值。从投入的资源来看有两类，第一类为时间资源；第二类是可以将资源转化为资本的资源，即劳动力、原材料、机械等。第一类资源在工程项目中可以理解为"进度"，而第二类资源在工程项目中理解为"成本"。将这两类包含的要素进行组合，就可以得到工程项目，而质量属性就包含其中。由此我们可以看出质量这一属性是进度和成本整合得到的结果。而建筑工程项目又包含了三者，所以它们之间都不是独立存在的，是相互辩证统一的关系。如图1所示：

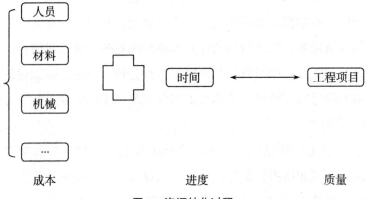

图 1 资源转化过程

在现实工程建设过程中，资源不可能达到100%的转化效率，这是因为，首先，施工方案并不是完美的，在有限的时间内，只能选择较为合适的方案；其次，现实施工过程中资源的浪费也是无法避免的，"人"作为发挥主观能动性具有不稳定性，个体、团体的管理水平也是不确定的。故三者之间的关系可用下图表示，如图2所示：

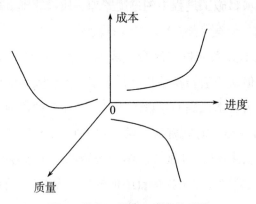

图 2 进度、质量、成本关系图

需要说明的是该图中某两个模块之间关系图，是保证另外一个属性不变的情况下得到的，例如在保证质量的前提下，在一定范围内成本与进度成反比关系，进度越快成本越高，超出一定范围进度与成本成正比，即工期越长，成本越高。

从上述可以看出，进度、质量、成本三者之间既相互影响又相互制约，在工程项目建设中如何利用精细化管理的方法和技术平衡它们之间的关系是建设工程项目管理的关键。

三、传统工程项目管理现状

（一）进度管理现状中存在的问题

根据文献回顾和现场工程实践经验将工程项目进度管理中存在的问题加以总结归纳，主要有以下问题。

1.施工前进度计划编制过于粗糙

在传统工程项目进度管理方面，虽然有合同、目标节点作为进度管理的依据，但大多数情况下，还是依靠管理者的经验进行计划的编制，同时编制的进度计划体系过于粗糙，往往只是编制一个施工进度总计划，没有对分部分项工程计划的编制，或是从总进度计划中截取流于形式，编制的计划可执行度低，没有指导性。

2.施工过程中进度管理工具落后

在施工过程中由于进度计划的执行情况会受到多方面因素的影响，会呈现出波动性，现行的进度计划编制的办法和工具相对抽象，大多还是采用传统的Microsoft Project或其他软件绘制甘特图，难以在施工过程中进行动态的检查或监督，一旦出现问题，无法及时发现，从而影响进度计划的执行。

3.施工组织、沟通各专业协同不通畅

建设工程项目因其资源消耗大、参与方众多的特点，导致其在施工过程中会受到多方因素的影响，任何一方的沟通不畅都会对进度计划的执行造成影响。

（二）质量管理现状中存在的问题

1.质量控制重事后检查、轻事前预控

根据质量控制过程，一般情况下可以将质量控制的阶段分为事前控制、事中控制和事后控制。首先，项目施工前的责任体制不健全，部分施工现场没有配备专门的质量员而是由施工员或安全员兼任；其次，质量管理人员不重视对施工组织设计、方案、技术交底、样板工程等方面的事前质量管理，而是把工作的重点放在工序完成之后对质量缺陷的修补上，但发现的质量问题已成事实，对质量问题的修补一方面影响工程整体质量，同时还会造成施工费用的浪费。例如，浇筑柱混凝土时，由于监督不到位，混凝土工人振捣不均匀，造成柱"烂根"漏筋等现象，处理这种问题时需要更高标号的混凝土重新浇筑，同时会产生大量的人工费，不仅影响观感质量，最重要的是造成质量隐患；最后责任落实不力，往往发现问题之后责令整改，但对整改部位的质量没有追踪检查，施工过程中工序完成验收、奖惩机制也大都流于形式，实际操作时往往简化，落实不到位。

2.专业之间协同不足

建设工程项目具有整体性、系统性，需要在施工过程各专业之间相互配合，但在实际工程建设过程中，由于专业的不同，所属单位的不同，专业与专业之间就会产生碰撞、破坏。例如在主体施工时与机电专业的协调不及时，导致在主体完成后，没有预留孔洞，而需要机电专业后期开洞，这样不仅会导致工程质量问题，而且在责任追究时容易发生相互推诿的现象。

3.进度、成本与质量的相互制约

在上述章节中，分析了进度、质量、成本之间的关系，可以看出成本和进度是一种可以量化资源消耗的模块，虽然质量也可以用检验合格率进行量化，但却是一种抽象的量化过程，需要在完成工序之后才能被观察。所以质量经常要让位于进度和成本。有时因为进度计划不合理，出现因后期赶工而忽视质量，亦或者成本超支或为节约成本，降低质量标准都会对建设工程的质量造成影响。

（三）成本管理现状中存在的问题

1.其他专业人员成本意识薄弱

在工程项目施工过程中，除成本部以外还包括其他如质量工程部、技术部、物资部等多个部门，这种部门细化的组织结构优点是分工细致，权责不易产生交叉，但缺点是极易产生"本位主义"缺乏整体意识，对项目成本消耗更是漠不关心。各部门只关注与自身相关的工作状况，如技术部只关注技术措施而忽略了经济性，材料部只关注材料的供应状况而对现场材料的使用有无浪费不关注。同时造价人员与其他部门协同办公效率低，通常无法进行项目的多算对比，这些问题都是导致施工过程中成本失控的主要问题。

2. 造价数据更新不及时

工程量计算是整个造价工作中最关键的一步，同时也是最为烦琐的一道工序。在施工过程中工程的变更、签证索赔的情况比较常见，同时材料的价格也是上下波动，当这种情况发生时，造价人员就必须对工程的造价进行调整和及时更新。据统计，工程量计算会占整个造价时间的50%～75%，工程量计算和更新也是较其他工序时长最长的，造价人员需要保持足够的耐心和细致，才能保证数据的准确性，把误差做到最小。

3. 材料采购不合理

材料采购不合理包含两个方面的问题，首先是材料的价格问题，施工过程中涉及的建筑材料多达几百种，且大多数材料都贯穿施工的整个过程，若采购人员对材料的采购价格过高，势必会造成成本管理过程中材料费用超出预算，出现成本超支的现象；另一方面是材料的采购时机，施工过程中涉及的材料用量会随着施工阶段及施工现场情况的变化而变化，若某一材料的供应时机不及时，会造成现场材料短缺，影响施工进度，进而造成成本浪费，若材料的供应量过大，不仅占用施工场地，同时还会增加材料的保管费用，增加成本控制的难度。

（四）传统管理模式与精细化管理模式的区别

根据上述文章对施工项目管理中进度、质量、成本存在的问题进行总结发现，造成问题产生的影响因素很多，一方面是由自身特性造成的，如质量问题的隐蔽性，成本控制的动态性。另一方面是三者之间的相互制约，但最主要的原因还是传统管理模式存在的弊端。

传统管理模式存在的问题主要有以下几个方面：

1. 管理理念陈旧

传统管理模式下，施工企业的管理理念还是通过产生问题后的整改或补救为主要手段，缺乏对建设工程项目管理的前瞻性，同时对新的管理理念或技术了解甚少或具有抵触情绪。

2. 缺乏标准化的管理措施

在项目的生产施工活动中，当产生问题时，传统项目管理的方法部分还是依靠项目领导的"经验式"进行生产活动的管理，管理手段、技术工具等较为落后，没有可操作的标准化的解决措施。

3. 信息化水平低

随着信息化技术的不断发展，信息化管理工具和手段也越来越多，但在建设工程项目管理中的有效利用不明显，无论是施工前或施工中，各参与方之间及施工企业内部之间，信息的沟通都得不到有效的传递。

根据上述存在的问题结合精细化管理理念，对传统工程项目管理模式与精细化工程项目管理模式的区别进行界定，如表所示：

表1 传统模式与精细化模式对比

	传统管理模式	精细化管理模式
项目管理目标	只是以完成项目为导向，只关注经济效益	以完成项目目标为导向，关注经济效益的同时也会关注社会效益
项目管理内容	对工程项目生产活动时涉及的各要素进行分配	虽与传统管理方式的内容相同，但更强调要求的规范化、流程化，做到资源分配最优
项目管理方法	传统项目管理的方法部分还是依靠项目领导的"经验式"进行生产活动的管理，管理手段、技术工具等较为落后	以"标准化"的管理手册为指导创新施工技术手段，同时使用现代信息化工具，保证工程质量提高工作效率
权责及绩效评价	项目目标责任不明确，存在权责交叉，容易出现责任推脱的现象，员工绩效的评价体系不完善	权责关系明确，做到责任到人。对工作进行量化，具有完善、公平的评价体系

四、结论

精细化发展是建筑行业转型升级的必然选择，通过阅读国内外有关文献归纳总结发现，与国外的精细化管理相比，目前国内的研究也已经从之前的纯理论阶段转变到现在结合管理技术的应用阶段，结合应用效果也证实了精细化管理思想具有很强的战略性、导向性、实用性，是适合建筑企业发展现状又具有可操作性的行之有效的方法。

参考文献：

［1］张文娟.建筑工程管理的现代化和精细化研究［J］.冶金管理，2022（18）：18-23.

［2］徐国谦.精细化管理在泵站工程运行管理中的运用研究［J］.珠江水运，2022（18）：98-100.DOI：10.14125/j.cnki.zjsy.2022.18.019.

［3］林立.探讨水利工程建设管理现代化与精细化建设的思考分析［J］.陕西水利，2022（09）：177-178.DOI：10.16747/j.cnki.cn61-1109/tv.2022.09.017.

［4］朱江，胡立科，段威，江明华，郑栋.以航天“零缺陷”系统工程管理和工艺细化量化为牵引，提升外协精细化质量管控的思考［J］.航天工业管理，2022（08）：45-48.

［5］唐盛.刍议建筑工程管理的现代化与精细化［J］.散装水泥，2022（04）：19-21.

［6］陈黎明.精细化理念在机电工程管理实践中的应用［J］.就业与保障，2022（08）：52-54.

［7］黄伟.探究水利水电工程管理中精细化管理理念的运用［J］.中华建设，2022（08）：46-48.

［8］马小双，蔡文锋.论水利工程管理的现代化与精细化［J］.河南水利与南水北调，2022，51（07）：78-79.

［9］许胡杰.精细化管理在建筑工程管理中的应用浅析［J］.房地产世界，2022（14）：152-154.

［10］程瀛.江苏全面推进精细化管理持续提升运管能力［N］.中国水利报，2022-

07-12（007）. DOI：10.28136/n.cnki.ncslb.2022.001398.

［11］王军，甄亮中，阴佶.运城市解放路街景改造三维实景技术应用［J］.江西建材，2022（06）：141-142+149.

［12］韩燕.精细化管理在核电项目工程档案工作中的应用［J］.兰台内外，2022（18）：25-27.

［13］叶成波.精细化管理在建筑工程管理中的作用［J］.城市建筑空间，2022，29（S1）：432-433.

［14］雷祥.工程管理现代化与精细化建设的思考［J］.房地产世界，2022（11）：98-100.

［15］张劲松.谋新篇开新局再创全省工程运行管理工作新业绩［J］.江苏水利，2022（S1）：5-9.DOI：10.16310/j.cnki.jssl.2022.

房屋建筑施工管理的优化分析

夏泽志[①]

摘要： 现阶段我国大多数建筑企业在对房屋建筑的施工管理上仍然存在一些问题，主要体现在管理制度、施工安全、工程造价、施工技术等多个方面。因此，企业要想谋得发展，就必须重视房屋建筑施工管理策略的优化。基于此，本文首先简要对房屋建筑施工管理的内容及特点进行介绍，随后介绍加强房屋建筑施工管理的意义以及当前建筑企业在建筑施工管理中存在的问题，最后就房屋建筑施工管理的优化策略提出建议，以供有关人士参考交流。

关键词： 房屋建筑；施工管理；优化措施

一、引言

在建筑行业的发展中，建筑工程的施工质量一直是施工方和接收方所关注的内容，工程的施工质量直接决定了建筑所带来的经济效益和社会效益，同时对企业的发展产生着影响。现阶段我国大多数建筑企业在房屋建筑工程施工管理上仍存在较多漏洞，管理质量较为低下，导致了房屋无法按期交付、质量没有保障、施工超支等一系列问题，给企业发展造成了一定的负面影响，同时也削弱了企业在市场中的竞争力，十分不利于企业的发展。对此，企业必须正视自身在房屋建筑工程施工管理中存在的不足，了解加强施工管理的基本内容，不断优化管理策略，实现管理质量的提升，进而提升工程的施工质量，保证工程的经济效益和社会效益，增强企业的市场竞争力。

---

① 青建海外发展有限公司阿尔及利亚分公司宰穆里军方酒店项目副经理

二、房屋建筑工程施工管理概述

（一）房屋建筑工程施工管理的内容

房屋建筑工程施工管理是决定施工质量和施工效益的关键，主要管理内容包括进度管理、质量管理、投资管理以及资金拨付等多个方面，具有管理施工进度、保证施工质量以及项目投资管理、文件档案储存管理等多个职能。随着科学技术水平的不断提升，当前的房屋建筑施工管理朝着现代化的方向发展，互联网技术、大数据管理技术、计算机技术等多种现代化技术被广泛应用于当前的施工管理工作中。当前的房屋建筑施工管理研究主要方向是建立一个能够广泛应用于各项建筑施工项目管理工作上的信息管理系统，以实现对房屋建筑工程施工的高效管理。

（二）房屋建筑工程施工管理的特点

在房屋建筑工程的施工管理中，集中管理是重要的管理特点。由于建筑工程项目施工通常以建筑群体施工的方式进行，在对工程施工进行管理时也应该重视对应用集中化的管理模式，以实现对项目的高效管理。另外，由于工程的施工管理是面向多个施工单位进行的，因此在进行管理时需要注意管理方式和方法，确保管理方法普遍适用于大多数施工单位和施工项目。而在管理内容上，房屋建筑工程的施工管理控制有别于城市建设部门对建筑行业的宏观控制，也有别于对施工单位的具体管理。此外，房屋建筑工程施工管理的另一个突出特点就是管理难度较大。由于房屋建筑工程施工中会受到许多因素的影响，比如天气、地势等，一旦管理方法没有办法实现对这些影响因素的有效控制，都极有可能导致管理质量低下。

三、加强房屋建筑工程施工管理的意义

在房屋建筑工程的施工中，施工管理不仅在一定程度上决定了工程的质量、安全性以及可靠性，还在很大程度上决定了施工能否顺利开展，对工程的预算以及工期进度起着重要的决定作用。在房屋建筑工程的施工管理中，施工现场管理是重要的内容。加强房屋建筑工程施工管理的重要作用主要体现在以下三个方面：

首先，能够提高工程的施工质量。在建筑工程的建设过程中，如果不加强施工管理，可能会给工程的后续维护造成一些困难。在建筑工程施工管理中，施工现场管理措施的加强能够为工程的质量提供保障，同时也可以通过预防措施的加强实现对工程遗留问题的有效防范，提升工程的社会效益以及经济效益。

其次，施工现场管理措施的加强能够保障工程的施工安全按工程的目标要求进行，是房屋建筑工程管理中进度管理的重要内容。在激烈的市场竞争中，企业要想保持发展，就需要保证良好的企业信誉以及较为完善的施工技术与设备，保证施工质量。施工现场管理工作的开展，能够为工程的顺利实施提供保障，实现对工程施工进度的有效管理，保证工程给企业带来良好的效益。

最后，在工程施工安全与施工质量上。在房屋建筑工程的施工中，施工往往会受到多方面因素的影响，其中包括自然因素与人为因素。由于建筑工程施工所具备的特殊性，建筑工程施工会受到天气以及施工技术与设备的限制，如果不加强对建筑施工的安全和质量管理，这些影响因素对施工的影响将会最大化，进而导致工程施工难以按时交付，施工质量难以保证，工程施工的安全性难以得到保障等问题。因此，加强对施工现场的管理是实现工程安全管理和质量管理的重要内容，能够使工程施工安全以及施工质量有所保障，全面提升房屋建筑工程的施工质量。

另外，房屋建筑工程的施工管理还体现在对工程施工方案、施工造价、施工技术等多方面内容的管理。作为房屋建筑工程施工质量的重要决定因素，如果不加强对房屋建筑工程的施工管理，工程的施工质量将难以得到保证，也会对我国建筑行业的发展造成较大影响，限制我国建筑业的发展，进而影响我国国民经济的增长。

四、现阶段建筑企业在施工管理上存在的问题

（一）缺乏严格的施工方案审核制度

工程的施工方案是施工工作开展的蓝图，也是建筑施工的基础，施工方案的完善程度会在一定程度上决定工程的整体质量。但是，在实际的项目施工过程中，鲜少有施工单位会依据施工方案按部就班地开展施工工作，工程管理人员对施工方案的审核缺乏严格的态度，并不能够依据实际情况对施工方案的科学性和合理性进行评估，导致施工方案难以充分发挥对建筑工程施工的科学指导作用，工程的施工质量也没有足够的保障。

（二）缺乏健全的工程施工管理体系

房屋建筑的工程施工是一个复杂的过程，存在的影响因素也较多，作业人员的专业水平、管理人员的管理水平、施工技术等都会对工程的施工质量造成影响。基于建筑工程施工的复杂性，房屋建筑的施工管理要有一个完善的管理体系，才能够保证管理质量。但是，当前我国建筑企业在施工管理制度上存在的问题仍然较为突出。首先在对施工现场的管理上，大多数企业并没有为工程施工配备专业的管理人员对施工现场进行管理，对施工环节的管理较为松懈，导致施工事故频发，施工进度以及施工成本都没有得到有效管理。另外，管理人员管理意识较薄弱，在进行施工管理工作时角度较为局限，导致管理工作存在较多纰漏，管理质量没有保证。此外，由于缺乏完善的管理制度，在工程施工中各方工作人员工作的协调性仍然有待提高。

（三）施工人员技术存在不足

在房屋建筑的施工过程中，施工人员的专业水平会在一定程度上决定工程的施工质量，同时，施工人员技术低下也会给工程的施工管理造成一定阻碍。当前我国建筑行业的大多数施工人员学历较低，对专业知识的掌握不足，为实现对建筑施工质量的有效管理，对技术人员进行专业性指导十分重要。但是在实际指导工作的开展中，施工人员很少能够按照专业人员的指导进行施工，而是凭借自身工作经验进行作业，导致工程的施工质量没有保障。

（四）人员调剂和资金周转问题突出

在房屋建筑工程工期较短的时候，施工企业需要对施工人员进行合理的调剂，以实现对劳动力资源的有效利用。但是，在人员调剂过程中，受到合同、作业地点等多方面因素的限制，调剂工作的开展存在较多困难。另外，在房屋建筑工程施工管理中，财务管理是重要的内容，主要体现在施工中对资金周转的管理以及施工完成后对劳务工资的管理。而当前建筑行业普遍存在工程款交付滞后的问题，导致资金周转问题突出，施工单位为节约建设成本，常常会偷工减料，建筑施工质量得不到充分保障。另外，许多施工单位在施工后无力支付施工人员的劳务工资，给单位的社会形象造成负面影响。

五、施工管理的优化策略

（一）优化工程进度管理

在房屋建筑的施工过程中，施工工期的延长不仅会给施工单位造成一定的经济负担，还可能导致工程无法顺利交付，导致企业的市场竞争力降低。因此，为加强对房屋建筑施工的管理，提升对工程进度控制的质量十分重要。在工程施工开展前，企业需要制订具有预见性、科学性的施工计划，管理人员要重视施工计划的科学性和严谨性，并做出合理的评估，以施工计划为蓝图对工程施工进行管理。在工程施工工作的开展中，管理人员要依据施工计划对人员进行合理配置，为工程施工的顺利进行提供劳动力保障，同时也要重视对机械设备和周转材料的科学分配，以实现对工程施工进度的有效控制。另外，为进一步提升施工进度管理水平，管理人员依据工程施工计划科学制订月计划和周计划，确保施工工作顺利开展。

（二）优化成本管理措施

房屋建筑工程的成本会在一定程度上影响工程施工所带来的经济效益和社会效益，优化成本控制策略，能够在提升工程施工质量的同时，提高工程施工带来的经济效益，进而提高建筑企业的市场竞争力。在房屋建筑工程的成本管理中，项目负责人应该重视对成本预算的控制，要实时掌握工程施工的盈亏情况，对工程施工成本进行科学调整，提高对成本的控制质量。此外，在建筑材料的购买上，购买人员要做到货比三家，在确保材料质量符合标准的前提下选择性价比较高的原料，在一定程度上减少原料购买上的成本支出。

（三）优化质量管理措施

工程的施工质量直接决定了工程的社会效益，加强对房屋建筑施工的质量管理是提高工程质量的关键。为实现对房屋建筑施工质量的有效管理，企业需要做到多管齐下，从多个方面对施工进行管理。首先是在施工现场管理上，企业应该加强对施工人员的专业培训，确保施工人员作业的规范性。同时，管理人员也应该对施工工作的规范性进行监督管理，以此提升工程的施工质量[7]。其次，需要确保建筑主体结构质量合格，避免由于主体结构不达标给施工人员或使用者造成安全威胁。另外是在施工技术方面，企业应该重视对先进施工技术的引进和应用，加强施工人员的技术交底工作，确保施工技术的各项操作符合质量要求。

（四）优化技术管理措施

在建筑工程施工管理中，技术管理是重要的管理内容之一，优化对房屋建筑技术的优化管理，能够提高工程施工管理质量，同时也对工程的日后使用提供保障。在对技术管理的优化措施中，确保施工图纸的准确性是关键，在施工工作开展前，施工人员需要对施工图纸进行细致的研究，并根据施工要求选用合适的施工技术，积极攻克技术壁垒，将先进施工技术应用于工程施工中，提升工程施工质量。另外，企业要重视对工作人员的专业化培训，确保施工人员能够掌握并正确运用施工技术，以此实现建筑企业对施工技术的有效管理。

（五）强化施工安全管理

在建筑的施工中，保证现场人员安全是首要的。为强化施工安全管理，企业要重视对施工人员安全意识的培养，可以通过定期开展安全培训，加强施工人员的安全意识。除此之外，管理人员也要重视对施工人员的操作安全性、规范性进行监督，将安全管理机制落实到施工的各个环节，保证施工现场的安全性。

六、结束语

在我国建筑行业的发展中，房屋建筑工程建设是重要的内容。面对当前愈发激烈的建筑市场竞争，企业要想在市场中保持竞争优势，以实现企业的持续健康发展，就需要加强对房屋建筑施工管理措施的优化，需要加强对施工成本、安全、质量、技术、进度等多方面的管理，从整体上提高管理质量，在保障工程施工质量的同时，提升企业在市场上的竞争力，保障企业的健康发展。

参考文献：

［1］苏艳昆.房屋建筑施工管理的优化措施分析［J］.住宅与房地产，2018，02（No.487）：143-143.

［2］朱小刚.房屋建筑工程施工管理优化策略分析［J］.中国建筑金属结构，2021（7）：2.

［3］丁玉锦.房屋建筑施工管理的优化措施分析［J］.砖瓦世界，2020，000（012）：126.

［4］李红艳.房屋建筑工程的施工管理优化策略分析［J］.建材与装饰，2020（19）：2.

［5］陶晴.房屋建筑施工现场管理方案的优化策略分析［J］.建筑与装饰，2019（8）：2.

［6］石亚辉.房屋建筑施工成本管理的优化策略研究［J］.建材与装饰，2019（11）：2.

［7］陈瑞，朱丹.优化房屋建筑工程管理与施工质量的路径解析［J］.建筑技术研究，2019（1）：110-111.

［8］沈柯.房屋建筑工程施工技术及现场施工管理工作研究［J］.科学大众：科技创新，2020（3）：2.

浅析WBS在海外电力建设工程项目中的应用

王 哲[①]

摘要： WBS即工作分解结构，主要用来明确项目的工作范围，WBS能够全面地展现项目全貌，定义里程碑事件，提高时间、成本、资源的计量准确度，使工作责任更加清晰，是工程项目规范管理的起点。本文就海外电力建设工程项目中WBS应用存在的涵盖范围不够全面，缺乏规范性，工作包测量可充实难度大等问题进行了分析，并提出了应用建议，从而使WBS在海外电力建设工程项目的实施中能够更有效地发挥作用。

关键词： WBS；工作分解结构；海外电力建设；工程项目管理

中图分类号： TU723.2

海外电力建设工程项目具有设计标准高、专业综合性强、合同形式多样、参建单位众多等特点，是一项复杂的系统工程。WBS全称为Work Breakdown Structure即工作分解结构，是项目范围管理中的基础工具，主要用来明确项目的工作范围，确定计划控制的深度。通过WBS能够明确和准确说明项目的范围，为计划预算、进度安排和费用控制奠定共同基础，确定项目进度和成本计量和控制的基准。随着P3、P6等项目计划软件在电力建设工程中的广泛应用，WBS的应用日益广泛和深入，而WBS对海外电力建设项目执行的重要性更为突出。本文旨在对照建立WBS的基本原则，分析WBS在海外电力建设工程项目应用中存在的问题，结合实际给出WBS在

---

① 中国电建集团核电工程有限公司项目管理部计划管理工程师

海外电力建设工程中的应用建议。

在海外工程项目的执行过程中，国外的业主非常重视WBS的制定，并严格执行这一规定。海外项目合同大都以FIDIC合同为依据，主合同中有专门章节定义项目的工作范围，但项目相关方较多，各家的工作范围和分工不明确，许多工作项概念不够清晰，业主和承包方对同一概念的理解也不尽相同，这就需要通过WBS的分解和确立来减少分歧，为以后可能发生的变更和索赔奠定基础、提供依据。虽然对WBS的理解和使用逐步深入，但由于海外项目的特殊性和复杂性，在实际应用过程中仍存在一些问题，需要进一步探讨和改进。

一、建立WBS需遵循的基本原则

项目的WBS应由项目组织的核心技术和管理人员制定，如果分解不当，以后就难免发生不必要的变更，打乱项目的执行节奏，造成返工、延误工期，造成生产效率降低和费用的增加。建立WBS主要遵循的原则如下：

（1）WBS分解结构要与项目范围细分的依据文件保持一致，项目其他具体领域的计划和实施结果可以作为间接依据。

（2）应在各层次上保证项目内容的完整性，不能遗漏任何必要的组成部分。

（3）一个项目单元只能从属于某一上层单元，不能同时属于两个上层单元。

（4）项目单元应能区分不同的责任者和不同的工作内容，应有较高的整体性和独立性。

（5）WBS层次不宜过多，以四至六层为宜。最低层次的工作包的单元成本不宜过大、工期不宜太长。

二、WBS在海外电力建设工程项目应用中存在的问题

结合对海外电力建设工程中WBS应用的分析和总结，我们发现对WBS的应用还存在以下问题：一是项目的WBS涵盖范围不够全面，仅将主要

任务、关键任务包含在内，忽略了部分辅助性、支持性的任务。二是项目WBS的建立具有随意性，缺乏权威的版本或者通用的模板，为海外电力建设工程项目提供参照，同时，工程项目WBS分解的规范性需进一步提高。三是部分项目的WBS分解得到的工作包，测量起来难度较大，无法顺利实现项目执行过程中对进度、资源、成本的有效计量。

三、对WBS在海外电力建设工程项目应用提出的建议

首先，在工程项目的WBS应用过程中，应以业主或总包单位牵头落实责任主体建立相关的编制规则和管理制度，各参与方共同建立一套涵盖所有相关任务的WBS体系。对于业主提出的WBS中不便于执行的部分，可以提出修改与调整意见与业主协商修改，既满足业主要求又兼顾执行需要。

其次，要尽可能考虑周全，将有可能对工期产生影响的工作编入计划，将工作进行细分，确保能够确切把握可交付成果。要考虑工程所包含的单元数目以及工程的建设模式。当工程的单元不多时，可将单元作为第一层级分解，同时在同层增加项目管理、辅助工程及施工准备等节点；如果工程单元较多，则增加WBS层次将单元进行分组管理。可以按照工程的实现过程进行划分，如设计、采购、施工、调试。设计工作可进一步划分为各相关专业，如水工、化水、总交等，采购工作可进一步划分为设备物资大类，施工任务一般以分部或分项工程的方式进行进一步分解。

再次，WBS层次不宜过多，各个分支层次也不必一样，WBS编码最好包含一定的含义，以便于通过编码能够直观地了解工作包以及WBS元素的概要信息。

随着我国"一带一路"倡议的推进落实，在我国企业转型升级的要求下，我国电力工程建设项目在国际市场上保持了良好的发展趋势，国际化的工程承包项目随之不断增加。海外电力工程市场不断发展，对项目管理也提出了更高的要求。在项目执行中不断优化WBS的使用，有助于提高项目的总体策划水平，明确组织与分工，建立责任体系，强化过程控制，优化资源配置，促进海外电力工程建设的流程化、规范化、精细化，为项目的顺利执行和海外市场开拓打下坚实基础。

参考文献：

［1］赵保强.基于EPC总承包模式的工程项目进度风险管理体系研究［J］.铁路采购与物流，2022，9.

［2］李克.探析海外电厂总承包项目进度控制管理思路［J］.电力设备管理，2021，8.

［3］赵国民.海外公路EPC项目进度管理的创新研究［J］.工程建设与设计，2020，18.

国内外焊接劳动效率的差异性分析

窦祥森[①]

摘要： 通过对参与施工建设的浙江宁波镇海炼化100万吨/年连续重整项目、扬子-巴斯夫BCC裂解炉项目、沙特阿拉伯聚烯烃项目、沙特阿拉伯BBTX项目、沙特东部EOEG项目的日历天数焊接劳动效率及单位焊接量所耗人工时的分析，得出国内外项目周期内的劳动效率差别，可以为以后所要承揽的沙特阿拉伯地区的工程决策做参考。

关键词： 管道焊接；日历天数；劳动效率；沙特

一、前言

我们习惯上将管道预制劳动效率定为27~30寸/（天·人），安装劳动效率定为9~10寸/（天·人），全日历周期内的焊接劳动效率定义为12~15寸/（天·人）。但国外的劳动效率如何却没有统一的参考数值，本文通过对沙特阿拉伯三个项目全周期内的焊接记录进行统计和分析，给出了沙特阿拉伯焊接劳动效率的参考数值。

二、沙特项目管道预制阶段的实际工作效率

由于用于分析的项目规模都比较大，我们假定预制工期都是四个月，以第一个焊工开始焊接作为分析起点，通过对沙特阿拉伯3个项目（沙特聚烯烃、沙特BBTX、沙特EOEG）焊接效率分析（对于从事焊接工作不足两个月的焊工，不包括在分析原始数据中），可以得出如下有关预制焊接效率的结论：

[①] 山东胜越石化工程建设有限公司中东分公司常务副总经理

用于分析的预制焊工人数为140人，抽取劳动效率前10%即14人的平均劳动效率做分析，分析结果作为焊接日历天数劳动效率的最高值。前14名的分析数据如下：

表1　国外项目预制焊接效率抽样分析

序	区域划分	装置名称	施工单位	焊工钢印	寸口总计	日历天数	日历平均
1	国外	沙特 EOEG	KFSCC	SQL	4 027	106	37.99
2	国外	沙特 EOEG	PISCC	SGX	1 907.25	52	36.68
3	国外	沙特 EOEG	KFSCC	SQP	2 781	81	34.33
4	国外	沙特 EOEG	KFSCC	SQM	3 464.75	105	33.00
5	国外	沙特 EOEG	KFSCC	SQG	2 154	67	32.15
6	国外	沙特 EOEG	KFSCC	SQN	2 463	77	31.99
7	国外	沙特 EOEG	KFSCC	STD	2 675.25	85	31.47
8	国外	沙特 EOEG	KFSCC	SSB	3 236.5	106	30.53
9	国外	沙特 BBTX	WHSCC	SEI	2 177.25	72	30.24
10	国外	沙特 EOEG	KFSCC	STC	3 296.25	110	29.97
11	国外	沙特 EOEG	PISCC	SZY	918.25	31	29.62
12	国外	沙特 EOEG	PISCC	SQF	1 532.25	52	29.47
13	国外	沙特 EOEG	PISCC	SSJ	1 167.5	40	29.19
14	国外	沙特 BBTX	WHSCC	SEN	1 806.75	62	29.14
国外合计（平均日历天数劳动效率）					33 607	1 046	32.13

参考结论为：前10%焊工的预制平均焊接劳动效率按照日历天数统计是32.13寸/（天·人），可以作为沙特劳动效率的理论上限使用（实际上达不到）。利用黄金分割算法，最合理的劳动生产效率应该为32.13 × 0.618=19.86寸/（天·人）。

对整个预制周期内所有焊工的日历天数劳动效率进行分析，可以得出下表所示数据：由此可见，在项目预制阶段（或者说项目开工的前四个月），劳动生产率和合理的计算值相差无几（聚烯烃项目略低）。

表2　国外项目预制焊接效率全员分析

区域划分	装置名称	施工单位	寸口总计	日历天数	日历平均
国外	沙特BBTX	SDSCC	27 212.25	1 504	18.09
国外	沙特BBTX	WHSCC	32 343.25	1 754	18.44
国外	沙特EOEG	KFSCC	51 444.75	2 208	23.30
国外	沙特EOEG	PISCC	33 586.25	1 719	19.54
国外	沙特聚烯烃	PISCC	17 742.5	1 267	14.00
国外	沙特聚烯烃	SDSCC	8 504.25	624	13.63
国外合计（平均日历天数劳动效率）			170 833	9 076	18.82

三、沙特项目管道安装阶段的实际工作效率

现在分析项目开始焊接后的安装阶段劳动效率，即从项目开始焊接的第五个月到项目焊接结束，通过对国内外3个项目（沙特聚烯烃、沙特BBTX、沙特EOEG）焊接效率分析（对于从事焊接工作不足两个月的焊工，不包括在分析原始数据中），可以得出如下有关安装焊接效率的结论：

用于分析的管道安装时期的焊工人数为416人，抽取劳动效率前10%即42人的平均劳动效率做分析，分析结果作为焊接日历天数劳动效率的最高值。安装平均焊接劳动效率的前42名如下表所示：

表3　国外项目安装焊接效率抽样分析

序	区域	装置名称	施工单位	焊工钢印	寸口总计	天数	日历平均
1	国外	沙特BBTX	SDSCC	SYV	3 341	137	24.39
2	国外	沙特BBTX	SDSCC	SGO	949.75	41	23.16
3	国外	沙特BBTX	WHSCC	SEH	4 041.25	195	20.72
4	国外	沙特BBTX	WHSCC	SQA	4 241.5	207	20.49
5	国外	沙特BBTX	WHSCC	SXI	804.5	42	19.15
6	国外	沙特EOEG	KFSCC	W064	783.5	41	19.11
7	国外	沙特BBTX	SDSCC	SYE	3 211.25	174	18.46

（续表）

序	区域	装置名称	施工单位	焊工钢印	寸口总计	天数	日历平均
8	国外	沙特BBTX	WHSCC	STY	729.25	40	18.23
9	国外	沙特BBTX	SDSCC	SHB	3 854.25	229	16.83
10	国外	沙特BBTX	SDSCC	SWI	2 177.75	140	15.56
11	国外	沙特BBTX	WHSCC	STU	555.5	36	15.43
12	国外	沙特BBTX	SDSCC	SYN	809	53	15.26
13	国外	沙特BBTX	SDSCC	SHC	3 711	252	14.73
14	国外	沙特BBTX	SDSCC	L175	640	44	14.55
15	国外	沙特BBTX	SDSCC	STH	3 720.5	258	14.42
16	国外	聚烯烃	PISCC	SBH	7 151	505	14.16
17	国外	沙特BBTX	WHSCC	SSJ	2 818	202	13.95
18	国外	沙特BBTX	SDSCC	STJ	2 801	201	13.94
19	国外	沙特BBTX	SDSCC	SYP	410.5	30	13.68
20	国外	沙特BBTX	SDSCC	SYB	2 596	202	12.85
21	国外	沙特BBTX	SDSCC	SWE	3 270.25	261	12.53
22	国外	沙特BBTX	SDSCC	SYF	2 363.75	193	12.25
23	国外	沙特BBTX	SDSCC	SZB	1 386	114	12.16
24	国外	沙特BBTX	SDSCC	L161	433.25	36	12.03
25	国外	沙特BBTX	WHSCC	STO	2 923.5	243	12.03
26	国外	沙特BBTX	SDSCC	SZA	2 531	213	11.88
27	国外	沙特BBTX	SDSCC	L092	406.75	35	11.62
28	国外	沙特EOEG	KFSCC	SSD	3 214	277	11.60
29	国外	沙特EOEG	KFSCC	EAK	4 429.25	382	11.59
30	国外	沙特BBTX	SDSCC	SWJ	3 173	274	11.58
31	国外	沙特BBTX	WHSCC	SEU	1 672	145	11.53
32	国外	沙特BBTX	SDSCC	L166	580.5	51	11.38
33	国外	沙特BBTX	SDSCC	SYL	2 660.75	234	11.37
34	国外	沙特BBTX	WHSCC	SWD	3 132.5	277	11.31

（续表）

序	区域	装置名称	施工单位	焊工钢印	寸口总计	天数	日历平均
35	国外	沙特 BBTX	SDSCC	SRE	1 307.75	116	11.27
36	国外	沙特 EOEG	PISCC	SHD	2 996.75	268	11.18
37	国外	沙特 BBTX	SDSCC	SFV	1 875.25	169	11.10
38	国外	聚烯烃	SDSCC	SGO	4 528.5	411	11.02
39	国外	沙特 BBTX	WHSCC	SXQ	2 073.5	189	10.97
40	国外	沙特 BBTX	SDSCC	L098	568.75	52	10.94
41	国外	沙特 BBTX	WHSCC	SDW	2 115.75	194	10.91
42	国外	聚烯烃	SDSCC	SGX	4 510	415	10.87
国外合计（平均日历天数劳动效率）					101 499.3	7 578	13.39

参考结论为：劳动效率前10%的焊工，安装平均焊接劳动效率按照日历天数计算是13.39寸/（天·人），可以作为国外劳动效率的理论上限使用（实际上达不到）。利用黄金分割点算法，最合理的劳动生产效率应该为13.39×0.618=8.28寸/（天·人）。

对整个安装周期内所有焊工的日历天数劳动效率进行分析，可以得出下表所示数据：由此可见，在项目安装阶段（或者说项目开工四个月后），劳动生产率低于合理的计算焊接日效率（BBTX项目略高）。

表4 国外项目安装焊接效率全员分析

区域划分	装置名称	施工单位	寸口总计	日历天数	日历平均
国外	沙特 BBTX	SDSCC	82 934.25	7 949	10.43
国外	沙特 BBTX	WHSCC	81 626.5	9 218	8.86
国外	沙特 EOEG	KFSCC	104 286.25	23 581	4.42
国外	沙特 EOEG	PISCC	144 129	30 378	4.74
国外	沙特聚烯烃	PISCC	116 309	22 298	5.22
国外	沙特聚烯烃	SDSCC	101 165.25	15 096	6.70
国外合计（平均日历天数劳动效率）			630 450	108 520	5.81

四、项目全周期日历天数分析

现在我们对焊工进行项目全周期内的日历天数焊接效率进行分析，5个项目（扬巴BCC裂解炉、镇海100万吨/年重整、沙特聚烯烃、沙特BBTX、沙特EOEG）的分析结论如下（对于从事焊接工作不足一个月的焊工，不包括在分析原始数据中）：

在5个项目实施过程中焊接时间超过30天的焊工焊接原始数据进行分析，其中用于统计国内平均焊接日历天数劳动效率的焊工为117人，抽取其中前10%（12人）进行分析，前12人的分析数据如下：

表5　国内项目全周期焊接效率分析

序	区域	装置名称	单位	焊工钢印	寸口总计	天数	日历平均
1	国内	镇海重整	SDSCC	393	1 919	39	49.21
2	国内	镇海重整	SDSCC	PO	5 307.5	112	47.39
3	国内	镇海重整	SDSCC	293	4 469.25	96	46.55
4	国内	镇海重整	SDSCC	I12	5 018.5	142	35.34
5	国内	扬巴 BCC	SDSCC	401	5 200.5	159	32.71
6	国内	镇海重整	SDSCC	RQ	2 224	75	29.65
7	国内	镇海重整	SDSCC	RO	3 052.5	105	29.07
8	国内	镇海重整	SDSCC	D12	3 846.25	133	28.92
9	国内	镇海重整	SDSCC	I6	3 389.75	124	27.34
10	国内	镇海重整	SDSCC	397	3 165.75	116	27.29
11	国内	镇海重整	SDSCC	51	2 955.5	109	27.11
12	国内	镇海重整	SDSCC	379	3 440.75	128	26.88
合计（平均日历天数劳动效率）					43 989.25	1 338	32.88

其中的平均焊接劳动效率32.88寸/（天·人），可以作为国内劳动效率的理论上限使用（实际上达不到）。利用黄金分割点算法，最合理的劳动生产效率应该为32.88×0.618=20.32寸/（天·人）（人少/时间短，不具有全局性，源于焊工不稳定，经常更换）。

用于分析国外平均焊接劳动效率焊工共计437人，抽取前10%（44人）进行分析：与上表对照可以看出，沙特劳动效率最高的焊工，排名都进不了国内的前10名。

表6　国外项目全周期焊接效率分析

序号	区域划分	装置名称	施工单位	焊工钢印	寸口总计	日历天数	日历平均
1	国外	沙特BBTX	WHSCC	SFA	795.5	35	22.73
2	国外	沙特BBTX	SDSCC	SGO	3 623.5	162	22.37
3	国外	沙特BBTX	SDSCC	SFF	3 094.75	141	21.95
4	国外	沙特BBTX	WHSCC	SEH	6 686.75	314	21.30
5	国外	沙特BBTX	WHSCC	STY	2 907.25	137	21.22
6	国外	沙特BBTX	SDSCC	SYV	3 923.25	185	21.21
7	国外	沙特EOEG	KFSCC	W064	783.5	41	19.11
8	国外	沙特BBTX	SDSCC	SYE	4 279.5	234	18.29
9	国外	沙特BBTX	WHSCC	SQA	6 414.25	370	17.34
10	国外	沙特BBTX	SDSCC	STH	5 822	357	16.31
11	国外	沙特BBTX	WHSCC	STU	2 299.25	142	16.19
12	国外	沙特BBTX	SDSCC	SHC	5 554.75	346	16.05
13	国外	沙特BBTX	WHSCC	STO	5 549.75	347	15.99
14	国外	沙特BBTX	WHSCC	SQC	5 761	373	15.45
15	国外	沙特EOEG	KFSCC	SSD	5 659.25	370	15.30
16	国外	沙特BBTX	SDSCC	SYN	809	53	15.26
17	国外	沙特BBTX	SDSCC	SYC	1 618.25	111	14.58
18	国外	沙特BBTX	SDSCC	L175	640	44	14.55
19	国外	沙特BBTX	WHSCC	SWD	5 302.25	373	14.22
20	国外	沙特聚烯烃	PISCC	SBH	7 171	516	13.90
21	国外	沙特BBTX	WHSCC	SSJ	4 308	310	13.90
22	国外	沙特BBTX	SDSCC	SHB	4 488.25	332	13.52

（续表）

序号	区域划分	装置名称	施工单位	焊工钢印	寸口总计	日历天数	日历平均
23	国外	沙特 BBTX	SDSCC	SFX	1 513.5	112	13.51
24	国外	沙特 EOEG	KFSCC	SDM	5 444.75	405	13.44
25	国外	沙特 EOEG	KFSCC	SQL	6 741.25	519	12.99
26	国外	沙特 BBTX	WHSCC	SSH	4 526	349	12.97
27	国外	沙特 EOEG	PISCC	SHD	4 165.75	322	12.94
28	国外	沙特 BBTX	SDSCC	SWJ	4 508.75	350	12.88
29	国外	沙特 BBTX	SDSCC	STJ	4 101.75	322	12.74
30	国外	沙特 EOEG	KFSCC	EAK	5 411.25	430	12.58
31	国外	沙特 EOEG	KFSCC	SQG	6 110.5	487	12.55
32	国外	沙特 BBTX	SDSCC	SWG	3 945.25	319	12.37
33	国外	沙特 BBTX	WHSCC	SEI	2 210	179	12.35
34	国外	沙特 BBTX	SDSCC	SWE	3 276.25	267	12.27
35	国外	沙特 BBTX	SDSCC	SYB	3 547.75	291	12.19
36	国外	沙特聚烯烃	SDSCC	SGO	5 471.5	450	12.16
37	国外	沙特 BBTX	SDSCC	SZB	1 386	114	12.16
38	国外	沙特 BBTX	SDSCC	L161	433.25	36	12.03
39	国外	沙特聚烯烃	PISCC	SJO	4 306.25	370	11.64
40	国外	沙特 BBTX	WHSCC	STQ	360.5	31	11.63
41	国外	沙特 BBTX	SDSCC	L092	406.75	35	11.62
42	国外	沙特 EOEG	KFSCC	SHP	6 183	535	11.56
43	国外	沙特聚烯烃	PISCC	SDE	4 676.25	408	11.46
44	国外	沙特 BBTX	SDSCC	L166	580.5	51	11.38
合计（平均日历天数劳动效率）					166 797.8	11 675	14.29

　　此处的平均焊接劳动效率14.29寸/（天·人），可以作为国外劳动效率的理论上限使用（实际上很难达到）。国外焊接效率低主要原因是焊接坡口比国内大，外观检查比国内严格，另外在领取焊条及等待检查中浪费了

许多有效工作时间。利用黄金分割点算法，最合理的国外劳动生产效率应该为14.29×0.618=8.83寸/（天·人）。

对整个项目所有焊工的日历天数劳动效率进行分析，可以得出表所示数据：

表7　国内外项目全周期焊接效率对比

序号	区域划分	装置名称	施工单位	寸口总计	日历天数	日历效率	工时
1	国内	扬巴 BCC	SDSCC	86 612.5	6 581	13.16	
2	国内	镇海重整	SDSCC	137 375.65	9 195	14.94	
国内合计（平均日历天数劳动效率）				223 988	15 776	14.20	
3	国外	沙特 BBTX	SDSCC	113 930.25	12 024	9.48	4.13
4	国外	沙特 BBTX	WHSCC	114 934.75	12 133	9.47	4.13
5	国外	沙特 EOEG	KFSCC	158 644.5	28 069	5.65	5.19
6	国外	沙特 EOEG	PISCC	180 014.25	33 317	5.40	5.43
7	国外	沙特聚烯烃	PISCC	134 884.25	23 967	5.63	5.21
8	国外	沙特聚烯烃	SDSCC	109 969.5	16 173	6.80	4.31
国外合计（平均日历天数劳动效率）				812 378	125 683	6.46	4.54

五、结论

根据以上分析，我们不难作出如下可供其他项目工程参考用的结论：

（1）沙特项目预制阶段，按照日历天数统计的焊接劳动效率上限是32.13寸/（天·人），最合理的预制劳动生产效率应该为32.13×0.618=19.86寸/（天·人）（约为国内平均值的60%），目前的焊接劳动效率是18.82寸/（天·人）（已经接近合理值，提高空间不大）。

（2）沙特项目安装阶段，按照日历天数统计的焊接劳动效率上限是13.39寸/（天·人），最合理的预制劳动生产效率应该为13.39×0.618=8.28寸/（天·人）（计算安装效率与国内差别不大），目前的焊接劳动效率是5.81寸/（天·人）（提高安装效率是项目管理的关键，现在还有30%左右的可提高空间）。

（3）沙特项目工程全周期内，日历天数平均焊接劳动效率理论最大值14.29寸/（天·人），最合理的日历天数劳动生产效率应该为14.29×0.618=8.83寸/（天·人），目前的焊接劳动效率是6.46寸/（天·人）。

六、结论分析

通过以上分析结果可知，沙特阿拉伯项目预制和安装的焊接日历劳动效率都要比国内低。另外，分析还发现，国外项目日历天数平均焊接劳动效率低于2寸/（人·天）的焊工竟然有70人之多，所占比例高达16%。而在国内，日历天数平均焊接劳动效率低于2寸/（人·天）的焊工只有2人，所占比例只有1.7%。这从另一个侧面说明沙特施工存在比较严重的窝工情况，虽然这种窝工的原因多种多样（主要是甲方原因造成的图纸和材料问题）。按照目前的工人动迁结构（按照工程量和竣工时间来确定的动迁人数、动迁时间、动迁工种比例等），肯定会造成一定程度上的人员窝工。但是如果动迁人员偏少，又容易造成某些时间段出现材料积压。另外，沙特项目的工期一般比较紧张，造成很多人员必须按时动迁，动迁后材料、图纸又供不应求，出现窝工，窝工后可以向业主索赔（包括工期索赔），最后工期后延。如果减少人员动迁，焊接劳动效率会显著提高，但这样做的直接后果是在得不到相应索赔的同时，工期后延的责任也有可能归于我方。现在的分析，把窝工时间都被计算到平均日历焊接效率里面，所以计算数值较低。项目预制过程中，如果材料比较充裕，随机抽取一段时间来计算班组的焊接记录有时会超过30寸/（天·人），这也充分说明，中国焊工在沙特可以保证高效率。对于沙特的大型项目而言，碰到的施工条件往往类似，提高劳动效率的途径也类似，一是适当减少人员动迁；二是切实做好图纸材料等的后线准备工作，减少窝工；三是重视提高安装过程中的劳动效率。希望本文的分析对后续项目的管理有参考意义。

七、内部参考资料

2002年浙江宁波镇海炼化100万吨连续重整工艺管线数据库

2003年扬子巴斯夫裂解炉工艺管道焊口数据表

2006—2008年沙特阿拉伯聚烯烃项目PISCC焊口数据库

2006—2008年沙特阿拉伯聚烯烃项目SDSCC焊口数据库

2008—2009年沙特阿拉伯BBTX项目工艺管道数据库

2007—2009年沙特阿拉伯EOEG项目焊口数据库

2009年沙特阿拉伯原油锅炉项目焊口数据库

中老结合特色建筑工程管理

——浅谈中国老挝特色建筑管理与融合

吴丹东[①]

摘要： 古往今来，在建筑工程发展的历史长河中，各民族传统文化底蕴需要融入到建造过程中才得以传承和发展。尤其是中外传统建筑文化的相互融合，集中体现了建筑特色文化建造管理与融合的结晶。不同地域民族之间的建筑文化和艺术风格相互碰撞、融合、升华和完善，对建筑物本身提出了越来越高的技术水平要求。

在当前建筑文化领域中，建筑物的设计与各民族特色文化造型的完美结合一直是建筑领域学者研究的热点对象。随着我国海外建筑事业的发展，海外走出去战略也是我国提出的"一带一路"战略大发展的具体展现，符合我国对东南亚和泛亚地区的战略发展方向。本文针对中国和老挝国家的建筑工程管理与融合进行分析与解读，这不仅有利于对常见的建筑问题事先加以预防，而且有利于对出现的新问题进行分析和处理。分析、探讨中老传统民族文化建造管理风格和建造管理过程中产生的深远影响。

老挝国家消防系统工程项目是老挝政府第一个现代化消防系统综合体系，是第一个集办公、指挥、备勤、训练、灭火救援等于一体的综合体，也是老挝国家消防系统的样板工程，老挝其他各省市都将以此样板进行推广建设。老挝国家消防系统工程项目办公楼的建造类型：主体四层钢混结

---

① 青岛一建集团有限公司海外分公司老挝项目部技术总工

构–钢结构屋架–老挝传统瓦屋面–老挝传统屋面造型及线条。

一、施工管理过程控制与建造融合

（一）主体结构施工过程控制

首先建立各级质量控制体系，明确责任及目标，层层把关各负其责。其次严格控制主体结构位置尺寸、高程及后续工序工艺的预留预埋。最后检查复核主体结构、机电设备、装饰装修、钢结构屋架、外墙造型等工序工艺间穿插结合情况，尤其是对各工序工艺之间预留预埋、定位轴线、位置标高、连接方式、施工顺序、感观效果、成品保护等需要逐级复核，严格控制。

（二）钢结构屋架施工过程控制

主体结构完成后，重新复核钢结构屋架预留预埋情况。严格控制钢结构屋架施工的定位轴线、位置标高、倾斜坡度和受力计算。过程中保证钢结构屋架与主体结构连接与附着牢靠，严格控制钢结构屋架连接方式、焊接质量、截面尺寸、位置标高、坡度及受力要求。尤其是钢结构屋架坡度要达到屋面瓦龙骨平整度要求。受力需满足钢龙骨和屋面瓦静荷载及大风大雨等动荷载要求，确保主体与钢结构屋架的稳定和平稳受力。

（三）老挝传统瓦屋面施工过程控制

钢结构屋架完成后严格控制瓦屋面钢龙骨位置、间距、挂瓦条坡度、瓦屋面搭接宽度及固定方式、瓦屋面阴阳角切割、搭接、防水处理等。尤其是瓦屋面钢龙骨与钢结构屋架的坡度必须保持一致且需提前预留预埋屋面造型的位置，大跨度瓦屋面坡度达到 33 度国内少有，施工工艺与国内存在较大差异。安装完成后外观效果需达到坡度平稳、错落有致、造型轮廓优雅，突显老挝传统风俗及信仰。

（四）机电装饰装修施工过程控制

屋面瓦完成后进入室内装饰环节，必须严格控制装饰装修及综合管线的预留预埋、定位轴线、位置标高和净空尺寸。完成后初步达到室内装饰装修效果与建筑物外部构造的融合。

（五）老挝传统屋面造型及线条施工过程控制

瓦屋面完成后整体坡度达到 33 度，屋面四周造型为老挝国家传统艺术文化"人"字形结构，屋面造型钢龙骨与钢结构屋架连接，最高处高出屋面 1.75 米，连接处阴阳角做防水处理，最后进行屋面防雷体系和主体结构防雷体系连接闭合及造型收边处理。外墙线条为装饰专用 GRC 造型素材，屋檐探出区域采用铝板吊顶，解决钢结构外露及屋面雨水过大造成内反水问题，凸显建筑物多维立体感。

办公楼外观效果整体呈现出浅绿色屋面瓦，乳白色屋面造型，银灰色屋檐铝板吊顶，淡灰色外墙线条，正面成品红色logo文字造型，单向镀膜透视装饰玻璃。屋面高度20.516米，中间门厅高度为13.2米。总体展现出四周对称错落有致，主次分明布局新颖，造型优美威严端庄。完美诠释了中国古典建筑文化传统与老挝传统文化在建造中的深度融合。

二、老挝属地化精细管理过程

随着中国综合国力的不断提升，越来越多的中国企业实施"走出去"战略。与国际工程接轨，实施海外工程的同时也存在各方面的缺点和不足，需要各企业根据自身实际情况和工程本身特点制定较为详细的海外精细化管理细则。海外工程项目的管理主要包括实施前的投标管理和中标后的实施管理及移交后的运营管理三个阶段。

（一）前期投标管理

1.现场考察

获取招标信息后，迅速组织管理团队研究项目工程所在国（老挝）政治形势：政局的稳定性，该国与周边国家和我国的关系，政策的开放性与连续性等。工程所在国的经济状况：经济发展情况，金融环境，外汇储备管理和汇率变化，对外贸易情况，银行服务及保险公司情况。当地的法律法规：主要了解和关注与工程有关的招标与投标，工程实施的有关法律法规，当地劳工法律法规。工程所在国的工程市场情况：工程市场情况与发展趋势，市场竞争的情况，生产要素的供应情况。对工程项目业主的调查：工程的资金来源，各项手续是否齐全，业主的工程建设经验，业主的信用水平及债务状况，工程师情况。工程所在国关于劳务的规定，税费标准，进出口限额等。项目所在地气象水文资料，地质地震等地质灾害情况。老挝国家属于热带地区，气候炎热，雨季时间长雨量大，蚊虫疾病较多，这些自然环境对建设工程活动会产生很大影响。

2. 交通运输条件

老挝地处内陆国，多山地丘陵，河流沟壑纵横交错，交通设施极其落后。而运输是一个工程的大动脉，如果运输产生问题将严重影响工程项目进度。海外运输一般包括海运、陆运、空运三种方式，而工程所在国国内一般采用陆运较多。国际工程项目的运输责任一般全部由承包商自行负责，因此对当地的运输能力考察就特别重要。考虑到老挝当地的货运价格及保障能力，承包商应积极考虑自己的基本运输能力，以防止当地运输商在工程关键时期不合作给自身项目带来更大的不可挽回的损失。

3. 材料和机械设备管理

老挝地处内陆国家，交通运输落后，工业基础薄弱，建筑原材料和机械设备极其匮乏，大多需从国内采购。因此对当地材料及当地进口材料价格的调查是准确报价的基础，不可一味套用国标定额。所以在资金充足而且对物价上涨可以预期的情况下，尽量早准备货物以节约大量成本。报价基础资料信息及价格必须以实际情况为依据，着重考虑资金流。国际工程材料和机械设备成本在工程中所占的比重较大，承包商应审时夺势，综合考虑购买或者租聘。如租聘应选择大型知名公司，信誉度高，一定程度上可以降低资金风险；如选择购买就要提前考虑工程结束后机械设备的归属及处理方式，一定程度上可以减轻后期看守维护风险。

4. 属地员工、劳工、政策法规

主要详细了解老挝国家当地劳工法、人工工资、加班情况、作息时间及工作习惯，传统节假日要求等。遵守当地法律法规，按要求及时签订劳工合同，明确解决争议的方式和双方责任义务，避免在用人方面带来劳动纠纷。对于属地员工要求必须懂中文，能看懂图纸，在当地有一些社会关系，向往或者认可中国文化，严禁招用有排外思想的员工。对所有属地人员建档备案，分级管理，避免聚众闹事。

（二）标书编制

1. 充分考虑项目的资金来源和支付币种，调价公式及方式

支付的币种要考虑硬通货币与当地货币的比例，一般硬通货币所占比例越大越好。运用调值公式必须清楚调价的起始及结束时间并作为投标时的物价基数。调值公式在后期施工管理中可以灵活运用。

2. 复核工程量，确定不平衡报价

实施前必须按照图纸内容进行工程量清单复核，防止业主随意变更设计影响项目后续进展。对于工程量存在严重偏差或者有漏项对承包方严重不利时，承包商应在标书中予以说明要求发包方应书面澄清，否则承包商会因此造成重大损失。

3. 根据项目咨询公司特点和采用的技术规范来组织施工

在国际工程项目中，各项目咨询公司的管理理念不尽相同，所服务的单位也不同，在实际工作中存在较大差异。所有实施前后内容要与咨询公司和业主方保持密切沟通，内容形成会议纪要各方签字达成共识，尤其是施工执行何种标准，工期的确认，各方责任与义务，以免过后反悔否认，会对承包商造成巨大损失。

（三）实施管理

项目实施阶段管理就是要确保项目如期履约并移交给业主，同时又使承包商通过工程项目及管理获得收益且树立良好的信誉，以便进一步开发周边国际市场。

1. 项目管理班子团队和现场管理机构的组建

海外项目是一个复杂的系统工程，涉及语言、技术、合同、法律、税收、外事、经济、文化等。项目管理团队及管理机构的能力、水平直接影响着工程项目质量的好坏、合同履约情况。为了保持项目机构高效、可靠

地运转，项目管理机构宜采用扁平化的管理模式。这种模式层次简明，人员配置精干，各司其职，岗位职责明确，执行起来快速、高效、及时。老挝国家消防系统工程项目采取项目部、部门、作业队伍三级，逐步实行专业分包模式、劳务分包模式、自营管理模式。在项目实施后，必须培养并稳定一支成建制的骨干管理力量，骨干管理人员通过长时间与工程师、业主及当地政府沟通磨合，已经取得了良好的关系和相互信任机制，因为国际工程实施中各种信任的建立相对于国内要困难的多。总体来说项目部管理团队和管理机构人员都应是具备多项才能的复合型、综合型人才，以便在各自负责的领域都能够与工程师、业主、当地政府和国际供应商、分包商进行良好的沟通与协调。

2. 加强质量、规范意识，改变固有思维观念和国内的习惯做法

工程项目的质量和规范是一体的，所有的质量标准都在相应的规范中有明确规定。国际工程施工管理必须遵守合同技术规范，达到规范中规定的质量标准，无论是美标、英标、欧标或其他标准。对国际工程而言，工程师是全过程、全方位进行质量、进度控制，从工程项目临建直至竣工交付使用全程跟踪监管。在国内一些根深蒂固的思维观念必须改正过来，在国际工程中，工程师眼里的合同规范是施工活动的准则，是判断施工活动正确与否的唯一标准，而不是使用我们过去的经验去判断。而我们的经验只能作为参考来指导施工。

3. 重视健康环保管理

在国际工程项目中业主都配有环境工程师，这与国际工程中重视健康安全环保的理念是分不开的，因此在这方面要有充分的预算考虑。在老挝国家消防系统工程项目中，污水必须有检查池、化粪池、污水处理排放系统，垃圾必须按照金属、木头、塑料、橡胶、织物等进行分拣，完成后分别处理。建筑垃圾必须深埋地下，承包商不得随意处理任何垃圾，否则将招致巨额罚款。现场的脚手架、安全通道、爬梯扶手、卸料平台、活动架体、各种防护设施必须出具经过报批的施工方案和受力计算书，如不按照

安全规范要求施工，工程师将拒绝进行各种验收工作，所有工作面必须配备现场专职安全管理监督人员。

4.加强设备、材料的采购与组织管理

受各种因素制约，国际工程材料及设备采购的周期较长、程序极其烦琐，来自不同国家地区的组织相对困难。首先必须保证订货质量，避免不合格产品进入现场被工程师拒绝使用，造成重大工期和费用损失。其次要加强材料设备采购计划的跟踪和执行，综合全面考虑不可预见的风险，积极组织货源，确保按时进入施工现场满足施工需求。最后要加强现场材料设备的出入库管理，加强材料领用审批制度，避免材料设备浪费和过度损耗，导致材料设备不足影响施工或者多次采购。对于大型的机械设备，充分根据工程项目情况和发展需要进行购买和租聘。要聘用有责任心、合格的操作员，要将机械设备的操作、使用、检查、维护、简单维修等责任落实在操作员身上，这对机械设备在使用、维护和保障能力方面有着良好的不可替代的作用。

5.加强海外劳务、人力资源的使用管理

对于海外工程而言，劳务管理一直是各企业比较容易忽略而又无法避开的难题。承包商一定要选择实力强悍、信誉度高、服从管理、人员配备齐全的整建制的劳务单位，在签订合同时写入所有协议条款，争议解决办法，清晰划分各方责任和义务，并严格按照合同条款执行。另外必须备用劳务单位，以防劳务单位不利因素或者不配合情况的发生。老挝国家消防系统工程项目在劳务选择过程中执行用一备一，当一方劳务单位出现不可协调的问题时可以及时启动备用劳务单位，以免造成重大的不必要的损失。在属地人员招用过程中，应建立起系统的海外劳动力资源市场，积极使用高素质高技能的劳动力。特别是在能够熟练使用英语交流的国家，可以使这些劳动力成为承包商长期的固定合同伙伴，以免造成使用时劳动力人员短缺情况。

（四）移交及运营管理

根据以往海外项目移交经验，海外工程完成后由于各参建方语言体系、沟通交流、思维方式、认知范围、运作模式等存在较多不同和不确定性。所以项目完成后需要进行相关专业的移交。项目移交及后期运营管理关系到最终用户的技术管理水平、安全防护实施、建筑质量考验、项目运营效果、经济效益指标及项目成本管控等。项目实施完成后要及时组织进行全方位移交，并做好培训交流及维修管理善后工作。尤其是对重大项目及工业化建筑项目的移交，关系到最终用户的切身利益及后期使用管理情况，尤为重要。工程的移交需要各参建单位相互见证并相互签字确认，形成移交目录，制作移交手册，整理并保存完整的移交书，以备不时之需。

三、海外工程项目风险管控

根据海外工程项目经营管理的经验，受国家间法律差异、地区间人们的思想、宗教信仰、排外情绪等诸多风险因素，海外工程存在较多不确定性。

（一）政治风险

政权的稳定与否直接影响工程项目的实施情况，不仅会对企业造成巨大的经济损失，还有可能导致人员伤亡事件，对企业发展极为不利。社会治安也会对工程项目产生重要影响，常见的恐怖袭击、民族排外情绪、宗教信仰冲突等社会治安问题会迫使企业增加安保系统成本投入，增加企业运行成本。

（二）经营风险

不同国家对工程项目的要求存在明显差异，所主张的施工技术、质量控制标准与我国存在较大差异。不同国家对环境保护的要求也各不相同，由于工程项目的开展势必会破坏原有的水源、土质、植被等，如果在不清楚当地法律的前提下贸然施工，就有可能给企业带来巨大的经济处罚，增加项目成本开支。老挝地区主要体现在经营方式和当地规章条例等方面，对企业应对不同风险提出了更高的要求。

（三）人员能力风险

由于海外承接工程对人才的要求具有特殊性，因此企业在人才培养中应重视复合型人才队伍的建设，将外语水平、工程管控能力、水平效果、执行力度等作为评价提升员工的关键，并围绕员工特长进行专项培养。实施过程中应给予员工晋升、竞争和锻炼的平台。将激励、奖励机制与风险管控组合在一起，发挥各自特长，提升队伍整体工作能力。

（四）强化对风险问题的认识

海外工程项目的实施过程中应将经营风险控制作为重点，老挝地区主要体现在三重视方面。重视对数据的收集，在整个收集过程中除了收集本项目的内容以外，还要以相关企业的经验资料为主要研究内容。重视对潜在风险现象的分析，根据以往海外的经验和教训，判断本次项目中可能出现的风险现象并判断可能造成的影响。重视编制风险报告，针对已经存在的风险进行处理，判断其可能对项目产生的影响，并及时制定风险防范、控制措施。

（五）做好风险应对

在风险应对过程中，不得影响当地公众利益。对于突发的风险事件，第一时间启动风险应急预案，积极尝试掌握主动权，并通过多种措施做好风险应对，切实维护企业利益。老挝地区成立风险控制小组，对风险展开收集、分析调查、整理、实施、处理、考核、评价等环节，确保应对风险措施及时、准确、有效。

（六）风险效果评价

面对风险控制措施实施后，承包商可以有效面对常规海外风险处理。首先要做好对风险的认识，其次充分了解风险所造成的危害、发生原因、造成的影响等，积极采取针对性的处理措施，并定期开展演练。纵观海外工程项目成功案例，有效的风险应对措施可以规避掉大部分风险。通过制定风险控制措施，来强化承包商处理海外经营风险的抵抗能力。

四、老挝地区未来发展趋势

老挝是一个内陆国家，由于地理和历史原因，老挝国家经济相对落后，交通不便，民族众多，资源匮乏，工业基础薄弱，教育、医疗行业发展不平衡，加之老挝人民特有的生活习惯和信仰，老挝被评为世界最不发达的国家之一。随着老挝与我国高速公路、铁路的逐步开通运营，极大地促进高速公路和铁路沿线地区的快速崛起，随之带动周边地区建筑行业的大发展。目前老挝文旅产业、农牧业、交通设施、基础设施、上游矿产原材料产业、教育医疗产业等与我国展开密集合作与开发，在各行各业呈现出东盟十国与我国的贸易往来更加频繁。综上所述，老挝政府已对国民经济现状进行全面改革，正向着健康、高效、快速的方向发展。因此老挝地区各行业发展潜力巨大，尤其是建筑行业、基础设施行业属于前期发展部署，第一、二、三产业发展势头良好。老挝政府已在国内开放多个经济特区和大型开发区，急需建筑行业的前期投入与实施。

五、结束语及效果图

国际工程涉及多学科、多专业、多因素的方方面面，特别是在建筑、工业、餐饮、文化、组织管理、宗教信仰等方面需要更深层次的交流与融合。施工企业领导特别是决策层，要解放思想，转变落后观念，深化改革，管理观念要顺应时代发展潮流。说到底就是对人才的管理、培养、引进，高素质综合型人才才是海外工程综合竞争力、综合水平的具体体现。以上只是本人在多个海外项目实施中体会到的点滴，愿与从事工程且有海外思想的各方人员共勉。

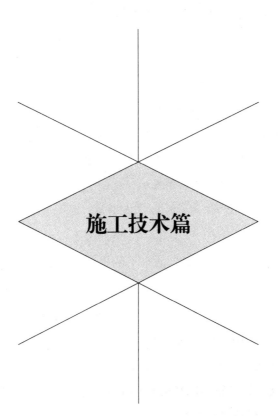

施工技术篇

装配式建筑工程施工中BIM技术的运用浅述

吴　晓① 　王　超② 　周文钢③

摘要： 近些年，装配式建筑的低成本、高效率等优势被建筑行业所重视，越来越多的建筑企业开始改变传统的建筑工程模式，开始在项目工程中运用装配式建筑。装配式建筑的核心在于对预制结构构件的设计，BIM技术成为了装配式建筑不断向前发展的一项重要推力。

关键词： 装配式建筑工程；施工；BIM技术；运用

科技水平提升带动着人们生活水平的提高，在工程设计施工中人们越来越注重施工效率、减少对环境的破坏，因装配式建筑能很好地解决这一问题，已在建筑行业中得到快速推广与发展。目前BIM技术得以迅猛发展，BIM技术的应用能实现多专业的协同发展、高效率地完成参数化建模等，所以在装配式建筑中得以广泛应用。

一、装配式建筑工程和BIM技术的概述

（一）装配式建筑工程的概述

装配式建筑在设计建筑阶段已经对建筑的结构构件进行选择预制，并且规定了结构构件的装配工艺，最终在个体建筑施工阶段进行构件的组装来进行装配施工。通过装配式的施工方式，提高了整体建筑的施工效率。实现装配式施工，最主要的是需要在建筑工程施工开始之前就对需要装配

---

① 青建海外发展有限公司尼日利亚化工厂项目经理
② 青建海外发展有限公司阿尔及利亚分公司中钢四期项目项目经理
③ 青建海外发展有限公司技术部经理

的构件设计完毕，这就要求设计者能够把握整体的建筑设计，避免在后期组装装配时产生不匹配、不适用的情况。构件由工厂进行生产，其成本远低于传统的整体结构生产，降低了工程施工的成本，提高了资源的合理利用率。除了成本的减少之外，运输和施工难度也有所降低。建筑施工所需配件都较庞大，且不方便运输，但是运输结构构件显然要比传统的配件更容易操作。而且通常运至建筑施工场所后再开始进行组装，减少了工人的工作量，降低了实际操作的复杂性。可以说装配式建筑工程满足了当今任何行业都在要求的高效性与可持续发展，成为了推动建筑行业持续快速发展的一个重要力量。

（二）BIM技术的概述

BIM技术的应用不仅给传统建筑施工、识图带来了方便，而且也为装配式建筑的设计、生产和建造带来了变革。BIM技术主要采用信息手段，整合建筑所有的信息，从设计、生产、施工到运营维护各个阶段建立相关数据模型，适时提供相关信息，对建筑实体和各类功能特征进行数字化表达。另一方面，BIM技术可以实现不同阶段、不同部门的数据共享，使模型更具可视化、协调性、完备性、一致性和关联性等特征，做到多部门联合作业，节约时间，提高效率。

二、装配式建筑工程施工中BIM技术的运用

（一）数据管理的应用

对于装配式建筑不仅考虑施工简单、节约，更重要的是施工以及生产构件的精准度。为此，在构件出厂前，务必保证其尺寸的精准，力求施工中的刚度和稳定性。一般预制构件设计好生产成型后，不得随意开槽、开洞，这也是为安全性考虑。一旦设计修改，需要多张图纸同时修改，工作量比较大，效率比较低。如果人工审图修改，有可能会出现二次错误，准确性得不到保障。而利用BIM计算可以实现协同作业，自动核实相关参数，具有可视化、效率高的特点。BIM的数据管理不仅体现在构件生产过程和校核精度过程中，而且在构件的设计、现场吊装以及运输和后期运营过程

中应用也比较频繁。数据的共享为施工中不同参与者提供了方便和协同。

（二）预制构件的应用

装配式建筑工程施工过程中最重要的部分就是预制结构的构件，这是保证装配式建筑工程质量最关键的部分。在工程施工前对预制结构的设计及施工后对构件的生产都能够体现 BIM 技术的应用。在工程的设计阶段，BIM 技术利用其高效的数据搜集处理功能，将建筑工程的信息进行整理，对这些信息进行参数化处理，通过 BIM 模型设计出合理的方案，同时借助 BIM 技术的模拟手段对工程设计进行检测勘验，减小工程图与实际的误差，及时修改优化不合理的设计结构，有效提高了预制构件的科学性和标准化。在预制构件的生产中，同样运用了 BIM 技术的数据尽可能减少图纸与实物构件之间的误差。通过 BIM 技术将构件的信息数据传递给生产商，让生产商直接了解构件的尺寸大小、材料使用，能够提高构件的质量和精确度，提高之后装配过程的效率。

（三）工程施工的应用

工程施工过程中通过 BIM 技术的信息整理和保存，直观地把握整体工程施工情况，合理调配工程施工技术设备，统筹制定整体工程施工的规划，也能够通过实际情况及时制订下一阶段的施工计划。装配式建筑工程比传统工程的工序更加复杂，开发商选择在施工管理中应用 BIM 技术，能够满足装配式建筑施工的高要求、高标准，同时能够避免施工中混乱情况的发生，保证施工能够合理有序地进行。除此之外，运用 BIM 技术能够准确检测每个施工点的施工情况，在紧急状况来临的时候能够及时发现并且第一时间就给出科学合理的应急方案，有效地控制工程施工中的各项风险。装配式建筑的热度在未来会只增不减，而 BIM 技术具有的先进、高效、便捷的优势，能够解决装配式建筑工程施工过程中许多复杂的情况，提高整体建筑工程的施工效果。BIM 技术通过对数据信息的处理，运用数字化三维模型进行设计和对实际情况的模拟实验，设计合理科学的工程图，规范了预制构件生产标准，简化了装配中许多繁琐的步骤，提高整体建筑的施工效率，同时还能够保证装配式建筑的施工质量，施工过程中存在的风险也得到了有效的监管和控制。BIM技术是未来装配式建筑工程发展中必不可少的一项技术手段，开发商应该深入了解BIM技术的优势，并且探究如何将其在建筑施工过程中最大程度地发挥出来，推动装配式建筑的发展。

（四）在成本管理方面的应用

在成本管理方面，利用BIM5D平台，将成本预算和合同预算文件导入，与三维模型进行清单匹配，可以根据时间段导出相应的工程量、各阶段价格，以及材料进场时间和数量。这些都可以准确把握，方便快捷，极大地提高了工作效率，避免了材料或人工的浪费，可充分利用流动资金。成本管理方面应用最多的是三算对比，通过对比可以明确成本的利用情况，实时调整，避免了浪费，也带来了客观的经济效益。

三、结束语

近些年，建筑行业在建筑工程施工过程中趋向于采用装配式的建筑工程施工。目前，我们通常提到的装配式建筑工程是指在施工中要用到的各种建筑材料及相关组成部分由工厂来进行生产，在最后的工程施工中将这些零散的部件进行组装和装配。这样的建筑施工能够满足实际需求的多样化，也提高了个体建筑施工的便捷性。而BIM技术也是近些年才出现在人们的视线中，逐渐被应用到装配式建筑施工工程中，大大提高了工程装配施工的整体效率，除此之外，还达到了建筑施工装配阶段的绿色环保要求，促进了装配式建筑工程阶段在整个建筑施工过程中的合理优化，提高了整体施工水平。

参考文献：

［1］冯晓科.BIM技术在装配式建筑施工管理中的应用研究［J］.建筑结构，2018，48（6）：664-668.

［2］杨刘.BIM技术在预制装配式住宅中的应用研究［J］.门窗，2015，27（3）：202-204.

［3］彭书凝. BIM+装配式建筑的发展与应用［J］. 施工技术，2018，47（10）：20-23.

［4］刘丹丹，赵永生，岳莹莹，等. BIM技术在装配式建筑设计与建造中的应用［J］. 建筑结构，2017，47（15）：36-39.

［5］刘毅. Project软件在建筑工程项目进度优化管理中的应用［D］. 邯郸：河北工程大学，2011.

［6］杨旭，李晨光，邓思华. 装配整体式混凝土框架结构设计方法研究［J］. 土木建筑工程信息技术，2014，6（2）：53-55.

安哥拉某机场项目急救中心机电管道综合BIM应用

龙杰赟① 杨诚诚② 徐全成③

摘要： 以安哥拉共和国首都罗安达某机场项目急救中心室内机电管道综合安装为例，针对现场管道碰撞的问题，采用 Revit 2020 建立土建及管综三维模型，通过 Navisworks Manage 2020 检测管道碰撞，解决碰撞问题。期间采用 BIM 数据协同的方式，进行软件之间交互数据，在减少相应工作量的同时，解决了相应的碰撞问题，结合现场情况采用 Fuzor 2020 进行协同施工模拟技术交底；BIM 技术应用对于甲方而言可减少签证、变更，对于乙方而言可减少现场施工返工，控制相应的成本。

关键词： 机电管道综合；BIM 技术；管道碰撞；施工方案

一、引言

随着 BIM 技术的发展，现阶段国内及国外发达国家在实际施工中结合 BIM 技术应用来管理项目、指导施工、控制返工与变更、控制成本；但在非洲地区 BIM 技术应用相对较少，目前非洲地区也在逐步推广，该论文将以安哥拉某机场项目急救中心室内机电管道综合安装 BIM 技术应用展开探讨。

二、工程概况、主要内容、施工困难

（一）项目基本情况

安哥拉某机场项目急救中心项目位于安哥拉首都罗安达市本戈地区。

---

① 青建海外发展有限公司外安哥拉分公司道路项目商务主管
② 青建海外发展有限公司安哥拉分公司新机场项目劳务主管
③ 青建海外发展有限公司安哥拉分公司新机场项目总工、工程部经理

本工程为框架结构,基础为独立基础,抗震设防烈度为六度,抗震等级为三级,耐火等级为二级,建筑总面积为1498.70 m²,地上一层,局部二层,建筑分为A、B、C三个区;A区一层层高为3.6 m,二层层高为3.9 m;B区一层层高为3.8 m,二层层高为3.7 m;C区层高3.8 m;建筑高度为7.5 m。

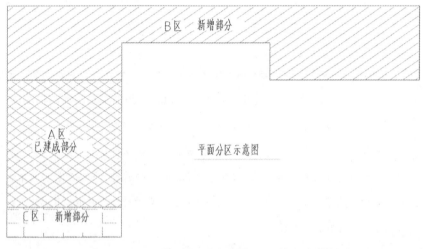

图1　平面分区图

(二)主要施工内容

室内新风管道安装、排烟管道安装、强弱电桥架安装、消防管道安装、消火栓安装、给排水管道安装。

(三)施工困难

本工程A区为原承包商办公楼,因使用功能发生改变,在现任承包商进场后将此办公楼改扩建为机场急救中心。

A区一层原有结构层高较低,A区与B区变形缝处有200 mm高差,A区一、二层走廊宽度3.6 m,但走廊中间有一排柱子占用450 mm空间,一侧走廊净宽1.9 m,另一侧走廊净宽1.25 m;B区一层走廊净宽1.9 m,二层B区走廊净宽1.9 m,且部分功能房间及走廊排水管道距板底500 mm～700 mm敷设完成施工。

图2　急救中心A区一层走廊已安装管道

图3　急救手术室内已安装管道

吊顶内的空间风管占比较大，另需考虑 50 ~ 60 mm 吊顶龙骨所占空间，根据设计要求每个功能区吊顶要满足相应的净高要求，并且无碰撞，使得吊顶内的空间利用率非常紧张。

综上所述，现场实际情况对机电管道综合施工非常不利。

三、BIM技术的优势及管道综合优化

（一）BIM技术的优势

建立参数化 BIM 模型，相比较传统的 CAD 平面图纸，BIM 技术可以在施工前更加直观地预见到施工过程中出现的管道碰撞情况，通过可视化的功能，调整管道的各项参数、管道的高度、排布位置等，将施工内容直观地在三维模型中体现出来；再运用到现场施工中去，从而达到控制工期、减少返工、减少变更、提高效率的目的，在项目不同阶段，不同利益相关方还可以通过 BIM 插入、提取、更新和修改信息，以支持和反映各司其职的协同作业。

（二）BIM建模

首先新建项目，选择项目样板，土建模型使用 Default CHSCHS 样板建立，管综模型使用 Systems-Default CHSCHS 样板建立，根据 CAD 平面图纸在 Revit2020 建立土建、机电管综三维模型。

📁 Chinese	
名称 ⌃	修改日期
🅡 Construction-DefaultCHSCHS	2020/2/12 15:40
🅡 DefaultCHSCHS	2020/2/12 15:40
🅡 Electrical-DefaultCHSCHS	2020/2/12 15:40
🅡 Mechanical-DefaultCHSCHS	2020/2/12 15:40
🅡 Plumbing-DefaultCHSCHS	2020/2/12 15:40
🅡 Precast Detailing-DefaultMetricCHS	2020/2/4 15:40
🅡 Structural Analysis-DefaultCHSCHS	2020/2/12 15:40
🅡 Systems-DefaultCHSCHS	2020/2/12 15:40

图4　选择项目样板

1. 土建建模

在新建项目样板中建立楼层标高、楼层平面、轴网，将各个楼层结构、建筑CAD平面图纸链接进入各个楼层平面中，并且检查定位点是否一致，若不一致会导致三维模型整体错层。

主要绘制构件：柱、梁、板、墙、吊顶，根据图纸信息建立不同规格尺寸的私有属性：名称、尺寸、形状、高度，在平面中将各构件描绘出来，吊顶根据各个功能房间设计净高来设置标高，设置吊顶标高需考虑地面铺装30~50 mm厚度。

2. 管道综合建模

复制土建模型的标高、轴网到管综新建项目中，将各个楼层的系统CAD平面图纸链接进入各个系统楼层平面中，并且检查定位点是否一致。

主要绘制构建：新风管道、回风管道、送风管道、消防管道、桥架、给排水管道；绘制管道系统前需建立好相应的图层，并修改区分各管道的参数：管道材质、管道管件、管道系统颜色，根据CAD平面图纸中管道位置、尺寸绘制相应的管道。

表1　Revit管道系统颜色

序号	系统类型	颜色RHB
1	回风系统	255，000，255
2	新风系统	000，255，000
3	送风管道	000，255，255
4	消防管道	255，000，000

（三）BIM模型优化

1. 初步优化

将已建好的土建模型链接到管综模型中：确认模型定位是否准确→绑定模型→解组模型，根据导入土建模型结合管道碰撞情况进行管道初步调整，重新排布各管道的位置。

根据CAD平面图纸建立的模型如图5所示，新风管道、桥架已嵌入排烟管道中，根据该情况做出以下调整：

（1）排烟系统管道布置在净宽1.9 m走廊，新风系统管道布置在净宽1.25 m走廊，各风管道系统的顶标高暂时沿最高梁梁底敷设。

（2）桥架、消防管道则根据风管高度分层调整标高，桥架在排烟管上方，消防管道则在走廊两侧。

先将管道、桥架排布位置、标高确定好，且能解决管道与管道之间一些视觉可见的碰撞问题；如图（图5对比图7、图6对比图8）对比可见：

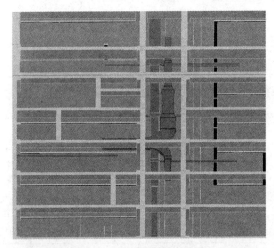

图5　未调整前管综模型

图6　未调整前管综模型（俯视图）

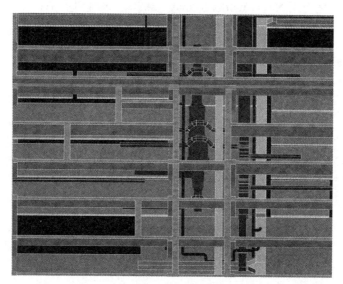

图7 导入土建模型初步调整后管综模型

图8 导入土建模型初步调整后管综模型（俯视图）

2. 深度优化

深度优化使用 Navis works Manage 2020，导出初步调整的模型（格式为：.NWC），在 Navisworks 中打开文件进行碰撞检测（clash Detective），添加检测并调节相应的参数，碰撞检测类型选择硬碰撞（保守），公差参数设置为 0.001 m，参数调节完成后运行检测，检测初步调整模型管道与管道之间碰撞共有 342 个，如图9所示：

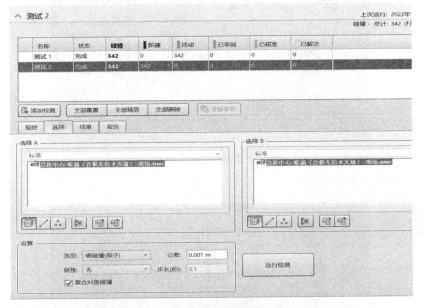

图9　碰撞参数调节

在 Revit 中附加模块→外部工具开启协同模式（Navisworks Switch Back 2020），根据碰撞报告逐个解决碰撞问题，使用返回命令确定 Revit 中碰撞的位置。

管道优化过程中，应遵循管道避让原则：

（1）大管优先原则。由于小管道造价低，安装方便，而空调通风管道、排烟管道、排水管道等大截面、大口径管道占用空间大，故在平面图中应优先布置。

（2）有压管让无压管，有压管道通过压力设备增压，而无压力管只能依靠管道坡度、重力流动，例如：消防管与排水管发生碰撞时，消防管应该避让排水管道。

（3）金属管道让非金属管道，调节管道走向、调节标高，因参考项目原结构、层高限制消防管不能按原定标高进行施工，消防管道部分绕梁布置。按图纸布置的管件部分存在穿墙、贴梁底，为避免这些问题在优化时将穿墙的Y型三通修改成T型三通，节约布管空间；贴梁底的管件适当调节位置，若与原定出风口位置偏差较大，增加管道延至原定出风口位置。

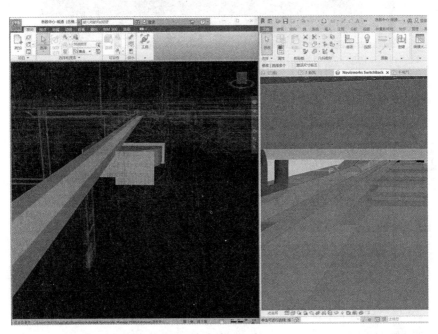

图10　检测碰撞协同至Revit

因该项目的特殊性，A区急诊手术室及急诊走廊的送风管与回风管较大，梁高达到650 mm，送风管与回风管发生冲突时调整标高，相互避开，此时产生的弯头需要一定空间，标高也相对被降低，造成小部分风管与吊顶发生碰撞，露出在吊顶以外，但仍能满足80%的风管在设计吊顶标高内。

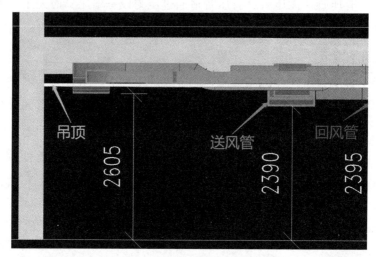

图11 A区急诊手术室及急诊走廊

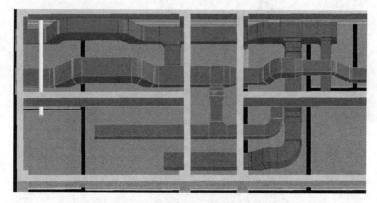

图12 A区急诊手术室及急诊走廊吊顶内管道排布

A区管综系统中排烟管道最大尺寸为 1000×320 mm，根据现场情况排布管道，排烟管道排布在净宽 1.9 m 走廊，新风管道排布在净宽 1.25 m 走廊，进入净宽 1.9 m 走廊一侧功能房间的管道需要绕梁从排烟管道上方穿过，消防管道、强电桥架排布也在排烟管道上方，因此导致排烟管道标高需要往下降。

3. 设计优化

最终完成碰撞调节，根据深化后的模型提出以下方案：

方案一：按照以上已优化的模型进行施工，保持原有标高，保证80%的风管在设计吊顶标高内；但是整体不够美观，吊顶板面采用玻纤吸声板，需要按照露出风管的形状切割吊顶，在施工过程中需要考虑玻纤吸声板的切割与拼装问题，施工难度较大，容易造成返工、材料的消耗量增加。

方案二：标高按设计要求不变，修改风管尺寸；在风管风量满足达到原设计要求前提下，保证修改后风管截面积与原尺寸风管截面积一致，对比方案一施工难度相对减小，且整体美观。

与甲方负责人到施工现场研究后确定，为保证整体美观且保持功能性，最终选择方案二作为现场指导施工。

4.导出施工图

出图前在Revit中将尺寸标注、标高标注在图中标记出，在图纸栏新建图框并以楼层系统命名，将各楼层、各系统的图拖入对应新建的图框中，调整图纸位置，导出CAD格式的图纸。

导出CAD平面图纸可根据实际需求版本选择导出文件类型，在此建议导出2007DWG格式，版本低、兼容性较好，避免CAD版本不一致导致图纸打不开的问题。

四、现场施工管理、成本控制

（一）BIM施工交底

（1）施工前严格根据定稿的施工图，在现场采用尺量的方式量出管道与管件的中线位置、板底到管顶的标高，并确定使用水平仪定位水平、垂直度，确认无误后使用墨斗弹线标记。

（2）风管、管件严格按照施工图中的规格、形状加工，以三维交底的方式给加工人员提供绕梁的通风管道、消防管道、桥架翻折处的三维图纸，并反馈是否能够加工，若不能加工提前通知修改方案，加工好的管件管道需标记是哪一跨的构建。

（3）管道安装由上到下进行，给排水、消防管道、桥架→新风管道→排烟管道，BIM技术人员给现场安装人员提供三维节点图，避免加工好的管件安装位置出错；安装管道过程中遇到管道与管道之间碰撞问题及时向BIM

技术员反馈，根据现场实际情况调整管道方案。

（4）现场施工员、BIM技术员每天检查汇报施工进度情况，归集当天施工所遇到的问题，作为成本、索赔的支撑数据。

（二）现场复核

施工前，到现场复尺检查中心线、标高定位是否正确，确定是否具备施工条件。

在施工过程中，各阶段施工实际情况反复与Fuzor2020软件中的模型比对，检查管道布置是否存在偏差；若存在偏差，根据现场实际情况对管道进行微调，再通过数据协同功能将调整的参数同步到Revit2020模型中，并且提前规划次日的工作内容，保证施工进度正常进行，避免窝工、返工的情况。

（三）成本控制

参考项目原设计施工图与优化后的施工图可形成明显对比，管道规格、长度、走向都会影响项目成本及索赔，因国外材料费、人工费、机械费较高，管道规格、长度变化都可能构成材料费、人工费、机械费的变更，不在合同范围内的工作量可提出工程变更索赔。根据BIM数据模型所提供的信息，来更加合理地编制资金计划、进度计划，提高资源的使用效率、提升项目的价值和获得更高的利润。可见BIM技术无论是在施工管理、造价管理中都起着非常关键的作用。

五、结束语

BIM技术发展越来越成熟，在国内BIM技术得到广泛应用，将BIM技术应用到非洲国家的项目建设中是一个非常好的尝试。虽然非洲地区大型工程较少，楼房层数少、层高较低，但对于机电管道综合功能全面的建筑存在施工难度。因此使用BIM技术对施工项目可能遇到的碰撞情况提前预见，对方案优化起到很大的成效。交付业主设计方案能够更直观地表现出来，对于企业的成本控制也有所帮助。希望BIM技术会在非洲国家得到更加广泛应用，开辟出新的BIM技术应用市场。

参考文献

［1］王禹杰，郭奎真. 基于BIM的工程信息协同机理研究［J］. 社会科学前沿，2016，5（3）：418-424.

［2］姚宇宁，王园. BIM机电管线综合设计控制要点与安装施工要点分析［J］. 工程建设与设计，2022（09）：151-153. DOI：10.13616/j.cnki.gcjsysj.2022.05.044.

［3］王二涛，高惠瑛，贾婧. 基于BIM的工程造价管理应用研究［J］. 管理科学与工程，2016，5（1B）：25-28.

建筑表面胶粘剂结合层防水性研究

林永华[①]

摘要：研究建筑表面贴块中胶粘剂结合层防水性能，有利于提高建筑表面贴块的施工质量与耐久性。选择A、B、C 3类贴块试样，分别涂覆1~2层无溶剂含氟水性聚氨酯丙烯酸酯胶粘剂（WPUA）、VAc-BA-AM三元共聚乳液胶粘剂、水泥，以SEM和TEM检测结果为依据进行吸水率和阻水性、渗水性、剪切性、界面拉拔性等防水性能试验。实验结果表明：涂覆WPUA胶粘剂的试样吸水率显著低于涂覆水泥试样，且浸水20 d后，涂覆双层WPUA的A和B类贴块的吸水率仅为控制组的5.8%和5.1%；涂覆双层WPUA试样在水压力0.1-0.3 MPa下，1小时内无渗水现象且应力无减弱，涂覆双层VAc-BA-AM三元共聚乳液胶粘剂和水泥试样均有不同程度渗水和应力减弱；涂覆三种防水粘结材料试样的抗拉性能、抗剪性能对高温敏感性大小依次为：WPUA>VAc-BA-AM三元共聚乳液胶粘剂>水泥；因此WPUA可作为高质量的建筑表面贴块结合层的防水粘结材料。

关键词：建筑表面贴块；WPUA胶粘剂；结合层；防水性能

一、引言

建筑表面贴块的铺装是整个建筑设计成败的关键。建筑表面常用铺装材料种类分为石材类、地砖类、混凝土类。建筑表面贴块的镶贴、装饰抹灰工程，在保证美观的同时，也要耐住自然环境的考验。粘结材料的质

---

① 青建海外发展有限公司联席董事长

量直接决定粘贴后表面贴块的防水性能与质量。然而我国不甚重视粘贴质量，始终缺乏相关的专用材料产品。建筑表面材料自身材质会引起泛碱现象，设计师们往往要在设计建筑时将避免出现泛碱现象纳入考虑，以防止水分入侵。所以，无论是室外或是室内装饰，粘贴贴块时除了使用基础材料外，需另外掺加合适的胶粘剂以提高基层和贴块之间的粘结强度和防水性能。因此研究专门用于粘贴建筑表面贴块胶粘剂结合层的防水性能十分迫切。

良好的完整性以及一定的抗破损能力是表面贴块中的胶粘剂结合防水粘结材料的必需条件。防水粘结材料在施工时会承受高温与碾压，因此合格的防水粘结材料还应具有良好的不透水性。本研究通过模拟一些防水粘结材料所处工作环境的室内试验来检验这些材料的不透水性，为实际施工提供参考。通过试验结果可知：水性聚氨酯/丙烯酸酯（WPUA）胶粘剂防水效果最优。WPUA既能保证基础的防水性与耐候性，又是安全无毒且对环境无污染的，应用广泛，因此可将其应用至建筑表面贴块施工过程中。

二、材料方法

（一）试验材料

试验选用三种类别的建筑表面贴块作为试验对象，分别是A类贴块、B类贴块、C类贴块。在制作试样前，贴块A、B、C已在室内环境下气干0.9a（符合国家规定）。

制备三种防水粘结材料进行实验，一种是无溶剂含氟水性聚氨酯丙烯酸酯胶粘剂（WPUA），另一种是VAc-BA-AM三元共聚乳液胶粘剂，还有一种是水泥。

（二）试验仪器

在不透水性能试验当中采用的试验仪器是东北大学自主研发的结构层材料渗透仪以及车辙板、打气筒还有抗剪仪器；在拉拔性能试验当中使用的是东北大学研发的一款结构材料强度拉拔仪；此外，还有两台电子显微镜。扫描电子显微镜使用的是HitachiS-4800型号，透射式电子显微镜则选用了HitachiH-600型号，均产自上海京孚仪器有限公司。

（三）材料制备

1. 制备无溶剂含氟水性聚氨酯丙烯酸酯胶粘剂

WPUA制备过程：

（1）WPUA乳液的合成。

a. 试验瓶准备数量为4个，装入所需试验器具。一个是回流冷凝管，一个是搅拌器，一个是温度计，还有一个是通氮导管。再按量依次加入甲基丙烯酸甲（MMA）、丙烯酸丁酯（BA）和亲水扩链剂（DMBA）、经过脱水处理的聚己内酯二元醇（PCL，Mn=1000）、异佛尔酮二异氰酸酯（IPDI）以及内交联剂三羟甲基丙烷（TMP）。掺入的催化剂是二月桂酸二丁基锡（DBTDL），剂量为小量。反应条件包括有作为保护的氮气以及温度控制在78℃，反应时间控制在2.5 h到3.5 h之间。

b. 双键封端需加入一定量的丙烯酸六氟丁（HFBA）对PU预聚体实施密封，再加入三乙胺（TEA）后中和25 min。

c. 搅拌速度要快，同时为了进行分散滴入去离子水，滴加时要保持缓慢。经此操作，便能得到一个所需的自乳化体系。在这个体系当中，壳是双键封端的PU预聚体，而MMA、BA则作为核的存在。

d. 温度降到78℃以下时，加入HFBA单体和引发剂过硫酸铵（APS）水溶液，剂量保持定量且反应时间保持在2.5 h，使其进行自由基聚合。再经过保温过程，便能得到有机氟改性聚氨酯/丙烯酸酯（FWPUA）复合乳液，保温时间最好控制在1.5 h。

（2）胶膜制备。

将得到的复合乳液添入聚四氟乙烯的模板中自然风干。风干过程中保持在室温，静置时间设为8天。再将经风干后的胶膜待成品放入真空干燥箱中，烘干时间设定为2.5 h，烘干温度保持在60℃为最佳。最后放进干燥器中留用。

2. 制备VAc-BA-AM三元共聚物乳液胶粘剂

在之前备好的4个试验瓶中依次加入去离子水与PVA，其中去离子水添加至65 mL，而PVA则保持适量即可。把加了去离子水和PVA的试验瓶升高温度到95℃，在此过程中进行搅拌，搅拌速度保持在高速，目的是为了使聚醋酸乙烯酯（PVA）能够溶解完全；在68℃温度下加入复合型乳化剂（SDS／OP-10），反复添加引发剂加热，边搅拌边冷却直到温度降至60℃时，再添入$NaHCO_3$。添加$NaHCO_3$的目的是为了过滤出料，由此最终得到制备好的VAc-BA-AM三元共聚物乳液胶粘剂。

3. 水泥配比

（1）确定砂浆试配强度（FM）。

水泥砂浆强度等级中的M设为7.5，f1设为7.5 MPa，无强度历史统计资料，有优良的施工水平，J设为1.15。最终，砂浆试配强度中的FM与Jf1均为8.6（MPa）。

（2）Pc表示选用每立方米砂浆水泥用量Pc=250 kg。

（3）Pw表示选用每立方米砂浆用水量Pw=310 kg。

（4）Ps则代表每立方米的砂浆用砂量，砂的堆积密度ρs为1.66 g/cm^3，所以得到Ps为1660 kg。

（5）根据已得数据，Pc、Pw、Ps之间的比例即初步配合比为250：310：1660。

（四）试验制备

将3种类别建筑表面贴块作为试验对象，分别是A类贴块、B类贴块、C类贴块。除控制组试样（素材）外，每种试样分别涂覆3种防水粘结材料包括：用X表示的WPUA、用Y表示的VAc-BA-AM三元共聚乳液胶粘剂以及用Z表示的水泥，将每种涂覆材料的试样各分成两组，每组中包含三个试样。将涂刷一层防水粘结材料的试样用XⅠ、YⅠ与ZⅠ表示，涂覆两层防水粘结材料的试样用XⅡ、YⅡ与ZⅡ表示。每类贴块制作7组（含控制组），共21个试样。

（五）试验内容

为了研究建筑表面贴块中胶粘剂结合层防水性能，从吸水率和阻水性、渗水性、剪切性、界面拉拔性进行试验。

1. 吸水率和阻水性试验

吸水率和阻水性试验用于验证涂抹不同防水粘结材料结合层防水性能对比情况，以此选择最优防水粘结材料，为此依据国家相关检验标准，对全部试样实施全浸吸水率对比试验研究。

实验前，用吸水纸吸干试样上面水分。实验室温度设置在19℃～29℃，称量时间是第3，5，10，15，20，25，30天（d），往后每10 d进行一回称量。80 d后，控制组的吸水率（WA）、质量分数到达上限（吸水率的增加值大于4%），试验结束，吸水率计算用公式（1）所示：

$$WA = \frac{m-m_0}{m_0} \times 100\% \quad (1)$$

式中，试样吸水前质量用m_0来表示；试样吸水后的质量用m来表示；

试样的阻水性（WR）计算如公式（2）所示：

$$WR = \frac{WA_c - WA_t}{WA_c} \times 100\% \quad (2)$$

式中，控制组的吸水率用WA_c来表示；测试组的吸水率用WA_t来表示。

2. 渗水性试验

通过模拟一些防水粘结材料所处工作环境的室内试验来检验这些材料的不透水性。

将3种防水粘结材料分别涂覆在试验对象上。待第一层干透后涂刷第二层，中间间隔4小时以内，将试验对象的表面刮平，之前以室温条件养护的待防水粘结材料放在试验对象上进行干燥，干燥后成膜。再将其垫到车辙板的模具中，并对其进行打气。一方面，打气要达到规定压力范围，另一方面需保持对车辙板侧面渗水情况的观察过程，并将开始渗水的时间记录下来。

材料的不透水性能指标计算如公式（3）所示：

$$\alpha_r = p \cdot q \quad (3)$$

式中，材料的不透水性能指标用a_r（MPa）来表示；p表示安全系数；孔隙水产生的动水压力用q（MPa）来表示。

3. 剪切性试验

贴块结合层的内部温度处于自然环境时会随气温不断变化。因防水粘结材料会受到高温冲击，所以必须在设计防水层与选择材料时考虑来自环境当中温度变化的影响。在剪切性试验中，主要考察的是不同防水粘结材料抵抗水平剪切力性能的影响规律，防水粘结材料与建筑表面贴块结合层粘结性能，为实际工程应用提供依据。

剪切试验是在试样放在烘箱中保持4个小时的一定温度后实施剪切。剪应力计算如公式（4）所示：

$$\theta = \frac{E}{Z}（4）$$

式中，剪应力用θ（MPa）来表示，拉力用E（N）表示；剪切面积用Z（mm^2）来表示。剪切面积$Z = 2.5 \times 10\, mm^2$。

4. 界面拉拔性试验

这一试验环节的原理是通过对防水粘结材料和建筑表面贴块结合层之间的粘结强度进行检测，来验证粘结力不足时的破坏面特征以及粘结层的结构与铺装层间的粘结性能，试验最终研究的是不同外部环境下层间粘结力的受影响规律。

统一温度（30℃）下防水粘结材料的抗拉强度，将试样上下两个表面清理干净，室温下养护一天后待用。拉应力计算如公式（5）所示：

$$h = \frac{E}{Z}（5）$$

式中，拉应力用h（MPa）来表示；拉力用E（N）来表示；受力面积用Z（mm^2）来表示。受力面积$Z = 2.5 \times 10^3\, mm^2$。

三、试验分析与结果

根据《GB-1725-79涂料固体含量测定法》，确定WPUA、VAc-BA-AM三元共聚乳液胶粘剂、水泥的检测条件，其中，使用2.5×10^5倍的透射式电子显微镜（TEM）对不同形态进行测定；使用扫描电子显微镜（SEM）观察时则需要调节不同的放大倍数。

TEM检测结果如图1所示：

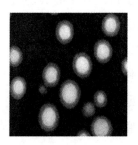

（1）WPUA

（2）VAc-BA-AM三元共聚乳液胶粘剂

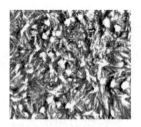

（3）水泥

图1　TEM检测结果对比

SEM检测结果如图2所示：

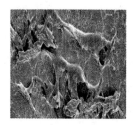

（1）WPUA

（2）VAc-BA-AM三元共聚乳液胶粘剂

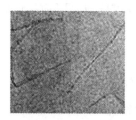

（3）水泥

图2　SEM检测结果对比

综合两种检测结果，可知：

（1）TEM检测中，WPUA能被观察到形成明显的核壳结构，其中的聚氨酯链与介质当中的水分子比较容易产生溶剂化反应，而—COO—又会使PU分子链上的电子云密度变大。在磷钨酸进行染色后，透射电镜下观察到的结果是电子透过率比较低同时有着较深的颜色，因此确定暗部是PU壳层，亮部为PA芯。在引发剂过硫酸铵（APS）水溶液中加入剂量保持在定量的HFBA单体，继续让它们进行自由基聚合，核体积显著增大，聚氨酯亲水段含量相对较小，原来收缩在一起的聚氨酯链膨胀，使WPUA乳液的粒径增大，壳厚较薄；SEM检测中，在丙烯酸酯改性的WPUA膜中，虽然在亮区和暗区存在微相分离结构，但亮区分布的有序度明显降低，在软段暗区分布均匀，尺度结构被破坏。可以看出，在大范围放大的情况下，它具有一定的网络结构。

（2）TEM检测中，在粒子外壳处引入环氧基团能够在局部凝聚并均匀分散在环氧网络中。当聚环氧乙烷链为中等密度时粒子分散较为均匀；SEM检测中，可明显看出，VAc-BA-AM三元共聚乳液胶粘剂是从环氧树脂基体中脱落出来所致，其粒子大小较均匀，分散也较均匀，微观形态较为明显。

（3）TEM检测中，该砂浆试配强度增加了液相的黏度，且均匀分散在水泥装体内部，使与水化产物形成有关联的、等离子的迁移速率减缓，显著延迟了水泥的水化，使水泥梁体在较长时间内保持塑性状态；SEM检测中，水泥砂浆强度等级被设计为M7.5时，砂的亲水性和表面活性缺乏使表面张力并不能进一步降低，而是会因砂间的渗透压而相互吸附，呈均匀性、分布式紧密状态。

根据上述检测结果，进行试验。

（一）吸水率和阻水性试验

1.涂层对极限吸水率的影响

每组试样全部浸水80 d后的吸水率和阻水性的平均值（控制组试样全部没有涂覆防水粘结材料）如表1所示。

表1　全部浸水80天后试样的吸水率与阻水性

序列号	WA/%							WR/%					
	控制组试样	XⅠ	XⅡ	YⅠ	YⅡ	ZⅠ	ZⅡ	XⅠ	XⅡ	YⅠ	YⅡ	ZⅠ	ZⅡ
A	74.1	23.5	7.2	15.0	7.8	64.0	18.5	68.5	98.1	79.8	89.4	14.7	75.2
B	156.0	25.6	9.5	71.8	8.2	170.8	55.2	83.5	98.6	54.1	93.5	-8.9	64.7

（续表）

序列号	WA/%							WR/%					
	控制组试样	$X\text{I}$	$X\text{II}$	$Y\text{I}$	$Y\text{II}$	$Z\text{I}$	$Z\text{II}$	$X\text{I}$	$X\text{II}$	$Y\text{I}$	$Y\text{II}$	$Z\text{I}$	$Z\text{II}$
C	448.4	286.1	333.9	152.7	9.6	419.3	200.4	36.2	25.6	65.9	97.7	6.6	55.3

通过表1可知：涂覆单层X胶粘剂的A、B试样的吸水率分别比涂覆Z降低40%以上，由此可见，X胶粘剂的阻水性明显大于Z。

涂覆双层X比双层Y的试样阻水性高。对于A、B试样，涂覆双层X与双层Y胶粘剂后的80天吸水率比涂覆单层X与单层Y胶粘剂的80天吸水率降低一半以上。涂覆单层Z胶粘剂的B试样的阻水性是-8.9，说明没有起到防水效果，可能由于Z防水粘结材料并没完全封闭住试样B表面，致使B组试样的吸水率稍大于控制组的吸水率。

2. 吸水动力学特性

得到A、B、C试样浸水1～80天的数据后，选取其中部分时间点的数据信息，如表2所示。

表2　不同浸泡时间的全浸水吸水量（Mt）和吸水率（WA）

序列号	浸泡时间/d	Mt/g							WA/%						
		控制组试样	$X\text{I}$	$X\text{II}$	$Y\text{I}$	$Y\text{II}$	$Z\text{I}$	$Z\text{II}$	控制组试样	$X\text{I}$	$X\text{II}$	$Y\text{I}$	$Y\text{II}$	$Z\text{I}$	$Z\text{II}$
A	3	1.606	0.185	0.052	0.070	0.012	0.527	0.171	25.790	2.990	0.990	1.190	0.690	8.590	2.790
	20	4.101	0.738	0.221	0.406	0.113	2.522	0.565	65.590	11.690	3.790	6.490	3.490	40.390	8.990
	70	4.686	1.385	0.404	0.866	0.232	3.885	1.062	74.890	21.790	6.790	13.690	7.190	61.590	16.890
B	3	1.614	0.204	0.036	0.363	0.031	1.087	0.313	45.390	6.190	1.290	11.290	1.090	33.490	9.590
	20	4.199	0.539	0.199	1.277	0.198	3.328	0.911	115.790	15.690	5.890	38.890	5.490	101.090	27.390
	70	5.637	0.826	0.320	2.195	0.288	5.392	1.690	154.190	23.890	9.290	66.790	7.890	162.690	50.590
C	3	1.384	0.428	0.544	0.276	0.018	1.339	0.638	124.690	16.390	1.690	47.190	37.390	109.890	43.090
	20	4.383	1.835	2.336	1.506	0.095	3.183	1.553	306.090	88.690	6.2900	199.690	103.490	255.790	157.390
	70	6.161	3.107	3.656	2.439	0.146	4.884	2.753	430.690	141.490	9.290	311.990	183.990	391.090	265.290

分析可得，涂覆X胶粘剂的试样吸水率增长速度相对最为缓慢。涂覆双层X胶粘剂的A试样吸水率浸水3天后小于0.99%，B试样的吸水率浸水3天后小于1.29%，而控制组试样的吸水率分别为25.79%和45.39%。

在浸水20天后，涂覆双层X胶粘剂的A与B的吸水率是控制组的5.8%和5.1%；涂覆了双层Z的A试样与B试样的吸水率为控制组试样吸水率的13%~24%，表明X胶粘剂的短期防水性能以及80天的抗浸水性能相对最好。X胶粘剂就算是处于长期的浸泡环境也不怎么吸水且经固化后会成为不溶于水的三维体型结构，很大程度上能够使结合层的耐水性提高。但是Z水泥长期浸泡于水会发生一定程度的水解，所以防水效果不如X胶粘剂。

（二）渗水性试验

选取试样A为实验对象，通过测试涂覆不同防水粘结材料后，试样在不同水压力状态下的不透水性能，分析材料渗水性，结果如表3所示。

表3　防水粘结材料试样的不透水性能试验结果

防水粘结材料	水压力（MPa）	渗水现象
XⅡ	0.1	1小时内应力无减弱、无渗漏
	0.2	1小时内应力无减弱、无渗漏
	0.3	1小时内应力无减弱、无渗漏
YⅡ	0.1	1小时内应力无减弱、无渗漏
	0.2	1小时内应力无减弱、无渗漏
	0.3	10分钟开始渗水，当20分钟时严重渗水
ZⅡ	0.1	1小时内应力无减弱、无渗漏
	0.2	10分钟开始渗水，当20分钟时严重渗水
	0.3	渗水非常严重

通过表3可知：涂覆双层X防水粘结材料试样，水压力在0.1~0.3 MPa下，1小时内无渗水现象和应力无减弱；涂覆双层Y防水粘结材料试样，水压力在0.1~0.2 MPa下，1小时内无渗水现象和应力无减弱，水压力在0.3 MPa下，10分钟开始渗水，在20分钟时严重渗水；涂覆双层Z防水粘结材料试样，水压力在0.1 MPa下，1小时内无渗水现象和应力无减弱，水压力在

0.2 MPa下，10分钟开始渗水，在20分钟时严重渗水；水压力在0.3 MPa下，渗水非常严重。因此，不透水性能依次是：$X\text{Ⅱ}>Y\text{Ⅱ}>Z\text{Ⅱ}$。

（三）剪切性试验

选取试样A为实验对象，在20℃、30℃和40℃三种试验温度下，研究试样在分别涂覆了双层的三种防水粘结材料后的抗剪性结果如表4所示。

表4　不同温度下三种防水粘结材料试样剪切性

温度（℃）	防水粘结材料剪切性（MPa）		
	$X\text{Ⅱ}$	$Y\text{Ⅱ}$	$Z\text{Ⅱ}$
20℃	0.721	0.567	0.391
30℃	0.129	0.108	0.089
40℃	0.075	0.059	0.044

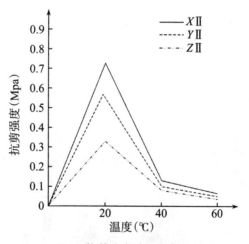

图3　抗剪强度随温度变化

由表4和图3可知，随着环境温度的上升，涂覆不同防水粘结材料试样的抗剪强度迅速下降。温度在20～40℃，涂覆$X\text{Ⅱ}$试样的抗剪强度最大，涂覆$Z\text{Ⅱ}$试样的抗剪强度最小。综上可知，涂覆三种防水粘结材料试样的抗剪性能对高温的敏感性能大小依次为：$X\text{Ⅱ}>Y\text{Ⅱ}>Z\text{Ⅱ}$。

（四）界面拉拔性试验

在温度为30℃，拉伸速度为60 mm/min条件下进行此项测试，并得到了能够反映试样的抗拉强度如何受防水粘结材料影响的结果，如图4-图6所示。

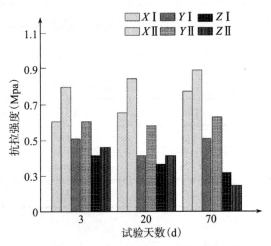

图4　在30℃下A类试样防水粘结材料抗拉强度

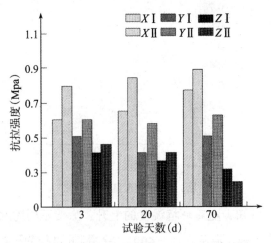

图5　在30℃下B类试样防水粘结材料抗拉强度

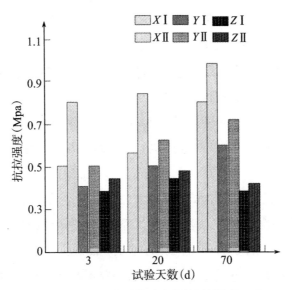

图6　在30℃下C类试样防水粘结材料抗拉强度

通过图4-图6试验结果可得，覆涂一层防水粘结材料的试样抗拉强度较低，其中涂覆单层*X*防水粘结材料试样比涂覆其他两种粘结材料试样的抗拉强度高，涂覆两层防水粘结材料时比涂覆一层时抗拉强度高。经过对比可知，三种材料的抗拉性能依次为*X*Ⅱ>*Y*Ⅱ>*Z*Ⅱ，并且涂覆双层*X*防水粘结材料的试样抗拉强度随着试验天数的增加逐渐增大，涂覆*Z*防水粘材料试样抗拉强度呈下降趋势。材料的抗拉性能主要与材料本身的特性有关。由于水泥（*Z*）本身的粘性和感温性不佳，低温时脆裂，高温时易凝固，抗拉性能相对较差。

四、结论

为了研究建筑表面贴块中胶粘剂结合层防水性能，通过具体施行与分析吸水率和阻水性试验、渗水性试验、剪切性实验及界面拉拔性试验，以SEM和TEM检测结果为依据，得到下面结论：

（1）通过吸水率和阻水性试验可知，WPUA胶粘剂的短期防水性能和"80 d抗浸水性性能"是最优的。涂双层WPUA胶粘剂比单层胶粘剂阻水效果好。

（2）通过渗水性试验可知，三种防水材料的不透水性能依次为WPUA>VAc-BA-AM三元共聚乳液胶粘剂>水泥。

（3）通过剪切试验可知，这三种防水粘结材料均对温度敏感，抗剪强度与抗拉强度会随温度的升高而迅速下降。

（4）通过拉拔性试验可知，涂覆单层WPUA防水粘结材料试样比涂覆其他两种粘结材料试样的抗拉强度高，涂覆两层防水粘结材料试样比涂覆一层时抗拉强度高。

依据上述结论，WPUA胶粘剂防水性能最佳，无论是在吸水率和阻水性试验、剪切试验、拉拔试验和渗水试验中都比另外两种防水粘结材料防水性能强。因此，WPUA胶粘剂可用在建筑表面贴块结合层。

目前，材料科学迅猛发展，涌现出大量新材料，如何选择合适建筑表面贴块防水结合层材料，特别是如何保证组合结构之间的相容性和粘结性，是建筑铺装领域内新的研究方向。

参考文献：

［1］虞晶燕，贾哲敏，冯小平.石墨烯改性环氧树脂胶黏剂的制备及其力学性能研究［J］.塑料工业，2019，47（10）：46-50，142.

［2］陈氏凤，姚建顺，王志萍，等.纳米氧化硅溶胶改性锂基防水剂的制备及性能研究［J］.新型建筑材料，2019，46（06）：107-109.

［3］段宝东，李俊，李明亮，等.基于层间黏结性能的排水沥青路面防水粘结层材料参数研究［J］.公路工程，2019，44（02）：45-49.

［4］杜骋，张辉，高培伟，等.混凝土桥面沥青铺装防水层黏结性能影响因素研究［J］.公路，2018，63（04）：138-141.

［5］韩海军，王小雪，刘金景，等.环保型单组分聚氨酯防水涂料的制备及性能研究［J］.聚氨酯工业，2020，35（03）：32-35.

［6］宁逢伟，蔡跃波，白银，等.基于防水性能设计的湿喷混凝土衬砌结构优化研究［J］.水电能源科学，2019，37（04）：119-123.

［7］黄杉，邢霖，于洪江.应用于装配式建筑中环氧薄层防水性能研究［J］.新型建筑材料，2019，46（02）：120-122.

［8］徐亚林，张辉，张志祥.复合式防水黏结应力吸收层性能试验研究［J］.中外公路，2020，40（02）：216-219.

［9］盛兴跃，刘攀，李璐，等.自制环氧防水黏结剂黏结性能的影响因素及其施工工艺［J］.筑路机械与施工机械化，2019，36（10）：77-81.

［10］刘锡涛.防水膜材料裂缝桥接性能研究［J］.新型建筑材料，2019，46（12）：120-124.

［11］罗学禹，刘立柱.防水用聚脲绝缘涂料的制备及性能研究［J］.材料导报，2018，32（16）：2723-2727.

［12］丘伟强.基于室内试验的桥面防水粘结层性能评价［J］.黑龙江交通科技，2019，42（01）：118-120.

［13］胡东岚，李卉，罗迎社，等.一种自制环氧树脂结构胶粘剂的动态黏弹性能研究［J］.中南林业科技大学学报，2019，39（04）：112-116.

［14］韩啸，金勇，杨鹏，等.胶层厚度对胶粘剂Ⅰ型断裂韧性影响试验和仿真研究［J］.机械工程学报，2018，54（10）：43-52.

［15］李嘉，王万鹏，裴必达，等.UHPC-TPO层间黏结性能研究［J］.中国公路学报，2018，31（05）：84-91.

绿色施工技术在房建施工中的运用措施研究

孔令龙[①]

摘要： 为解决当前房建施工中存在资源消耗量大，不符合绿色建设要求问题，开展绿色施工技术在房建施工中的运用措施研究。在明确绿色施工技术的应用意义基础上，通过绿色施工材料在施工中的应用、基于Loe-E玻璃的房建节能施工设计、建筑雨水回收装置设计与绿植墙施工，提出一种全新的施工方案。通过对比分析证明，新的施工方案在实际应用中可以有效提高对各类资源的利用率，减少浪费，促进房建项目的绿色可持续发展。

关键词： 绿色；房建；措施；运用；施工；施工技术

一、引言

建筑行业的发展在一定程度上加速了社会能源与资源的消耗，为实现在避免社会不可再生资源的枯竭的基础上，提高房建工程的质量，施工方开始研究在施工中应用绿色施工技术与环保型工程材料，通过科学的施工方案与规范化的工程技术行为，降低建筑能耗，提高房屋建筑对资源的利用率，保证建筑项目收益的最大化。但目前我国建筑工程施工方对于此项技术的应用方式仍存在争议，一些施工单位仍不懂得或不了解绿色施工技术应用的意义与价值，因此，下文将以某房建项目为例，开展绿色施工技术的应用研究。

---

① 青岛青建新型材料集团有限公司董事长、法定代表人

二、绿色施工技术的应用意义

在市场经济的快速发展下，绿色施工技术的优势已初步凸显，例如，此项技术是一项符合社会可持续发展的关键技术，也是达成经济、环境协同化发展战略目标的主要手段，更是实现建筑节能减排，提高建筑资源利用率的主要渠道之一。在房屋建筑项目的施工中，科学、合理、规范、有序地使用此项技术，不仅可以保证建筑整体质量的提升，也可以达成建筑在使用中的低耗能与低排放综合目标。同时，基于此项技术开展工程施工作业，可以有效降低房建项目施工成本，促进建筑市场的集约化发展。

但综合我国建筑市场发展现状与现代化建筑产业对能源的使用现状可以看出，现如今的建筑施工单位对于绿色化施工技术的应用仍存在一定问题，尤其是在建筑墙体保温隔热设计、建筑屋顶节能绿化设计方面，仍存在较明显的不足。因此，要实现对绿色化施工技术的推广使用，不仅要做好对技术的宣传，还要制订完善且规范的施工方案，保证前期对此项工作足够的投入，使更多施工单位认知此项技术的优势。

综上，将此项技术在建筑领域中进行推广，制订切实可行的技术运用方案，是目前建筑工程方亟须解决的关键问题。

三、绿色施工技术在房建施工中的运用措施

（一）绿色施工材料在施工中的应用

在房建施工过程中，为了确保项目整体符合绿色建设要求，在引入绿色施工技术的基础上，开展对房建施工方案的设计研究。首先在对各类施工材料选择时，应当尽可能选用绿色环保型施工材料。例如，在对混凝土材料选择上，应当尽可能选用高性能的混凝土材料，以此既能够满足房建施工中特殊结构对混凝土强度的要求，同时又能够满足绿色可持续发展的建设要求。具备高性能的混凝土材料需要对其配合比进行更加严格的控制，根据房建施工项目的工程特点，在确定混凝土的配制材料时，需要对水泥、石料以及各类外加剂等材料进行复配试验，通过试验结果确定各个材料的添加量。具体操作中，首先可根据对粗骨料和细骨料用量的测算，

确定混凝土制备时所需的水量；其次根据砂石材料的细度模数以及石子级配对用砂量进行调整；最后结合混凝土试验测量结果对水灰比以及水泥用量进行调整，并根据施工现场的气候特点对各项参数进行最终调整。

在完成对混凝土材料的选择后，针对钢筋材料也需要选择强度更高的钢筋，推荐使用HRB400级钢筋作为房建施工中主力钢筋，能够有效降低能源的消耗，以此达到绿色施工要求。通过提升钢筋材料的强度，能够在极大程度上减少钢筋的横截面面积，并降低配筋率，从而达到节约原材料的目的。同时，在相同的承载力作用下，三级钢材料明显减少了对钢材料的使用量，以此也能够证明资源消耗量的降低。

（二）基于Loe-E玻璃的房建节能施工设计

在房建施工当中，尝试应用Loe-E玻璃，以此从门窗施工方面实现节能。在房屋完成建设并投入使用后，若房屋内部空调体系运转，则在冬季由于玻璃选择不合理而造成的热量损失超过四成，而在夏季由于窗户散出的冷气以及与太阳光的直接照射也会造成总负荷超过三成的损失。针对这一问题，在房建施工中，应用Loe-E玻璃，完成房间节能施工。图1为Loe-E玻璃基本结构及透过太阳光能量分布示意图。

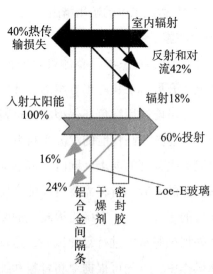

图1　Loe-E玻璃基本结构及透过太阳光能量分布示意图

Loe-E玻璃具备良好的节能特性，且将其应用到门窗上能够实现更好的采光效果。太阳的光线能够更加容易穿透玻璃，在冬季能够确保室内温度的保持，并提高室内舒适度。同时，Loe-E玻璃能够抵御更多来自外界的紫外线，以此也能够有效避免紫外线对居住者造成的伤害。当前，房建施工当中常采用的玻璃材料为单层玻璃，而Loe-E玻璃为三层结构，在两层玻璃之间还包含一层含有干燥剂的铝、胶条等材料，实现对两层玻璃的分隔，同时其四周具备良好的密封性，能够实现对热量传递的有效阻隔，以此达到更优质的保温效果，从而实现对能源的节约。

（三）建筑雨水回收装置设计与绿植墙施工

雨水是一种最常见的水资源，在房建施工中，若能够实现对雨水资源的充分利用，则能够进一步降低对洁净水资源的使用量，从而达到节能效果。因此，在完成对各类绿色施工材料以及Loe-E玻璃材料的选择后，对房建施工项目当中的雨水回收装置进行设计。利用特定的雨水回收装置对雨水进行采集，并通过合理的手段对其进行过滤，以此进一步提高雨水资源的质量。由于在开展房建施工中对于雨水资源的采集相对困难因此针对这一问题，在房建施工区域周围修建引水管道，利用该结构实现对雨水资源的汇集，并将沉降后得到的清水进行消毒，最后将其应用到各个施工环节当中，实现对雨水资源的利用。同时，在房建施工过程中，针对给排水施工项目，需要确保其管道水压设置得合理，以此避免水压不足而导致高楼层断水的问题。

除此之外，为了进一步体现房建施工的绿色可持续发展特性，尽可能利用绿植代替传统建筑材料，这样不仅能够减少占地面积，还能够节省更多的资源、利用绿色植物将房屋与外界环境阻隔，以此使房建施工的环境更加环保。同时，通过对绿植墙的施工，能够起到良好的噪音吸收和粉尘吸收作用，实现对施工现场空气的净化。在此基础上，还可以尝试增加喷泉、花坛等多种景观绿化，以此实现对施工现场环境的进一步优化。

四、对比分析

为检验所设计的施工技术是否可行，选择位于深圳市某建筑工程开发商开发的房建工程项目，作为此次对比实验的实例项目。该项目在建成后将争创地区"绿色文明工程"奖项，因此，要做好对此工程项目的绿色化施工，在保证建筑质量达标的基础上，提高建设项目的环保、节能等综合性能。

为保证工程项目的顺利施工，在施工前，由实验参与方的工作人员进行项目场地勘查，并与工程方进行交涉，掌握与此项目相关的工程信息，统计已知的工程信息，见表1：

表1 深圳市某房建工程项目信息

序号	深圳市某房建工程项目信息	
1	项目名称	深圳市勤诚达二期C区工程
2	项目建设单位	瑞恒投资发展有限公司
3	项目监理机构	科宇工程监理组织单位
4	项目地质勘查单位	南华岩土工程科技有限公司
5	项目设计单位	奥义康建筑设计院
6	项目施工单位	中间第四工程局
7	项目监督单位	地方质检直接单位
8	房建结构类型	剪力墙—框架结构
9	建筑层数规划部署	+32层～-3层，其中-3层均为地下车库建筑
10	建筑整体结构设计信息	耐火等级预设一级；计划使用年限为50年

掌握建筑工程项目综合信息后，选择建筑群中的#1建筑与#2建筑，对其进行施工，统计在某降雨时段，建筑对雨水的收集量与利用率。并将其作为建筑对自然资源利用率的主要评价指标。实验中，在#1建筑按照本文设计的绿色施工技术进行施工，对#2建筑按照传统的施工技术进行施工。

在两个建筑的排水管道安装传感器，获取建筑对雨水的收集量与利用率等相关信息，将信息统计成图示，见图2与图3：

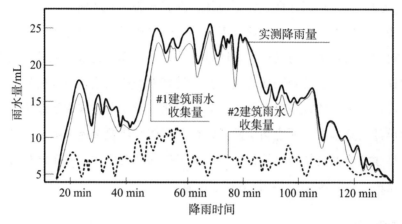

图2 #1建筑与#2建筑对雨水的收集量

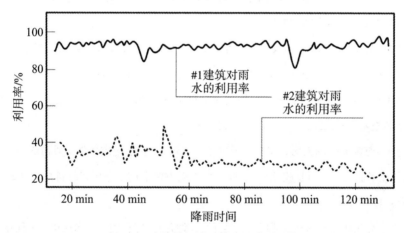

图3 #1建筑与#2建筑对雨水的利用率

从上述图中所示的实验结果可知，#1建筑对雨水的收集量与利用率大于#2建筑对雨水的收集量与利用率，通过与之相关的实验可以证明，本文所设计的绿色化施工技术在应用中可以提高建筑对自然资源的利用率，以此种方式，达到对建筑节能设计的目标。

五、结束语

提高建筑对自然资源的利用率是我国建筑行业长期以来一直关注的问题，为了全面落实并推进此项设计，本文开展了此次研究。对比实验结果证明，使用本文设计的绿色施工技术进行房建工程项目施工，可以提高建筑对雨水的收集量与利用率。通过此种方式，降低建筑对能源的消耗，实现建筑行业发展的长期战略性目标。随着未来我国建筑行业的进一步发展，市场内建筑的数量势必越来越多，因此，未来在达成建筑绿色化与节能化设计的基础上，还应当全面考虑社会群体对建筑节能的需求，结合不同类型建筑所处的场地环境，进行相关工作的动态优化，基于此种方式，提高建筑行业市场发展的经济效益与价值。

参考文献：

［1］葛莉.关于在建筑工程施工中应用新型绿色节能技术的几点思考［J］.科技经济市场，2021（12）：25-27.

［2］赵元梓，鲍旺，续文昊，巴乔，李翔.装配式钢栈桥体系绿色施工技术在深基坑中的应用［J］.施工技术（中英文），2022，51（02）：113-117.

［3］蒋梓明.基于BIM技术、绿色理念和规则推理的公路施工进度计划编排优化［J］.科技和产业，2022，22（03）：128-131.

［4］赵清涛，周大为，宁浩，于进洋，解相龙.复杂地质条件下盾构隧道"绿色施工"技术研究——以杭州地铁8号线一期工程为例［J］.中国建材科技，2021，30（06）：115-118.

［5］张田庆，马秀玲，邓成波，赵元鹏，谢育礼.绿色施工技术在建筑工程施工中的运用路径探讨［J］.智能建筑与智慧城市，2021（09）：113-114.

浅谈非洲几内亚湾海上搭设钢栈桥施工技术

冯善林①

摘要： 随着我国建筑施工企业不断走出国门，承揽的海外工程越来越多，本项目所在地非洲几内亚湾海上风浪较大，施工环境复杂。为了搭设本钢栈桥，采用贝雷梁导向定位的方式打设钢管桩基础，起到了良好的施工效果，为类似工程提供了借鉴。

关键词： 海上施工；钢栈桥；贝雷梁定位

一、概述

尼日尔-贝宁原油外输管道工程工作船码头项目是非洲尼日尔-贝宁原油外输管道工程重要配套工程之一，位于贝宁Ouémé省沿海的Seme地区赛姆终端站的正南端海域，项目地点距离尼日利亚与贝宁的边境3 km，离贝宁最大港口城市科托努30 km。

本项目建设规模为：建造一个海上工作船泊位，用于2个5000PS的多功能拖船和1个辅助船（带电缆船）停靠，泊位长度60 m，宽25 m。同时为了抵抗外海的海浪，在码头的旁边建造了长442 m的防波堤，通过一个长262.4 m的引桥与陆地道路相连。根据工程施工需要在引桥西侧搭设279 m长，宽度为8 m的临时钢栈桥。

为满足引桥桩基及盖梁和防波堤块石材料拉运的施工需要，在本工程引桥的西侧搭设长度279 m上承式钢栈桥。钢栈桥宽8 m，共37排架，排架

---

① 中铁十四局海外公司多哥项目总工程师

间距9 m，制动墩间距3 m，每个排架3根钢桩基础。上部结构采用贝雷梁、型钢组拼，桥面系采用型钢和钢面板。

钢栈桥边缘距离引桥边缘1.5 m，需要在测量放样前根据引桥坐标计算处钢便桥位置坐标。

二、工程地质条件

（一）地质情况

现场地质条件根据地质勘查报告和CPT、SPT和岩土实验室的测试结果（包括组成、岩土特性和土壤特性）对单元进行划分，确定了场地上的四个主要岩土工程单元，分别为Ⅰ中密度和密实砂层，Ⅱ松软黏土-松软砂层，Ⅲ黏土-松软到中密实砂-坚实粘土层，Ⅳ中密实砂-密实黏土-中密实到密实砂层。

（二）水文特点

本工程海区的潮汐性质为规则半日潮，项目所在水域水面每年的上升速率是2.46 mm/年，未来50年的海平面将上升0.123 m。由岸边到靠堤一侧水位从0 m逐渐加深到7.6 m。

依据潮汐数据表，本地区的潮位特征值见表1。

表1　贝宁赛美地区潮汐特征值

序号	内容	数值	备注
1	最高潮水位	+1.92 mCD	
2	大潮平均高潮位	+1.65 mCD	
3	小潮平均高潮位	+1.28 mCD	
4	平均海平面	+0.97 mCD	
5	小潮平均低潮面	+0.65 mCD	
6	大潮平均低潮面	+0.28 mCD	
7	最低天文潮位	+0.00 mCD	

注：CD面低于主要海平面0.97 m。

三、设计说明

钢栈桥全长279 m，标净宽8 m，钢桥为双向通行车道（运输石块车辆满载55 t及空车25 t对向行驶，车辆满载时应满足后轴单排总重不大于15 t），限速10 km/h。

履带吊荷载：履带吊通行时为单向通行。履带吊为110 t（满载155 t），限速10 km/h。

钢桥主梁使用321型标准上承式贝雷结构，为八排单层贝雷结构，断面为0.9 m+1.35 mm+0.9 m+1.35 mm+0.9 m+1.35 m+0.9 m排列，每片贝雷架使用2道支撑架连接。

贝雷主梁与桩梁用龙门型卡件固定焊接，横向分配梁与贝雷桁架用螺栓和小钢板固定，横向分配梁与纵向分配梁及桥面板与纵向分配梁焊接连接。

钢栈桥桥墩为每排横向打设3根Φ610×10 mm钢管桩为一组桥墩，共计打设37组，每组间取9 m，制动墩间距3 m。每排钢管桩桩顶铺2根40aH型钢作为横联梁，与钢管桩焊接固定；横联梁上铺设4组贝雷梁作为主梁；主梁上铺9 m长I22a工字钢横梁，间距150 cm；横梁上铺设I14工字钢纵梁，纵梁间距65 cm；桥面满铺10 mm厚钢板作为桥面板，钢板与钢梁焊接固定，桥两侧安装1.2 m钢护栏。

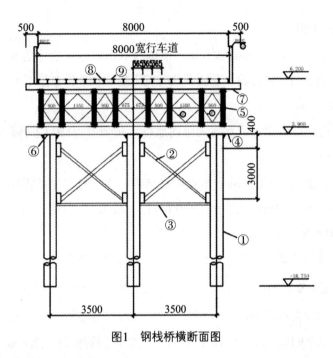

图1 钢栈桥横断面图

四、主要工程数量表

钢栈桥所需的主要材料如表2所示：

表2 钢栈桥材料用量表

序号	材料名称	规格型号	单位	数量	备注
1	钢管桩	Φ610×10	米	2265	
2	立柱斜连	槽钢14	米	835	
3	立柱平连	Φ219×8 mm	米	245	
4	桩顶横连梁	I40a（Q345A）	米	612	
5	贝雷片	321型（3×1.5m）	片	1488	
6	支撑架	900 mm	个	744	
	支撑架	1350 mm	个	558	
7	横向分配梁	I22a（Q345A）	米	1683	

（续表）

序号	材料名称	规格型号	单位	数量	备注
8	纵向分配梁	I14（Q345A）	米	6417	
9	防滑钢板	10 mm	平米	2232	
10	钢护栏	Φ60×3.5 mm	米	50	
	钢护栏	Φ50×3.0 mm	米	2532	

五、钢栈桥施工技术措施

（一）施工工艺流程

施工准备→施工放样→安装贝雷梁导向装置→施打钢管桩→桩头板焊接→安装工字钢横梁→安装贝雷架梁→铺设横向分配梁→铺设纵向分配梁→铺设桥面钢板→护栏安装→验收。

（二）主要施工方法

钢栈桥设计位置在引桥东侧，边缘距离盖梁边1.5 m，钢栈桥施工方法如下：

（1）钢栈桥施工前组织技术人员和测量工程师对便桥施工图纸和引桥施工图纸进行位置复核，确保便桥位置准确，把每根钢管桩的坐标计算出来。

（2）根据钢栈桥设计图纸，在陆地上组装贝雷梁结构段（9 m长），每跨为3个1340 mm宽度和4个900 mm宽的贝雷梁，用平板车整体运输到现场供吊放安装施工。

（3）钢管桩施工，首先在岸上加工场地把钢管桩根据设计长度焊接接长，本工程设计钢管桩总计114根，其中Z1长度19 m，Z2长度20 m，Z3长度21 m。根据设计图纸进行靠近海岸的第1跨、第2跨钢管桩放样，等待潮水低水位时，打设钢管桩，安装剪刀撑和桩顶桩帽，并安装焊接横向连接H型钢，铺设安装桥面系。

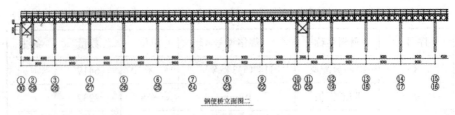

图2　钢栈桥立面图

（4）钢管桩定位

从第3跨开始进入海上打钢管桩，按照图所示方法定位打桩。贝雷梁作为导向杆，后端通过销子固定到后跨上，前端分别在上层和下层安装2个630 mm×630 mm的方钢做的定位框，用履带吊吊运钢管桩到方框范围内，落下入海时注意检查钢管桩的垂直度不大于1%，然后用振动锤逐个打设钢管桩到设计深度，打桩时随时检查钢管桩位置和垂直度。

（5）桩顶横梁安装

打桩完成后，调整钢管桩桩顶面标高，焊接桩头板、加劲板，用GPS测量放线出横梁的安装位置，安装双拼I40aH型钢横梁并焊接加固。

（6）贝雷梁安装

321型贝雷梁在陆地按设计进行拼装，桩顶横连梁安装就位后，采用履带吊吊装贝雷梁就位，打上销子固定。

（7）桥面铺装

贝雷梁安装完毕后安装横向分配梁，采用螺栓和小钢板的加固方式进行横向分配梁与贝雷梁的连接。

纵向分配梁与横向分配梁采取焊接的方式进行连接。纵向分配梁安装并加固完毕后开始铺装桥面板，桥面板与纵向分配梁采取焊接的方式进行连接。待完成一跨桥面板的铺设后及时安装钢管桩护栏。

（三）在潮汐影响下的钢栈桥施工技术要点

（1）钢栈桥施工关键在于钢管桩的定位和打设，在本工程中，我们充分发挥贝雷梁刚度大的特点，利用贝雷梁固定到后跨上，悬臂出9 m进行下一跨钢管桩的打设。

（2）在潮汐中施工定位钢管桩，提前用履带吊把钢管桩吊运到定位框上方，下落到潮水高水位上50 cm左右，调整钢管桩的垂直度，观察潮水方向，等待水位稍平稳时迅速落下钢管桩到砂层中用振动锤进行打桩施工。在打桩时注意检查钢管桩的垂直度，如果有偏差大于1%时，振动锤工作时用履带吊向钢管桩倾斜的反方向拉扯振动锤以调整倾斜度。

（3）钢管桩桩顶标高控制方法：在钢管桩距离桩顶用石笔标注0～50 cm的刻度，最小刻度单位为5 mm，用水准仪调整好视线高度和设计桩顶标高一致后，可以直接观测检查钢管桩的顶面。根据现场实践，利用DZ90振动锤的快停特点，提前预判振动锤的停止时间，在离设计桩顶标高5 cm上面停机，可以准确控制钢管桩顶面标高到设计标高±10 mm范围内。避免切割钢护筒以调整桩顶标高，高程误差稍大时垫钢板找平，节约施工时间，加快施工进度。

（4）根据海水潮汐的水位高度，合理调整作业顺序，利用低潮浪小时间打设钢管桩和焊接横连及剪刀撑，高潮水位时进行上部结构的安装和焊接施工。

六、结束语

海上桥梁施工相对于陆上桥梁受海浪和潮汐影响大，本工程充分利用贝雷梁设计导向装置，可以控制钢管桩的施工质量，加快施工进度，有良好的经济效益和适用性。另外，海外工程的特点是材料进场困难，尽可能利用现有的材料实现钢管桩的定位和施打，控制好钢管桩位置和标高，为工程同行们提供参考。

参考文献：

［1］龙亮.钢栈桥施工计算［J］.黑龙江科技信息，2008（10）：179，106.

［2］王勇.水上栈桥的设计与施工［J］，铁道施工计算，2007，（S1）：45，46.

哈萨克斯坦黑色碎石底基层施工技术研究

王　毅[①]

摘要：本文结合哈萨克斯坦KB公路改造项目关于黑色碎石路面结构层施工，详细阐述按照哈萨克斯坦相关的施工技术规范如何开展黑色碎石路面的施工工作，从原材料的选用、配合比的设计、施工工艺的要求等方面介绍黑色碎石的施工注意事项及步骤。由于施工习惯及相关施工技术规范要求的不同，为在哈萨克斯坦同类型施工提供借鉴。

关键词：哈萨克斯坦黑色碎石；施工工艺；技术研究

一、工程简介

哈萨克斯坦KB公路改造项目位于哈萨克斯坦共和国卡拉干达州舍特区范围内，其路面结构层设计共有5层，包含10 cm厚黑色碎石沥青混合料底基层，设计采用100/130的道路石油沥青。

该项目设计要求使用楔入法铺设黑色碎石，该方法主要是通过分层摊铺，先摊铺粗集配混合料，然后再摊铺细集配混合料，利用压路机碾压嵌入孔隙达到施工目的。该工艺在路面高程、混合料均匀性等施工质量方面难以控制，施工进度和成本也会大大增加。经过多方研究决定，最终选择采用现有普遍的场拌沥青混合料（热拌）方式，利用摊铺机进行摊铺，不仅能够保证施工质量，还能大大节约时间和成本，以下就黑色碎石底基层施工技术进行探讨。

---

① 中铁十四局海外公司哈萨克斯坦KB项目经理

二、黑色碎石的分类

（一）黑色碎石定义

根据哈萨克斯坦黑色碎石技术规范《ＣＴＰＫ1215-2003》中的描述，黑色碎石根据所用沥青的黏度和摊铺温度分为：热拌黑色碎石和冷拌黑色碎石。

热拌黑色碎石—岩石制碎石，经筛分或以级配碎石的形式在一定温度下用黏性沥青在搅拌机中混合而成。（原文直译）

冷拌黑色碎石—岩石制碎石，经筛分或以级配碎石的形式在一定温度下用液体沥青在搅拌机中混合而成。（原文直译）

（二）黑色碎石分类

热拌法：用黏性道路石油沥青拌制后直接摊铺，摊铺温度不低于120℃；

冷拌法：用液体石油沥青拌制，允许长期存储，在不低于5℃的温度下使用。

根据萨克斯坦规范致密岩石类碎石和砾石技术规范《ГＯＣＴ8267》按不同的粒度将黑色碎石分为以下粒级：40～70 mm；20～40 mm；10～20 mm；5（3）～10 mm。

规范中注明当采用楔入法铺设公路基层和面层的调平层、表处时，允许用2个或3个粒级的集料生产黑色碎石。

三、原材料

（一）沥青

当黑色碎石设计上无具体的沥青标号，可使用标号为ＢＮД70-100或者标号为ＢＮД100-130的道路石油沥青，沥青技术指标应符合沥青和沥青胶结料黏性道路石油沥青《ＣＴＰＫ1373-2013》规范中的要求。

为提高黑色碎石的高温稳定性，建议在有条件的情况下使用标号为ＢＮД70-100的道路石油沥青。本项目设计采用的是ＢＮД100-130的道路石油沥青，不同的沥青型号施工工艺基本一致。成品黑色碎石的出料和摊铺温度必须满足表1黑色碎石沥青及混合料的要求。

表1　黑色碎石沥青及混合料要求

沥青标号	沥青用量%	温度℃			沥青混合料施工温度	
		连续型	黑色碎石表面不含活性剂	黑色碎石表面含活性剂	无表面活性剂	含表面活性剂
热拌黑色碎石						
БНД40/60	2–4	150–170	140–160	120–140	120	100
БНД60/90						
БНД90/130						
БНД130/200						
БНД200/300						
БН40/60						
БН60/90						
БН90/130						
БН130/200						
БН200/300						
冷拌黑色碎石						
СГ70/130	1.5–3	100–120	90–110	80–100	春季不低于5℃，秋季不低于10℃	
МГ70/130						
МГО70/130						

注 - 使用表面活性剂时，应减少制造热黑瓦时原料碎石的加热温度；- 使用BND 40/60，BND 60/90，BND 90/130，BN 40/60品牌的沥青，BN 60/90，BN 90/130 - 降低20℃；- 使用BND 130/200，BND 200/300，BN 40/60，BN 130/200，BN 200/300等级的沥青时 - 降低10℃

（二）碎石

（1）本项目设计的黑色碎石结构层位于基底层，要求碎石的破碎度（压碎值）不小于800，其他指标应符合黑色碎石技术规范《ＣＴＰＫ1215-2003》中的要求。碎石的物理和机械性能应当符合如表2所示。

表2　碎石的物理和机械性能

指标名称	要求		
	表面处理	路面	路基
破碎度标号不少于			
火成岩和变质岩碎石	1000	800	600
沉积物碎石	800	600	300
碎石砾石	800	800	600
碎石炉渣	1000	800	300
磨耗值标号（Ⅰ），不低于			
火成岩和变质岩碎石	Ⅰ-2	Ⅰ-3	Ⅰ-4
沉积岩碎石	Ⅰ-2	Ⅰ-3	Ⅰ-4
碎石砾石	Ⅰ-2	Ⅰ-4	Ⅰ-4
碎石炉渣	Ⅰ-2	Ⅰ-4	Ⅰ-4
抗冻性不少于（F）			
在第Ⅲ气候区	F50	F25	F25
在第Ⅳ气候区	F50	F25	F15
在第Ⅴ气候区	F25	F15	F15
备注－在Ⅲ气候区，最冷的月份的平均月度温度低于15℃，在Ⅳ气候区-从零下5到零下15℃，在Ⅴ气候区-到零下5℃			

（2）为控制黑色碎石的级配组成，根据哈萨克斯坦施工规范要求，拌制黑碎石混合料采用的碎石为三档粒级，碎石粒级为；5～10 mm、10～20 mm、20～40 mm；结合本工程，建议集料加工筛网配置应为（方孔）：4.5 mm×4.5 mm、9 mm×9 mm、17 mm×17 mm、32 mm×32 mm。

（3）碎石与沥青的黏附性必须达到合格（沥青黏结超过50%的薄膜保存在碎石表面）以上，采用酸性石料或者黏附性差的碎石必须添加抗剥落剂。

四、矿料配合比设计

配合比设计采用静压法成型试件，配合比设计分三阶段，即目标配合比设计阶段、生产配合比设计阶段和生产配合比验证阶段（试验段试铺）。

矿料组配选取尽量接近级配范围的中值，因黑色碎石属于大孔隙的骨架结构，沥青胶结料的含量对混合料的影响较小，因此直接采用设计低限值。如果拌和有花白料，应根据实际情况提高沥青用量。级配范围如表3所示：

表3 黑色碎石混合料级配控制范围

筛孔（mm）	40	20	15	10	5	2.5	1.25	0.63	0.315	0.16	0.071
黑色碎石	80~100	38~80	24~65	11~50	0~2	0~2	0~2	0~2	0~2	0~2	0~2

五、生产配合比设计

按照热料仓的确定比例，取目标配合比设计的最佳沥青用量进行试拌和，通过室内试验观察对比目标配合比的混合料状态，确定生产配合比阶段的沥青用量。

生产配合比验证（试验路试铺）。试验段应铺筑不少于两种碾压组合方案的试验段，长度一般为200~300 m；铺筑沥青路面试验路段，收集用于施工的生产配合比参数；通过试拌确定拌和机的上料速度、拌和数量与时间、拌和温度等；沥青混合料对应的摊铺机参数下的松铺系数；摊铺机的操作方式、摊铺温度、摊铺速度、初步振捣夯实的方法和强度等；通过碾压确定适宜的压路机组合方式、碾压温度、碾压速度和碾压遍数等。

六、施工

（一）施工机械配置

沥青混合料路面施工中所需的机械设备建议如表4所示。

表4　施工机械设备表

	机械设备名称	规格、产地、型号	单位	数量	备注
拌和	拌和楼	4000型及以上间歇式拌和设备	台	1	具有6个冷料仓，6个热料仓，单台产量不小于320 t/h。
	二级除尘装置			1	二级除尘设施
	矿粉振动装置		个	1～2	矿粉仓配置，用于防止矿粉起拱
	沥青罐	每个拌和楼沥青罐储量≥300 t		6	配备搅拌装置的沥青存储罐不少于3个
摊铺	摊铺机	/	台	2	加宽段使用或者备用
运输	自卸汽车	25 t以上	台	满足需要	配置保温覆盖，抗离析装置，具备保温功能
碾压	双钢轮振动压路机	11～13 t的双驱双振双钢轮压路机	台	≥3	同一作业面，同吨位的压路机型号
	胶轮压路机	30 t以上压路机	台	≥2	性能良好
	小型压路机		台	1	
接缝	切割机		台	1	新旧程度为90%以上
	洒水车		台	2	用于路面清洗保洁
森林灭火器			台	3～5	用于清扫摊铺机前的下承层
说明：以上设备配置为1个作业面的要求，作业面的数量根据实际情况与工期要求而定。					

（二）沥青混合料的拌和

每天开始几盘集料应提高加热温度，并干拌几锅集料废弃，再拌制沥青混合料。

送入拌和机里的集料温度、沥青温度、混合料出厂温度、摊铺和碾压温度，应符合表5黑色碎石施工温度表的规定。

表5 黑色碎石施工温度表

沥青品种	道路石油沥青	测量部位
沥青加热温度	130～150℃	沥青加热罐
矿料温度	140～160℃（矿粉不加热）	热料提升斗
混合料出厂温度	正常范围130～150℃，超过170℃废弃（如沥青析漏，还需要降低）	运料车
混合料贮料仓贮存温度	贮料过程中温度降低不超过10℃	
混合料运输到现场温度	不低于130℃	
摊铺温度（℃）	不低于120℃	摊铺机
初压温度（℃）	不低于110℃	摊铺层内部
碾压终了的表面温度	不低于70℃	碾压层表面
开放交通温度（℃）	不高于40	

（1）拌和机必须具有二级除尘装置，振动筛规格应与矿料规格相匹配，最大筛孔宜略大于混合料的最大粒径，其余筛的控制考虑混合料的级配稳定，并尽量使热料仓大体平衡。

（2）应严格控制拌和温度；黑色碎石的湿拌时间建议不小于25 s；总拌合周期50~60 s。

（3）通过拌合站的储存数据计算矿料级配、油石比、摊铺厚度的平均值、标准差和变异系数等，以便对产品的配合比进行总量控制，作为施工质量检查的依据。

（三）运输

必须配备足够的运输车辆，运输能力必须大于拌和机生产能力，每次使用前后必须清扫干净，底板应涂一薄层隔离剂或防黏剂；运料车必须配有抗离析和保温覆盖措施，宜用篷布+棉被双层覆盖，车厢四角应密封坚固。在运料车侧厢板中部距底30 cm处左右均钻取测温孔，检测时插入深度不少于150 mm。

（四）摊铺

（1）采用一台全幅摊铺机，以减少离析现象。匝道或加宽段，可采用伸缩式摊铺机。

（2）摊铺前应根据松铺厚度，纵横坡度调整好摊铺机。开始摊铺前必须对熨平板预热至100℃以上，摊铺过程中必须开动熨平板的振动和夯锤的振捣等夯实装置，并且不低于额定功率的50%。施工期间摊铺机振捣梁、熨平板振动器频率宜分别设置为15～20 HZ、25～30 HZ，既保证沥青混合料有较高的初始压实度，又保证摊铺机连续可靠的运行。

（3）摊铺速度应与拌和机供料速度相匹配，摊铺速度宜控制在2～3 m/min范围内（弯道速度控制在1 m/min）。

（五）碾压

（1）压路机选用：13 t以上双钢轮压路机数量不少于2台，30 t以上胶轮压路机不少于1台，小型振动压路机1台。

（2）压实是保证沥青面层质量的重要环节，碾压应遵循"紧跟、慢压、高频、低幅、少水"的原则梯状进行，碾压顺序见图1压路机阶梯状递进碾压示意图。不得在低温状态下反复碾压，防止磨掉石料棱角、压碎石料，破坏石料嵌挤。因黑色碎石孔隙较大，因此在哈萨克斯坦规范中没有明确黑色碎石的压实度指标要求，因此注意不要过度碾压，目测密实即可。

（3）沥青混合料的压实应按初压、复压、终压（包括成型）三个阶段进行。压路机的碾压速度应符合表6的规定。

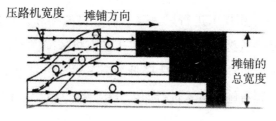

图1　压路机阶梯状递进碾压示意图

表6　压路机碾压速度（km/h）

压路机类型	初压		复压		终压	
	适宜	最大	适宜	最大	适宜	最大
钢筒式压路机	2～3	4	3～5	5	3～6	6
轮胎压路机	/	/	3～5	6	/	/
振动压路机碾压方式	2～3（静压）	3（静压）	3～4.5（振动）	5（振动）	3～6（静压）	6（静压）

（4）油石比与设计值的允许误差不小于配合比设计值。矿料级配与生产配合比级配允许差值：±4%。根据以上工艺按照最低标准掺配沥青含量能够达到黑色碎石混合料的要求，能够大大节约施工成本。黑色碎石底基层成品如图2所示。

图2　成品黑色碎石示意图

七、结束语

采用场拌法（热拌）进行黑色碎石混合料的拌和，根据哈国施工规范的关键要求点，从材料、拌和、施工工艺、机械配置等方面总结施工经验，在保障施工质量的前提下大大降低了施工成本，明确注意事项，对在哈萨克斯坦黑色碎石施工技术进行深入分析总结，为今后同类型工程积累相关经验。

参考文献：

［1］沥青和沥青胶结料粘性道路石油沥青《ＣＴＰＫ1373-2013》规范.

［2］黑色碎石技术规范《ＣＴＰＫ1215-2003》.

［3］公路工程控制质量与验收标准《ПＰＰＫ218-35-2016》.

［4］致密岩石类碎石和砾石技术规范《ГＯＣＴ8267》.

沥青混凝土路面常见质量缺陷和防治措施

张瑞领[①]

摘要： 沥青混凝土路面由于施工工艺和客观因素，在沥青混凝土路面施工中通常会出现一些质量缺陷。本人结合施工中的经验教训，把沥青混凝土路面施工中常见质量缺陷和防治措施进行归纳总结并和大家分享，希望对大家以后沥青混凝土路面施工有所借鉴和帮助。

关键词： 沥青混凝土；质量缺陷；防治措施

一、工程概述

卡麦公路项目位于哈萨克斯坦，我们施工的第九标段全长55.2 km，双幅两车道，路面总宽度9 m。沥青面层分别为15 cm的上基层，10 cm的下面层和5 cm的上面层，总厚度30 cm。沥青混凝土路面工程量大，造价高。由于施工工艺和客观因素，在沥青混凝土路面施工中通常会出现一些质量缺陷。本人结合施工中的经验教训，把沥青混凝土路面施工中常见质量缺陷和防治措施进行归纳总结并和大家分享，希望对大家以后沥青混凝土路面施工有所借鉴和帮助。

二、常见质量缺陷和防治措施

沥青混凝土路面施工，由于客观条件，主观因素的影响，往往会出现厚度掌握不准确；宽度控制不标准；平整度超规范，跳车严重；密实度不够，取芯不完整等质量缺陷。

---

① 中铁十四局海外公司哈萨克斯坦卡麦项目工程部测量队长

（一）沥青混凝土路面厚度问题

沥青混凝土路面是由级配碎石、沥青、添加剂按配合比均匀拌合成沥青混凝土混合料，经沥青摊铺机摊铺平整，压路机碾压成型路面形式。由于施工原材料价格昂贵，路面工程造价高，沥青混凝土面层厚度是业主、监理、国家质检中心和施工方共同关注的问题。当地验收标准为0~5 mm，也就是施工厚度不能小于设计值，验收标准非常苛刻。施工方为了控制成本，要求在达到设计厚度前提下损耗最少。这就要求我们对沥青混凝土面层下面的基层，在施工中严格按照施工图纸，控制好标高、横坡、平整度。为了保证沥青摊铺厚度，基层标高最好控制在0~5 mm范围内。

沥青混凝土路面摊铺前必须做施工试验段，以确定机械、人员配置，摊铺速度，碾压遍数；测定松铺系数，并记录碾压延展数据。松铺数据的测定，布点要均匀，有代表性，数量充足，易测易算。施工中，用测定好的松铺系数控制沥青混凝土路面松铺厚度。通过插钎、挖坑方法做好松铺厚度的检查。发现问题，及时调整。沥青混凝土路面摊铺过程中，由于边缘没有模板阻挡，碾压过程中会出现不同成度的边缘外延，厚度减小现象。为防止出现厚度达不到设计，可以采用横坡小于设计10%的坡度进行摊铺。碾压完成后，厚度横坡更理想，满足取芯检查要求。

（二）沥青混凝土路面宽度问题

对于沥青混凝土路面，宽度问题也很重要。宽度不够影响计量验收，处理起来费料、费工、费时，质量也不好保证。宽度也不能超出设计，超出设计浪费材料，增加施工成本，降低项目效益。控制路面宽度，首先要看透施工图纸，防止因施工图纸理解错误，造成摊铺宽度不正确。其次，在曲线段，尤其是小半径曲线，一定要进行加密断面控制，防止断面密度不够造成路面宽度控制不准确。此外，需要以施工试验段中的碾压外延数据在摊铺过程中对松铺宽度进行调整，使碾压成形后路面既达到设计要求，又避免超宽摊铺造成沥青混凝土材料的浪费。

（三）沥青混凝土路面平整度不好，跳车严重

沥青路面跳车问题，其实就是平整度不好造成的。控制好平整度，首先要控制好路面基层的平整度和横坡度，然后，沥青路面施工过程中，钢筋桩要打稳，钢丝线要拉紧，要及时更换接头太多的钢丝线；摊铺前，要检查钢丝线的平顺度，及时更正测量放线错误，并要在摊铺过程中防止出现传感器掉线、钢丝线掉桩现象发生。确保沥青混凝土摊铺面平整。

施工接头和桥头位置，往往跳车比较严重。施工接头切割时，要用3米直尺量一下，塞尺测量超出标准的要切割掉，并严格控制松铺厚度和碾压方式。桥梁面层施工前，要测量桥面实际标高，根据实测标高调整桥两头线路设计标高，做好桥两头线路路面基层施工，然后摊铺沥青混凝土面层，确保线路平顺，行车舒适。

（四）沥青混凝土路面密实度不够的问题

沥青混凝土在取芯检查时，有时出现密实度不够现象。具体表现为取芯切割面空隙多，取芯不完整，断芯。主要原因可能有沥青拌合站称重计量不准确，材料配合比出问题。压路机吨位不够，碾压遍数不足，碾压温度控制不好造成的。这需要严格按照试验段得出的数据施工，沥青混凝土拌合站计量设备要定期检查，并做好压路机操作手的碾压技术交底并严格监督施工作业。

三、小结

总之，沥青混凝土面层施工施工技术要求较高，只有严格按照施工技术规范施工，才能确保沥青混凝土路面的厚度、宽度、平整度、密实度等技术指标达到设计要求，并有效控制施工成本，实现项目的经济效益。

基于DOC4000的智能数据采集管理系统

岳鸿雁[①]

摘要： 随着电力控制系统工艺流程的优化和自动化程度的提高，不同控制系统之间的跨平台通讯也更加频繁。霍尼韦尔DOC4000组态软件管理系统可将不同控制系统组态转换为SQL数据库。同时，数据库内容经该系统处理后，可通过微软Internet信息服务器（ⅡS）生成专用web文件，可以使用IE浏览器进行浏览。同时，该系统支持离线查询和管理，提高企业自动化管理。DOC4000已成功应用于多个大型生产企业，具有很好的推广应用价值。

关键词： 自动化系统；组态管理；数据采集web平台；DOC4000

一、引言

随着大数据和云时代的来临，数据采集趋于规模化和密度化。数据中心作为企业的关键资产和采集处理系统及承载平台，需要对其进行高标准的管理。

当前，数据采集中心主要面临的问题有：设备利用率低，单个能耗高、效率低，故障恢复时间较长，设备管理比较混乱，同时对资产进行盘点时比较困难。这些问题会随着数据中心规模的扩张及设备的增加和运行维护要求的不断提升，不断被放大。随着设备的增加，造成损失的潜在风险会一步步提升。

传统的人工运行方式不同人员的经验和能力会有不同的效率和潜在错

---

① 中国电建集团山东电力建设有限公司调试运行部直管项目调试经理，中级工程师

误因素，已经无法满足当前社会对数据中心的要求。所以科学的运维管理系统和高自动化的数据采集工具成为一个迫切需要解决的问题。DOC4000组态软件管理系统是一套自动化的运维工具，也是第一个能完整地为企业自动化资产管理提供一整套解决方案。

相比较而言，霍尼韦尔过程集散控制系统侧重于控制及逻辑查询，相对于管理系统的要求而言，整体界面不够直观，并不利于查询。基于此要求，霍尼韦尔开发出DOC3000组态文件管理系统，可将组态数据文件转换为标准的access数据库文件，通过专用工具打开数据库后，可以方便地浏览其数据内容。

基于厂区使用不同厂家的自动化控制系统，或者同一厂家不同型号控制系统，统一资产管理平台更快处理更多数据成为一种需求。DOC4000组态关系系统是DOC3000的升级版，功能性更强，兼容性更高，其系统接口可以便捷地与大多数自动化厂商控制系统DCS（distributed control system），安全仪表系统SIS（safety instrumented system），可编程逻辑控制器PLC（programmable logic controller）友好联结。使用单位可直接通过普通网页浏览器查阅其组态内容，有效解决了各系统组态和数据库的统一管理问题。

二、DOC4000组态文件智能数据采集管理系统

DOC4000组态文件智能数据采集管理系统，可以为整个设备、系统运行提供精准的提取，并且可设置自动更新提取时间，自动获取最新数据文档；可以在确保安全性的基础上，保证质量，减少返工时间和文件配置时间，降低事故发生的可能性；对于已发生事故，做到快速准确的分析，加快系统恢复；同时可以对整个系统的运行及维护提供帮助。

组态适用文件已与下述相关控制系统达成合作，可直接引用下列控制系统的底层数据。

表 控制系统适用表

序号	系统名称	序号	系统名称	序号	系统名称
1	Honeywell	7	OSI PI/process book	13	Siemens S7
2	Triconex	8	Aspentech DMCP	14	AB controllogix
3	Yokogawa	9	Matrickon process	15	GE ganuc90
4	Intergaraph smartplant	10	Metso max DNA	16	Bentley
5	Invensys infusion	11	Pc&net	17	ABB process portol
6	Ainstar Historian	12	Wonderware	18	Modicon pro worx

（一）系统构架

DOC4000的架构主要包括数据接口OPC接口、文件适配器、网络数据服务器、数据转换模块、web应用模型、ISS信息服务器，网络结构如图1所示。

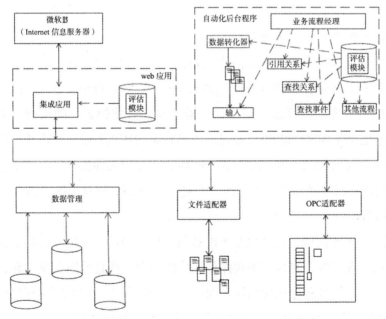

图1 网络结构图

基于上述网络构架及各不同工厂的需求，霍尼韦尔DOC4000可以根据不同的需求设计不同的结构。根据网络安全要求，不同系统之间访问需通过防火墙进行预先隔离。DOC4000数据服务器在访问不同控制系统的数据，需通过网络防火墙进行隔离，这就避免了对于系统的冲击，安全性上得到充分保证。而基于组态数据变化性不高的特定系统，也可以对其访问进行限制。通过实际比较，在事件发生后通过手动方式将该系统的组态进行导出到DOC4000即可生成相对应的事件记录。所以从这个层面来看DOC4000是便于操作的，同时便于运行人员对事件进行分析。

通过上述网络结构图可以看出，DOC4000D网络结构相对比较简单，在紧急情况下可以授权通过防火墙连接服务器端口，让远程专家可以通过web网络正常访问和读取组态信息，同时也可以通过管理员进行权限设置与端口的访问授权，进一步保证了系统的安全性。

（二）系统功能和应用程序

DOC4000信息服务器在不同的自动化平台上提供了以下功能和应用程序。

1. 系统数据库配置导入

通过我们的了解，不同的自动化厂家对应的DCS、SIS、PLC系统其组态和显示也会有明显的不同，这就对现场实际运行和检修人员的技术和个人能力有很大的要求。基于便于运行及检修维护人员的检查及事件分析，霍尼韦尔DOC4000可以通过其内部特有的解析系统，导出统一的表格和visio格式的组态内容，对于这样的内容，使用人即便对系统不是非常擅长，也可一目了然地看懂其内容。该文件同时支持vsd及pdf格式保持，便于存档和打印。

DOC4000图谱为自动化系统内部和系统之间的复杂配置提供了简单的可视化。有了强大的组框图软件分析分拆能力，通过绘图，技术和管理人员可以很容易地跟踪从现场仪表到DCS、历史曲线、优先应用程序到管理执行系统的信号流的谱系，以便进行更为高级的编辑和存取。

2. 系统文件及就地设备和应用程序的相关接口关系

霍尼韦尔DOC4000可以方便容易地提取相关系统的组态信息，并将提取信息存储在服务器上，便于数据读取及作为系统备份。一旦系统出现故障或崩溃，该备份可用于恢复故障系统的系统数据，便于机组再次正常启动。通常情况下，系统运行时，主控DCS系统与相关子系统PLC需要进行数据交换，子系统需发送信号至主控系统，然后DCS通过逻辑计算来控制阀门等就地设备的开关信号。通过DOC4000的参考功能（reference），可以把需要的控制节点等实时信息放置于同一个页面上，便于运行及维护人员查阅被引用的信息地址。

3. 信息搜索与查询

DOC4000用户通过其服务器进行任意DCS信号的查询或故障信息的阅读，即便在不同的控制系统之间，只要与DOC4000有信息通道和信号交换，即可方便地在不同系统之间进行查阅和搜索。运行或维护人员可以设定任意条件，方便跨系统进行信息收集和查阅，然后将信息进行提取并转换为excel、pdf或visio视图，便于进行事件分析和汇报。

DOC4000可以通过Defect栏目，追踪并定位现场设备可能出现的问题或缺陷，并根据系统内设定对缺陷进行分类。根据优先级将可能出现问题或缺陷导入到defect事件中，便于运行和维护人员对系统进行分类关注或维护。

DOC4000同时支持组合搜索，允许一次搜索一次执行多个字符串，组合显示匹配数据库的记录、数据及对象名称，其结果作为一个链接返回各自的搜索类别。

4. 参数跟踪

DOC4000可以追踪系统内设备组态及任何变动，可以在一定时间段内的任何变动，同时可以通过智能比对对两次所采集数据在change数据栏目显示出来哪些数据发生变化、发生时间；也可以查阅一定时间段内对于逻辑做出何种更改。

基于上述特性，我们可以发现DOC4000在特性查询中允许创建和执行不同类型的查询，如组态更改记录、设备参数及属性，不同时间段内数据对比，高级数据库SQL。对于任何与程序相关联的对象（例如脚本、图形、逻辑、数学或DOC4000中的其他各种对象类型），都可以使用文件比较查看器来显示从任意两个时间点导入的基于文本的文件差异。同时，基于用户配置/定义的搜索条件，可以在History中显示出给定时间段内的添加、删除和修改的设备和属性。

DOC4000报表支持不同类型的需求，并允许将报表打包打印、保存或以电子邮件形式为运行和维护人员发送报告。

三、DOC4000实际应用

DOC4000自开发以来已广泛应用于各种制造行业，对大型电力发电、石油精炼、天然气炼化及海水制水等企业数据管理，为企业生产的自动化改善发挥了很大的作用。

DOC4000应用在沙特吉赞IGCC一体化联合循环电站。

项目位于沙特吉赞经济城，距离吉赞省首府吉赞市城区80千米，距红海2千米。沙特阿美公司规划建设的这座目前世界级的IGCC项目，集炼油、电厂、航运、技术、规模、高效、节能、环保、行政区、生活区于一体。拟建一座日产40万桶标准油的炼油厂及配套电厂。电厂除向炼油厂供电外，还向腹地输送电力，缓解当地电力短缺问题。吉赞经济城的建设，将成为沙特红海沿岸经济发展的新动力。

该项目所有配套设施主控系统均采用霍尼韦尔DCS控制系统，附属控制系统包含西门子T3000、YokogawaCS3000、本特利3500、伍德沃德GAP、ABBDAS、Siemens-S7、ABLogix500/1200、胶球清洗、火灾报警、二氧化碳系统。所有系统通过通讯方式接至霍尼韦尔网络服务器柜进行信号交换。

自动化系统需要投用专业的人力物力进行管理和维护，一旦运行中出现故障，单独查询和分析故障原因需要投入更多人力、物力。对于在保护或顺控有联锁的设备，在检修维护时，需要专业人员在控制系统中所有相关信号全部强制。这个过程需要维护人员必须对所有保护及程序有一个清晰的认识，一旦出现漏项，将影响系统的安全运行。

采用DOC4000后，相关问题将变得非常简单。维护人员可以从DOC4000中将所有相关信息从已存系统上查询到，并进一步导出为excel文件，保证了信息的完整性。将所有信息导出到统一的画面，通过图形化map功能，可以使逻辑保护连锁一目了然。这样就减少了分析问题和解决问题的时间，加快问题处理速度。同时DOC4000具有备份功能，当我们对一些信息进行强制、更改等操作时，作业完成后，需要恢复时，可以一键检查并更新，大大减少了维护人员的工作量。

启用Web和SQL功能后，通过专用网络，用户可以从办公室直接随时查阅设备组态，快速查看点对点之间的关联，大大提高了分析时效性，同时为企业技术人员和管理人员提供了便利，节省了分析和解决问题的时间，大大提高了企业的生产效益。

综上所述，DOC4000系统在日常管理中，非常有效地提高了企业工作效益。系统文档可以精确地自动采集与更新，系统安全性显著提高，减少了系统事故的发送。通过实践证明，对于维护、改造系统项目，采用DOC4000系统后，系统集成工作量将有效降低，返工及文件配置时间将大大降低，项目安全性显著提高。

四、结束语

一个工厂有着数千上万种仪表、设备，一旦增加工作量，独立的设备系统会对工厂的运行管理带来很多困难，提高工厂运行成本。

DOC4000组态关系系统，针对运行和维护系统从技术人员需求、系统应用、设备寻址、可视化控制阅读，到中央服务器、组态备份、数据管理及web应用，远程查阅的功能进行一体化集成。充分利用一个软件集成所有功能，便于工厂工程技术人员提高分析能力，减低维护成本，提高企业经营管理能力，符合企业超远程监控及自动化资产管理需求。

阿美项目功能测试工法

韩鲁郑[①]　岳鸿雁[②]　魏　增[③]

一、前言

功能测试是通过测试装置或信号发生器模拟现场传感器信号，以验证一个设备或系统的特性和可操作行为是否符合设计预期要求。沙特阿美主要供应商包括霍尼韦尔、西门子、GE等多家世界著名生产厂家，其项目所用控制系统主要采用霍尼韦尔的DCS/ESD控制系统和西门子的T3000控制系统等，而功能测试在沙特阿美项目属于预调试的一部分，同时它也是DCS系统测试活动中一个非常重要的环节。在阿美电站项目中，受其烦琐的工程标准影响，DCS系统功能测试需要满足的启动条件较多，且执行过程周期较长，开展实施相对而言具有一定的困难，而本工法可以克服以上诸多问题，以阿美标准为基础，化繁为简，充分发挥该工法的特点，不仅效率较高且大大节约了成本。

二、工法特点

（1）该功能测试工法严格参照阿美相关工程标准开展，符合阿美项目要求；因其高标准性，该工法符合国内外大多数项目功能测试的开展。

（2）该功能测试工法的开展对人力及工器具要求较少，可多组同时开展，可大大提高测试效率。

（3）该功能测试工法的开展可缩短测试工期，对整个项目总体进度有

---

① 中国电建集团山东电力建设有限公司调试运行部仪控工程师，助理工程师

② 中国电建集团山东电力建设有限公司调试运行部直管项目调试经理，中级工程师

③ 中国电建集团山东电力建设有限公司调试运行部仪控工程师，中级工程师

较大影响，有利于项目成本管控。

三、使用范围

适用于沙特阿美项目预调试范围内的所有DCS/ESD功能测试。

四、工艺原理

DCS功能测试的目的是为了检验系统是否满足设计要求，所有控制系统的功能检查通常执行模拟系统输入信号（模拟信号包括温度、压力、液位、流量、振动等），使用手操器HART475等通讯工具就地模拟系统输入信号值，或直接从DCS/ESD系统中强制系统输入信号值，并检查控制系统是否正确输出动作。若输出正确，则向控制系统反馈相应的状态信号；若输出异常，则反馈错误报警，需现场检查设备是否正常工作。

五、测试工艺流程及操作要点

（一）测试工艺流程

功能测试流程如下：

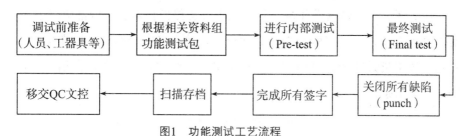

图1　功能测试工艺流程

（二）操作要点

1.设备准备

（1）工程师站/操作员站，用于功能测试的远方操作与监控。

（2）HART 475/FLUKE 754，用于温度、压力、液位、振动等信号的模拟。

（3）万用表，用于测量电压、电流等变量的数值。

（4）空压机及其附件（气源管及对应接头），功能测试开展前期无正式仪表用气，需通过外部空压机（容量500 L）提供必要的气源供仪表阀门动作。

（5）干燥器，用于压缩空气的干燥，防止进入仪表或阀门的气源湿度过大而造成设备损害。

（6）手动工具，端子螺丝刀、扳手等。

2. 材料准备

（1）外径1/4寸、内径10 mm的快速接头，临时空压机对阀门供气时使用。

（2）外径1/2寸、内径10 mm的快速接头，临时空压机对阀门供气时使用。

（3）外径为10 mm的PUU型塑料两通接头，两段气源管对接时使用。

（4）外径为10 mm的PET型塑料三通接头，三段气源管连接时使用。

（5）外径为10 mm、内径为6 mm的PU气管，临时空压机对外供气时使用。

3. 人员准备

功能测试人员包括操作员、热控工程师、热控技术员、内部/阿美工作票接收人以及普工等，所有人员必须经过阿美入场安全培训，操作员、工程师及技术员必须经过严格的专业技术培训，经主管部门考核合格后方可进行上岗作业。

表1　内部人员架构情况表

序号	人员	数量	备注
1	操作员	2	两组
2	热控工程师	5	1人负责组包，其余2人/组
3	热控技术员	4	2人/组
4	内部/阿美工作票接收人	2	1人/组
5	普工	2	两组共用

4. 资料准备

（1）控制叙述：控制回路的功能描述。

（2）DCS/ESD逻辑图：按照工艺生产特点和设备及人员安全的要求，用DCS/ESD中的若干功能模块连接在一起或用程序语言所编写的程序来实现一定保护功能的图纸。

（3）管道仪表流程图（P&ID）：根据工艺流程图（PFD）的要求，详细表示系统的全部设备、仪表、管道、阀门和其他有关公用工程系统的图纸。

（4）因果图（C&ED）：描述被测对象输入与输出之间的约束关系。

（5）信号强制表/缺陷表等。

5. 技术准备

功能测试调试时，主要工序及操作要点如下：

（1）功能测试开始前准备

1）确保所有的DCS/ESD系统均已上电，且所有机柜的SAT已经按照供应商的要求完成。

2）所有连接系统柜或集成柜的电源线都进行了测试、端接和上电，所有的接地线也进行了测试和端接。

3）确保与DCS/ESD系统逻辑相关的回路测试已成功执行，且回路包中YES项缺陷均已关闭并签字。

4）确保所有的电机、泵、空压机已完成相关测试。

5）确保功能测试文件包均已被QA/QC及阿美PID签字确认。

6）测试需要执行临时强制的信号应清楚地记录下来，以便测试结束后及时实施恢复。

7）控制室应有操作人员来监控所有功能测试的相关实施，并有相关的热控专业人员或者供应商DCS/ESD工程师来模拟输入、输出信号。

8）变电站和控制室应有人员来模拟电气设备的电机信号，并在人机界面中进行验证。泵、电机的启动逻辑和联锁需做好看护和隔离。

9）现场模拟人员和控制室操作人员都能根据功能测试验证阀门的正确动作。

10）逻辑输出动作要根据相关的输入进行预测试。

（2）功能测试执行方法

1）一种是由就地调试人员配合控制室调试热控工程师执行测试，霍尼韦尔工代配合信号强制或解除，一般在进行简单功能测试时采用该方法。

2）另一种是由就地调试人员直接配合霍尼韦尔工代执行测试，需要强制或解除的信号由工代在测试中直接执行，通常在进行信号较多的复杂功能测试时采用这种方法。

（3）执行中遇到的问题及解决方案

1）DCS画面显示坏点问题。可能有两种原因，一是实际数值超出仪表或阀门量程，二是仪表或阀门卡件出现问题而无法正常显示。前者可重新进行仪表校验，后者需检修或更换受损部件。

2）阀门损坏问题。由于安装或其他作业影响，可能导致阀门某些部件损伤，进而无法执行正常的开关操作，需根据实际情况补修或更换受损部件。

3）仪表或阀门内部生锈问题。因阿美项目周期较长，再加上部分项目地处沿海地区，降水量相对内陆地区较多，空气湿度较大，部分仪表或阀门安装后未能做好有效的防护，进而导致仪表或阀门内部生锈。设备安装后应及时做好防护，若因测试必须要打开，测试结束后应当场关闭，防止雨水渗入而生锈。

4）阀门卡涩问题。阿美项目大多处于沙漠地带，常年风沙不断，且为起到润滑作用阀门杆上一般都涂有黄油，在其开关过程中很容易将沙尘带入内部，造成卡涩。安装后应做好阀杆隔离并定期清理阀杆。

5）指令无法发出或无反馈问题。一般是因电缆接线问题引起，可能是其他测试结束后忘记恢复，或电缆接线松动；除此之外，也可能是就地阀门或电机收到指令后，因自身原因未动作，而导致无反馈。

6）DCS系统逻辑问题。可能霍尼韦尔工代在进行逻辑配置时，存在逻辑与逻辑图纸要求不符现象，需设计确认后再由工代重新配置。

（4）功能测试包移交

功能测试完成后的测试包，需及时关闭所有缺陷（punch）并完成所有相关签字，由调试人员扫描存档后，移交文件包至QC文控。

6.功能测试见证人员网络图

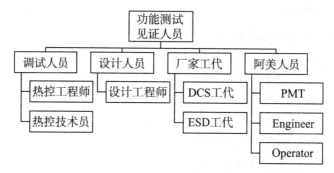

图2　功能测试见证人员网络图

六、材料与设备

（一）主要材料

本工法所需材料主要是螺纹直通快速接头、两通接头、三通接头、PU气管等。接头与气管主要用于测试前空压机与阀门之间的连接供气，供阀门开关用气。

（二）主要调试设备、工器具

表2　主要调试设备、工器具

序号	设备名称	规格型号	数量	单位	用途
1	HART手操器	HART 457	2	个	模拟信号
2	多功能过程校验仪	Fluke 754	2	个	模拟信号
3	万用表	Fluke 17B+	3	个	测量电压、电流等

（续表）

序号	设备名称	规格型号	数量	单位	用途
4	空压机	ABAC 500L	1	台	临时替代正式仪用气
5	干燥器	S-DRY 037	1	个	干燥气体
6	扳手	多种型号	4	把	用于设备维护
7	端子螺丝刀	多种型号	8	把	用于测试中拆、接线

七、质量控制

（一）工程质量控制标准

1. 阀门完好无损且动作顺畅

（1）阀门外观无明显磕碰损坏；

（2）阀门整体完整，无零件缺失情况；

（3）阀门就地或远方操作顺畅，无卡涩状况。

2. 仪表完好无损且显示正常

（1）仪表外观无明显磕碰损坏；

（2）仪表整体完整，无元件缺失情况；

（3）仪表的温度、压力、流量、液位、振动等各参数示数正常，可随介质变化而变化。

3. 电机完好无损且运行稳定

（1）电机外观无明显磕碰损坏；

（2）电机机身完整，无部件缺失情况；

（3）电机启停正常，运行过程中温度、振动等各参数稳定可靠。

4. 接线牢固无松动且通讯正常

（1）控制线完好无损伤；

（2）控制线与端子之间连接牢固，无松动或漏接状况；

（3）控制线通讯正常。

5.逻辑完整无缺陷，操作画面正常无坏点

（1）逻辑程序与设计要求一致，且可实现预期的设计功能；

（2）操作画面各项仪器符号显示正常，无坏点现象。

（二）质量保证措施

（1）建立质量保证体系和岗位责任制，完善质量管理制度，明确分工职责，做到落实到人，保证体系的正常运转。

（2）在调试前进行技术交底，对工程质量实行全过程控制。

（3）做好材料的管理工作，对所有调试材料和仪器都要检查出厂合格证明及检验报告。

八、安全措施

（1）认真落实"安全第一，预防为主"的方针，明确各级人员的职责，抓好工程调试的安全文明。

（2）所有调试人员必须进行三级安全教育，经考试合格后方可上岗。调试工作开展前必须进行安全、防疫、技术交底，并在交底书上签字。

（3）调试过程中严禁使用未经检验或无检验标识的试验设备及工器具。

（4）操作人员在使用试验设备前，对试验设备的可靠性进行检查，保证作业安全；使用过程中随时注意和检查试验设备各部件的运行情况，发现异常现象，应立即停机处理，严禁带病作业。

（5）电动工器具使用前的检查内容包括但不限于：

①外壳和手柄无裂缝、无破损。

②保护零线或接地线连接正确、牢固。

③电缆或软线绝缘良好，中间接头无裸露，并做好防水措施。

④插头保护盖完好、无损伤，开关动作灵活、无缺损。

⑤电气保护装置和机械防护装置完好。

（6）患有高处作业禁忌病症和惧高症者禁止参加登高作业。

（7）高处作业必须佩戴双背式安全带，并系好保险钩，要求高挂低用并拴在上方牢固可靠处。

（8）严格执行试运区域调试工作票制度，按票作业。

（9）现场行走时应注意地面孔洞杂物及高空坠物，防止绊倒摔伤及落物伤害。

（10）设备送电时检查好标签，确保无误后进行送电，并挂牌。

九、环保措施

（1）实行环境管理工作分工负责制，落实环境管理责任制。

（2）试运区域内的道路要全部硬化，并在晴天适量洒水，防止尘土飞扬，污染环境，损害设备。

（3）试运区域应注重成品保护，特别是对喷涂范围内的成品做好防护，避免多次喷涂造成环境污染。

（4）加强环保意识的宣传，严格管理，人人争做环保小卫士。

浅谈生物质与煤混合掺烧在CFB锅炉设计及调试运行过程中的问题及解决方案

姜宜峰[①]

摘要： 印度尼西亚某工厂自备电站扩建项目锅炉为一台440 t/h自然循环流化床汽包炉。锅炉设计燃料为煤与树皮混烧，掺烧比例70%煤+30%树皮（热量比）。本文针对设计及调试运行过程中出现的问题进行综述，并给出了解决方案，为以后同类型机组提供参考。

关键词： 流化床；设计；运行；解决方案

一、引言

世界各地生物质蕴藏量极大，仅地球上每年植物的生产量就相当于目前人类消耗矿物能的20倍，因此生物质发电被联合国列为重点推广项目，开发绿色能源已成为当今世界工业化国家开源节流、化害为利和保护环境的重要手段。生物质能是一种颇具产业化和规模化利用前景的可再生资源，对能源结构的优化具有重大意义。发展生物质发电，是构筑稳定、经济、清洁、安全能源供应体系，突破经济社会发展资源环境制约的重要途径。生物质发电，替代煤炭，减轻对化石能源的依赖，可显著减少CO_2等温室气体和SO_2的排放，有巨大的环境效益。因此生物质发电发展前景可观。

---

① 中国电建集团核电工程有限公司设计管理部机务工程师

二、设计及调试、运行中遇到的问题及解决方案

（一）给料口布置方案

1. 炉前布置空间问题

常规CFB锅炉给料口布置在炉前，由于炉前空间有限，本工程设置4个给煤口、4个树皮给料口，如果8个给料口全部布置在炉前，会给以后的运行维护带来不便。

2. 原因分析

由于440 t/h煤与树皮掺烧CFB机组相对较少，给料系统设计经验不足，本工程没有可借鉴的成熟设计经验。

3. 解决方案

通过与业主、锅炉厂反复多次交流讨论，最终确定采用炉前分层布置4个给煤口和2个树皮给料口，炉两侧各布置1个树皮给料口的设计方案。

4. 效果

通过讨论最终采用的布置方案，解决了炉前空间布置问题，方便后期的运行维护。

（二）树皮给料设计方案

1. 树皮给料系统设计方案问题

炉前树皮给料系统设计选型、炉膛入口采用何种进料方式及炉膛开口大小问题，将影响机组的安全稳定运行。

2. 原因分析

由于本工程给料系统的特殊性，我方没有CFB锅炉煤与掺烧生物质（树皮）给料的设计经验，国内无成熟设计方案供参考。

3. 解决方案

由于我方没有CFB锅炉煤与掺烧生物质（树皮）给料的设计经验，最初参考业主原有小型机组配置，选择的树皮给料流程为：

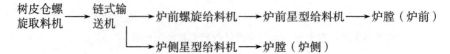

树皮仓螺旋取料机 → 链式输送机 → 炉前螺旋给料机 → 炉前星型给料机 → 炉膛（炉前）
　　　　　　　　　　　　　　 └→ 炉侧星型给料机 → 炉膛（炉侧）

在方案设计阶段，通过与业主、树皮给料系统厂家及锅炉厂交流讨论上述方案，得出结论：运行过程中可能存在以下问题：

（1）由于炉前螺旋给料机长度太长（约10 m），运行过程中可能会出现螺旋在自身重量作用下自然弯曲变形，影响设备运行。

（2）如果炉膛入口处树皮给料采用与给煤口相同的设计，即采用重力落料及拨料风助吹的方式，直接将树皮送入炉膛，可能由于本项目树皮含水量大，存在给料不畅堵塞落料管的情况，影响机组运行。

经过与锅炉厂、业主、树皮给料厂家反复交流及采取设计联络会的方式讨论设计方案，最终确定按照以下方案设计：

将炉前螺旋给料机更改成炉前链式输送机，并在炉前链式输送机前增加螺旋给料机，以便向炉前链式输送机均匀给料，同时采取加大树皮落料管直径的方式来避免堵塞，即树皮落料管炉前按照700 mm、炉侧按照1000 mm设计，并在炉膛入口增加墙式螺旋给料机，防止炉膛入口仅采用重力及拨料风给料堵塞落料口。具体工艺流程如下：

4.效果

通过改变方案的设计，解决了运行过程中可能存在的技术问题，减少树皮给料在运行过程中堵料的可能，为机组安全、稳定运行提供有力保障，机组启动后树皮给料系统一直可靠稳定运行。

（三）管式空预器、省煤器钢梁冷却风设计问题

1.设计审查过程中发现的问题

管式空气预热器、省煤器支撑梁布置在烟道内，支撑梁通过冷却风冷却，锅炉厂常规不包括冷却风的设计，由设计院设计。但由于设计院没有此部分的设计经验，可能会造成冷却效果差的情况。

2. 原因分析

由于锅炉采购时不了解此类型锅炉的空预器、省煤器支撑梁布置型式，采购合同没有明确要求此部分的设计及供货范围。

3. 解决方案

经过与锅炉厂多次电话及传真沟通，明确空预器、省煤器支撑梁属于锅炉本体范围，并且支撑钢梁冷却是锅炉本体设计需要，钢梁冷却风系统同样应该由锅炉厂设计及供货。最终锅炉厂同意设计及供货。

4. 效果

通过此次经历，在以后遇到类似项目，在锅炉招标规范书编写阶段，要明确要求空预器、省煤器支撑梁冷却风系统由锅炉厂设计及供货，以免在项目执行阶段造成此系统漏设计的情况。

（四）烟气再循环风机工频无法启动

1. 调试中出现的问题

烟气再循环风机根据合同要求采用变频调速，当采用变频启动时风机运转正常，但是采用工频启动时风机运行40～50秒，电气综合保护装置发出堵转信号，风机跳闸，电机电流为900 A左右，根据风机厂不同处理方案多次试验，均无法工频启动。

2. 原因分析

由于风机厂的原因，其配置的电机功率比实际需求小500千瓦。

3. 解决方案

由于现场风机安装完毕，如果更换电机，现场基础需砸掉部分重新施工，并且同时需要提供新的备用电机给业主，供货时间也比较长，影响现场机组运行，通过讨论分析，在满足系统安全、稳定运行条件下，风机叶轮直径由2600 mm减小到2500 mm，叶轮重量减少300 kg，风机TB点工况流量不变，全压升降低8%，BMCR工况流量压力保持不变，风机厂重新供货变更后的叶轮，安装、调试后运行稳定。

4. 效果

在保证机组安全稳定运行的条件下，不仅解决了工频启动问题，同时避免了因此造成工期延误的情况。

（五）回料器入口浇注料脱落

1. 运行中出现的问题

回料器入口竖直段多次出现超温、局部筒壁烧红、外壁磨穿泄漏现象。

2. 原因分析

根据现场提供的信息分析，由于设计存在缺陷（图1），高流速的烟气夹杂着床料由外层耐磨浇注料预留伸缩缝进入内层保温浇注料和最内层的硅酸钙制品，从而破坏这两层保温材料，造成外壁超温，长时间运行导致内层绝热浇注料和硅酸钙制品被掏空，最外层的耐磨浇注料悬垂在回料器内，完全失去作用，从而造成浇注料脱落（图2）。

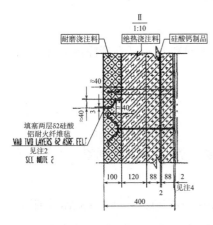

图1　厂家设计图　　　　　　　图2　现场运行后浇注料脱落

3. 解决方案

通过与现场、锅炉厂家讨论变更原设计方案，将最外层耐磨浇筑料分两层设计及施工，第一层耐磨浇注料的伸缩缝采用迷宫式结构与第二层耐磨浇注料的伸缩缝错开布置，并填塞硅酸铝纤维毡，内、外层耐磨浇注料的膨胀缝不能形成通缝，这样在锅炉运行时，当高温烟气穿透外层耐磨浇注料的膨胀缝时，内层耐磨浇注料可阻止高温烟气卷吸后面的绝热浇注料和保温浇注料，起到保护后面保温材料的目的（图3）。

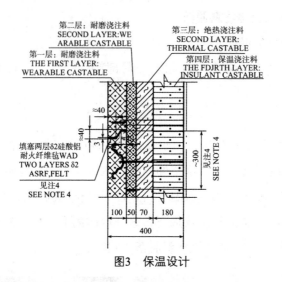

图3　保温设计

4. 效果

通过变更设计，后续运行中未再出现回料器入口直管段内衬浇注料脱落、烧红、磨穿外壁的现象，保证了机组的安全、稳定运行。

（六）落煤管磨损问题

1. 运行中出现的问题

锅炉在运行的过程中落煤管倾斜段被磨穿，出现漏煤现象。

2. 原因分析

原设计落煤管垂直段正对的倾斜段内侧衬有Q345R（原16 Mn）耐磨材料，从现场反馈照片来看，燃料冲刷范围比原设计范围大，导致原有衬板下部落煤管被磨穿漏煤。

3. 解决方案

在落煤管被磨损位置增加耐磨衬板（下图圈中600 mm长为新增加区域）。

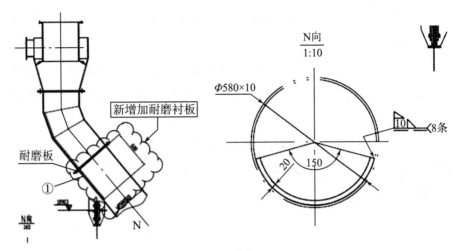

图4　设计变更图

4.效果

通过变更设计，后续运行中未再出现落煤管被磨穿、漏煤的现象，保证了机组的安全、稳定运行。

（七）给料口磨损问题

1.运行中出现的问题

锅炉在运行过程中给煤口磨损后致使周围水冷壁管被冲刷、磨损爆管，从而导致机组停运。

2.原因分析

由于CFB锅炉运行的特点，给煤口部位工作环境较为恶劣，燃煤颗粒在给煤风的作用下对给煤装置底面及侧面进行冲刷磨损，导致了给煤口钢板被磨穿、浇注料脱落，最终导致了磨穿水冷壁管子而发生爆管。

3.解决方案

（1）在给煤口底板上方增加斜板，减少煤颗粒流动方向突然变化的角度，可大大减小煤颗粒在惯性作用下对底板的冲刷。

（2）提高给煤装置下部给风点的位置，改变播煤风对给煤装置护板之间的角度，避免播煤风推着燃煤颗粒在高速流动下对给煤装置护板的冲刷。

（3）增加给风口的面积，在保证播煤风量的前提下，降低播煤风的速度，减小磨损。

（4）新开给风口距离给煤装置两侧侧板之间保留43 mm间隙，防止侧板的磨损，风口前增加导向装置，可有效防止气流偏斜对侧板和顶板的磨损。

（5）施工时，给煤口四周敷设一定厚度的柔性保温材料，用于吸收给煤口热膨胀，防止给煤口因膨胀受限变形。

原设计详见图5：

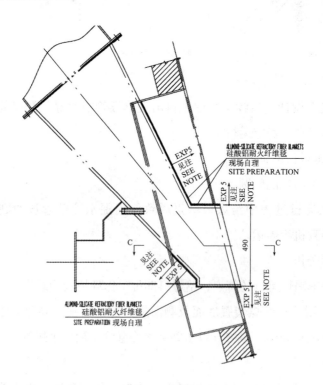

图5　原设计图

变更后的设计，详见图6、图7：

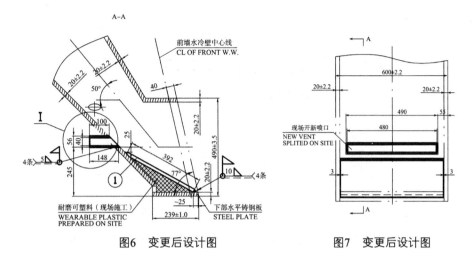

图6　变更后设计图　　　　　　图7　变更后设计图

4.效果

通过变更设计方案，在后续的运行中没有再出现给煤口磨损后致使周围水冷壁管磨损爆管事件的发生，确保了机组安全、稳定运行。

三、综述

对于设计及运行过程中出现的问题，通过各方的共同努力，积极研究、探讨各种解决方案并进行处理，保证了机组的安全稳定运行，为机组的顺利移交提供了保证，同时为以后同类型机组起到借鉴作用。

多层曲面人工瀑布施工技术探讨

——以韩国梦想大厦项目人工瀑布为例

闫　凯[①]　秦承建[②]　张茂磊[③]　宋　波[④]

摘要： 本文以韩国济州梦想大厦项目人工瀑布为例，深入分析了人工瀑布施工过程中面临的重点、难点问题，包括多层曲面混凝土施工、防水施工、面层及多层曲面石材施工等技术要点，并对施工技术难点问题进行了深入研究，针对性地提出了解决措施，以期提高人工瀑布的施工技术水平。

关键词： 人工瀑布；多层曲面；混凝土；防水

一、引言

人工瀑布是集声、色、光、影于一体的水体景观，是景观构成中的重要方面。随着社会经济发展和人民生活水平的不断提高，公园绿地、城市广场、商业区等都有越来越多的人工瀑布。人工瀑布的效果直接关系到整个景观环境营造的成败。人工瀑布的施工包括结构施工、防水工程、面层及石材施工、设备及管道、电路照明等。通过韩国济州梦想大厦项目的室外人工瀑布的详细分析，介绍了人工瀑布施工中土建方面需要注意的重点和难点。

---

① 中建八局第一建设有限公司海外公司业务经理、工程师
② 中建八局第一建设有限公司海外公司项目经理、工程师
③ 中建八局第一建设有限公司工程管理部部门副经理、高级工程师
④ 中建八局第一建设有限公司海外公司项目技术部经理、工程师

二、工程概况

韩国济州梦想大厦位于济州市老衡洞商业圈最核心的五岔路口，占地2.33万m²，总建筑面积30.37万m²，总高度169 m，是济州岛第一高楼，于2020年建成。地下结构6层，地上部分包括两栋38层塔楼和8层裙房。

室外人工瀑布由美国WET水景设计事务所设计，采用全英文全美标，共7个结构，3种类型。集中分布在项目两个区域。区域一：5个人工瀑布，1个喷泉，位于项目北侧，对普通市民开放的公开区域，营造参与式的公共广场；区域二：2个人工瀑布，位于项目南侧，为项目的VIP区域。如图1所示。人工瀑布均为多层曲面混凝土结构，其中最高的11层，6.55 m。

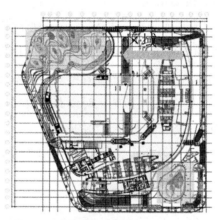

图1　人工瀑布部分效果图及现场分布

三、施工难点及关键施工技术

（一）人工瀑布施工的基本流程

人工瀑布的施工流程根据主体结构材料的不同而不同，一般涉及场地平整、水电配管、土方回填、垫层浇筑、结构施工、防水作业、面层及石材施工等流程，梦想大厦项目的人工瀑布为混凝土结构，施工流程图具体如图2所示。其中图纸理解、防水施工和混凝土标高为本工程难点。

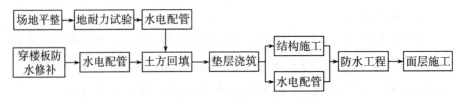

图2 瀑布施工流程图

（二）防水工程施工

瀑布为长期积水且长流水结构，对防水要求高，新建结构与原有结构、镶贴石材等结合部位施工难度大，本工程的防水重点具体体现在以下三个方面：

1. 穿车库顶板管道的防水施工

人工瀑布一般位于车库顶板，机械室位于地下室，穿车库顶板管道渗漏风险大，对防水质量要求高。通常做法为车库顶板浇筑过程中预留管道，施工车库顶板防水时对有管道的位置增加防水附加层。但是人工瀑布工程一般处于项目后期，车库顶板施工时瀑布管道图纸尚未完善，涉及后期车库顶板开孔，破坏已施工楼板及防水的问题。

针对车库顶板破坏结构及防水的后开洞，本工程修补方法如图3所示。

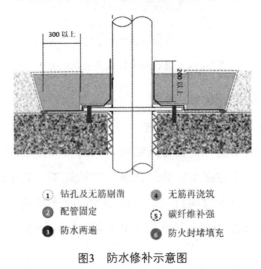

① 钻孔及无筋剔凿　　④ 无筋再浇筑
② 配管固定　　　　　⑤ 碳纤维补强
③ 防水两遍　　　　　⑥ 防火封堵填充

图3 防水修补示意图

（1）钻孔及无筋剔凿：对附加配管的位置进行钻孔，按照配管直径进行，以配管为中心往外至少扩大300 mm剔凿防水保护层。

（2）管道配管并进行固定。

图4　剔凿及配管

（3）防水施工：先对防水保护层根部位置通过密封剂封闭，再对大面进行防水、基层处理，SSPA底漆涂抹，用量标准为0.25 kg/m²，防水材料采用符合韩国KSF3211的聚氨酯防水材料两遍涂抹。范围是与已有防水搭接300 mm，同时在配管上上返200 mm。

（4）防水保护层浇筑：防水养护24小时后进行闭水试验24小时，无渗漏问题的话，浇筑防水保护层混凝土，如图5所示。

图5　防水、闭水试验及无筋浇筑

（5）碳纤维补强：对于结构楼板的破坏，采用单层碳纤维增强材料SK-300在楼板下部进行补强，具体根据截断钢筋的方向及根数在洞口两端布置250 mm宽或按照孔间距的SK-300补强材料，具体如图6所示。

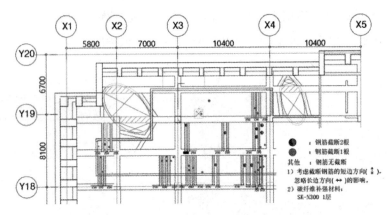

图6　碳纤维补强位置图及验收

（6）对结构开孔与排管的细小缝隙，通过防火封堵材料填充。

2. 瀑布结构表面防水施工

混凝土结构人工瀑布宜采用防水混凝土，当表面需追加防水施工时，避免结构二次整改破坏防水，结构表面防水需在结构尺寸确认无误后进行。本工程混凝土结构外侧防水采用满足韩国KS F 3211的聚氨酯防水涂料，先处理基层，控制聚氨酯防水涂料分两遍施工，且施工厚度最小为3 mm。聚氨酯防水涂料初凝前用细沙固定于表面，便于与后续粘贴砂浆挂网粘接面层马赛克。

3. 瀑布周边石材缝隙防水施工

瀑布主体或外围一般堆砌石材，石材缝隙之间的防水施工，可采用坐浆法。即通过防水砂浆进行防水，每层石材底部施工时，防水砂浆需全部包裹调节高度的塑料垫片。石材侧面填充防水砂浆，最外侧缝隙采用硅胶填充，覆盖砂浆且起到美观作用。

（三）混凝土结构施工

1. 图纸理解

人工瀑布高度高、表面复杂，涉及专业多，图纸理解困难，通过revit建模和实体建模可快速同步各方理解，便于开展施工组织。图纸理解主要涉及结构面层及误差、各层间关系、设备及照明安装处要求等重点部位。

本项目人工瀑布外形为多层曲面，且各层间尺寸关联紧密，各层均存在弯角错台，且高度、角度、曲率均不同。加上国外各参与方语言及理解程度差异，图纸理解困难。项目团队通过revit建模和制作实体模型来快速理解各层尺寸关系和内部设备安装要求，如图7所示，掌握各层关系及各细部做法。其中落水堰口顶部完成面要求误差±1 mm，水跃（hydraulic jump）设备安装处与结构标高误差±1 mm，灯槽处与马赛克瓷砖齐平，均为图纸控制重点。

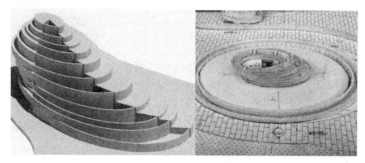

图7　revit模型与实体模型

2. 测量放线

混凝土结构通常施工顺序为测量放线、EPS泡沫板填充、钢筋配筋、支模版及浇筑混凝土。针对曲面形放线，在CAD中将曲线形网格化，采用300 mm间隔网格处理曲线图形，通过网格曲线交点进行尺寸标注及全站仪测设；增加放线点位数量，根据曲率大小间隔100～600的位置放点定位，化曲为直的误差控制在4 mm以内；利用直径8 mm细钢筋连接各定位点形成曲线弧，再用全站仪复核该曲线弧误差是否在5 mm以内。

3. 模板选型及支模

对于单向曲线型外立面，针对不同的曲率采用不同模板，最大限度保证成形质量的同时，又能节省成本。

本项目选用韩国常用的定型化钢框木模板、结合国内常用的胶合板木模，增加多种固定措施，创新型地采用铝箔泡棉，起到了良好的完成面效果。如表1所示。

表1　多种模板加固措施

区域位置	加固方式	现场实际
下部小曲率区域	韩国传统钢框木模板，"以直代曲"拼接。	
中部区域	高度、宽度有大于500 mm时，弯曲面胶合板外钢框木模板加固。	
上部大曲率区域	高度、宽度均小于500 mm时，弯曲面胶合板外木方+钢筋固定。顶部下尺寸区域，可实现多层同时施工。	
特殊区域	定制曲线固定模板、增加铝箔泡棉的方式减少接茬痕迹。	

4. 标高控制

由于瀑布结构存在承水池区域，承水池区域周边落水堰口标高控制为施工控制重点。

本工程落水堰口标高完成面标高为 ±1 mm，面层为15 mm×15 mm×4 mm 马赛克瓷砖，混凝土结构的标高偏差控制标准为3 mm。具体施工举措如下：

（1）将100 mm高檐口特殊曲线棱角位置的采用后施工，460 mm高的与结构一起浇筑，通过激光水平仪控制浇筑标高。

（2）浇筑中标高控制，借鉴一米线控制思想，采用双线控制。在浇筑线上方10 cm模板上方放浇筑控制线，确保落水堰口顶部完成面标高误差在3 mm以内。

（3）承水池周边落水堰口为100 mm薄壁曲面结构，选用塌落度在210～220之间的高流动性混凝土，配合小型振捣棒保证小构件成形质量。

（4）后施工位置，通过条状胶合板外固定刚性夹条左外模板，标高过程中，通过激光水平仪和水位同时控制标高。

（四）面层及多层曲面石材施工

瀑布主体防水之后即可施工马赛克瓷砖等面层。受济州当地雨天影响，马赛克瓷砖施工时对潮湿程度要求高，通过潮湿程度测定仪器测定潮湿程度后施工。

由于瀑布结构外侧一般石材不规则，施工难度大。本工程周围为多层曲面石材，深化时按图纸排布并考虑现场实测实量后发包；石材按编号进场，先专人现场排布后再堆砌施工；石材高度与砌体施工时类似，通过拉线进行控制；石材一般通过胶粘剂固定，悬挑的部分，考虑增加金属连接件固定。

本工程面层及石材完成面如图8所示。

图8　面层及石材完成实景图

四、结语

在多层曲面瀑布结构施工过程中，施工单位应综合考虑整体性、功能性和经济性。合理控制施工技术要点，加强对防水施工、曲面结构施工的质量控制，并做好闭水试验。针对施工中的难点问题，如穿楼板防水、多层曲面结构、檐口标高等，加强各环节施工技术管理与控制，提高施工质量，满足瀑布景观的观赏性、功能性要求。

参考文献：

［1］谢铭鸿.水景施工技术重难点研究［J］.城市建筑，2019，16（11）：122-123.

［2］张琪，姚明甫.人工瀑布的设计探讨［J］.农业科技与信息（现代园林），2010（04）：61-64.

［3］朱国金.大型人工瀑布景观关键技术研究及在昆明瀑布公园中的应用［D］.云南省，中国电建集团昆明勘测设计研究院有限公司，2015：2-5.

韩国消防排烟TAB研究

彭　瑞①

摘要：高层建筑一旦发生火灾事故，就可能会产生严重的后果。近些年，随着高层建筑的增多，各项生产生活活动的增多，火灾事故也呈现出一定的增多趋势。通过分析火灾数据可知，一旦发生火灾会产生含有大量CO_2、CO以及H_2S等物质的有毒有害气体，导致人吸入这些物质而发生死亡等问题。可见，高层建筑中非常重要的一项工作内容就是科学合理地设置建筑防排烟系统。合理地设计并且正常使用建筑防排烟系统，可以保证一旦发生火灾，及时将有毒有害气体、烟尘、热量排放到建筑外，将受灾面积有效减少，为灭火救援创造有利条件。不过在实际应用防排烟系统中受到设计、施工等因素的影响，容易出现防排烟系统使用功能不高等问题。为进一步保证生命财产安全，需要优化防排烟系统。为此，本文以韩国济州梦想大厦为研究对象细致地分析优化防排烟系统的措施。

关键词：TAB（Testing&Adjusting&Balancing）；消防；防排烟；施工；管理

一、防排烟系统概述

（一）系统功能

高层建筑一旦发生火灾可以利用防排烟系统控制内部烟气走向，及时将有毒有害气体排出到建筑物外部，避免人体遭受严重伤害甚至发生死亡事件，争取赢得更多安全疏散和救援时间，将消防救援难度降低。通常高

---

① 中建八局第一建设有限公司海外公司项目机电经理、工程师

层建筑消防楼梯前厅、防火消防通道、紧急避难间场所的防排烟系统都较为完善，可以将氧气含量最大限度地提高。为保证防排烟系统可以正常使用，就需要工作者加强日常维修保养等工作，并将存在的消防隐患及时消除，保证广大用户生命财产安全。

（二）系统类型

自然排烟系统、机械加压送风系统、机械排烟系统是防排烟系统常见的三种类型。其中自然排烟系统无需电源、专用设备，主要采用开窗、敞开阳台、凹廊等结构形式，同时利用烟气流动性及时排出高温有害烟气。机械加压送风系统是防排烟系统中一种必要系统，主要组成部分包括送风口、送风管道、送风机、防烟部位、电气控制设备等。通过这些设备能够将电梯前室、楼梯间维持在正压状态，避免侵入烟气。机械排烟系统主要是将火灾区域高温且有害的烟气利用排烟风机等设备予以排出，组成内容主要包括排烟口、排烟机、电气控制、挡烟垂壁等。

二、建筑消防工程防排烟设计原则

（一）防烟系统设计原则

自然通风和设备加压送风结合，是当前很多建筑防排烟系统设计中常用的设计方式，该方式可以有效保证楼梯间、室内、安全疏散通道内处于正压状态，避免有毒烟气侵入到这些区域。在前厅、楼梯间、防火通道、火灾避难间等重要位置通常会设置防烟系统，从而保证一旦发生火灾为人员安全疏散和有序撤离争取更多时间，保证撤离安全。在设计过程中，自然通风或者机械加压送风方案需要以不同区域的窗体布置情况、结构特点等为基础进行合理化设置。自然通风方式通常应用于开放空间、存在较多窗体、内外对流顺畅等开放性位置。这些位置通常空气流通较快可以有效减少烟雾。如果是狭小密闭空间、通风不畅位置可以采用机械加压送风方式做好内外空气交换。在设计中，工作者要以建筑结构、密闭性、周边环境特点等为基础精确地计算设备输出压力、送风量，并且预先加强调试系统，充分做好实验检测，在安装后定期维护，确保加压送风设备运行状态一直保持良好，在发生火灾时能够避免其他区域烟气进入，为建筑内居民创造安全逃生场所。

（二）排烟系统设计原则

自然排烟和机械排烟是建筑物排烟系统常用的两种设计方法，排烟系统可以设置于相对密闭空间中，比如建筑内房间、走廊等位置，保证及时排出有毒有害气体。在较长走廊、面积较大房间、地下车库、停车场等位置都需要设置排烟系统设备。自然通风排烟设施和机械强制排烟设施是两种常用排烟设施，自然排烟主要应用在排烟过程中利用建筑物窗体较多且区域宽敞部位。相对而言，机械排烟布置中需要遵循排烟布局特点、排烟井位置，同时对排烟走向进行合理设置，明确采用竖向排烟还是水平排烟。在设计建筑排烟系统中，影响排烟效果的重要因素就是排烟井位置，为此，在具体规划设计中不但要考虑到建筑结构受到排烟井影响的情况，还要考虑到安装的便捷性，确保排烟井位置合理，具有顺畅排烟路径，能够急速降低烟气流，避免发生堵塞等问题，避免对排烟系统使用性能产生严重不良影响。此外，要对排烟出风口、正压入风口距离间隔提高重视，避免出现烟气短路问题。另外，还要采取必要的防水防潮措施以及密封措施、绝缘措施处理屋顶排烟设施。

三、施工要点

（一）工程概况

济州梦想大厦新建工程项目包括一个裙房及两个塔楼共三个单体，共有1600间客房，以及赌场、免税店、各式餐厅、室内外游泳场等多种功能性房间，项目体量巨大；裙房区域层高较高，最高楼层为11.05 m。

韩国当地消防要求标准极高，要保证每个排烟分区的每个送风口风速不能超过5 m/s，且排烟分区中送风量要大于排风量，同时所有排烟分区送、排风量要达到法定风量。

（二）施工工艺流程

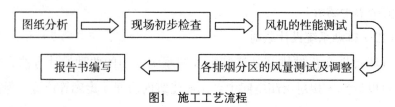

图1 施工工艺流程

（三）施工要点

1. 图纸分析

项目组织设计单位、监理单位、业主单位、第三方TAB测试协力单位、消防电气、消防机械分包、风机、空调、风机阀单位进行图纸会审，同时要检查防烟阀、防火阀等是否满足消防要求，审核及分析各排烟分区的排烟方式，排烟警戒以及对应的风阀启动关系。

防排烟TAB专业单位对风机、空调等设备图纸以及消防联动系统程序录入情况进行认真分析。

2. 现场初步检查

（1）对于现场烟感、手动报警器等火灾报警装置，要检查其安装情况是否与图纸一致，是否满足消防验收要求。

（2）对于机械室内空调机组、风机型号，检查是否与图纸一致，并对机组的单机进行调试，检查风管安装、连接情况是否满足要求，是否存在破损情况等。

（3）对于风阀安装情况及待机状态、中继器编号，检查是否与风阀编号一一对应，是否与图纸吻合。

（4）对于各防排烟区域内送风口、排风口的安装部位、尺寸、数量等，检查是否满足图纸要求。

（5）根据图纸会审结果及现场初步检查情况，理顺风阀启动顺序并进行调整，将启动顺序录入收信器主机。

3. 风机的性能测试

风机性能测试，主要包括相关风机的风量、静压、电流、电压及转速的测试。其中风量测量步骤如下所示：

（1）风机风量测量部位的选择

由于风机抽风侧与出风侧附近的气流分布得不是很好，所以进行风量测量时，要选择在风管管径下流侧且要距离风机出风侧至少7.5倍的位置，或者是选择风管管径上流侧且距离风机出风侧至少2.5倍的位置。

（2）风量测量点位数量的选择标准

1）风管为圆形风管时，当管径未满230 mm时［图2（1）］，在相互垂直的线上各选择6个点位，两条垂直线共12个点位进行测量；当管径在230 mm～300 mm时［图2（2）］，在相互垂直的线上各选择8个点位，两条垂直线共16个点位进行测量；当管径超过300 mm时［图2（3）］，在相互垂直的线上各选择10个点位，两条垂直线共20个点位进行测量。

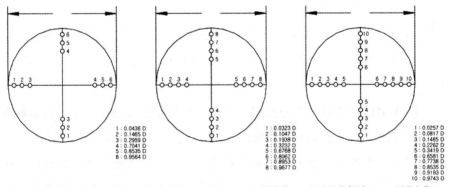

（1）直径未满230 mm测量点位　　　（2）直径230 mm～300 mm测量点位　　　（3）直径超过300 mm测量点位

图2　圆形风管测量测量点位示意图

2）风管为矩形风管时，测量点位数量最少为16个，但不能超过64个，且需在同一截面内进行测量。测量点位少于64个时两个点位之间间距不能超过150 mm。风管边长与测量点位数量以及测量点位之间的间距关系如表1所示：

表1　风管变长与测量点数关系表

风管边长	测量点位数量	点位间距
600 mm以下	4	$\frac{1}{8}L \cdot \frac{1}{4}L \cdot \frac{1}{8}L \cdot \frac{1}{4}L$
601 mm–750 mm	5	$\frac{1}{10}L \cdot \frac{1}{5}L \cdot \frac{1}{5}L \cdot \frac{1}{5}L \cdot \frac{1}{10}L$
751 mm–900 mm	6	$\frac{1}{12}L \cdot \frac{1}{6}L \cdot \frac{1}{6}L \cdot \frac{1}{6}L \cdot \frac{1}{6}L \cdot \frac{1}{12}L$
901 mm–1100 mm	7	$\frac{1}{14}L \cdot \frac{1}{7}L \cdot \frac{1}{7}L \cdot \frac{1}{7}L \cdot \frac{1}{7}L \cdot \frac{1}{7}L \cdot \frac{1}{14}L$
1100 mm以上	8	$\frac{1}{16}L \cdot \frac{1}{8}L \cdot \frac{1}{8}L \cdot \frac{1}{8}L \cdot \frac{1}{8}L \cdot \frac{1}{8}L \cdot \frac{1}{8}L \cdot \frac{1}{16}L$

3）风量换算

对各个点位的风速进行测量之后，其相关风机的风量计算公式为：$Q=A \times 3\,600 \times V$，其中$Q$为风量（CMH），$A$为截面积（m²），$V$为点位平均速度（m/s）。

4.各排烟分区的风量测量及调整（TAB）

（1）进行排烟分区风量测量及调整作业时，测试人员可分为三组：一组为中控室程序控制人员，一组为现场测试人员，一组为机械室测试人员。

（2）测试开始时，需要模拟一个火灾信号来触发消防系统，通常触发方式有两种：①烟感触发器触发消防系统；②现场手动触发报警器。

（3）当中控室主机收到火灾信号后，火灾区域消防系统开始运行。由于风机、风阀、中继器、风阀启动逻辑关系、运行程序、风管等多方面原因，通常测试前期送排风不会顺利到达火灾区域，无法正常发挥送排风效果，因此，需要及时解决这个问题。

（4）当全部问题解决以后，再针对全部风口重新进行风速测试，并记录现场测试值，且把最终测试值记录在测试报告书内。

四、管理措施

（一）采用一体化设计方案

在设计建筑消防系统中可以采用一体化设计方法，在建筑设计图纸中有效融入排烟管道、电气设备、防排烟机械等，将防排烟系统设计和建筑主体结构设计衔接不完善等问题予以有效解决。在具体施工中，可以利用3D建模方式做好一体化设计，通过将消防防排烟系统嵌入到建筑3D模型中对施工过程进行模拟，同时利用模型碰撞检查来明确施工冲突，提前制定改进措施，尽量提高设计施工的可行性，尽可能减少设计缺陷。

（二）选用高性能防排烟设备

高质量电气和机械设备是保证防排烟系统达到设计预期目标的重要基础，为此，工作人员需要合理选择设备类型、型号，加强对采购过程的管控，加强质量检验。可以将变频启动技术应用于较大功率防排烟风机中，尽量减小电动机启动对于低压配电系统的冲击程度，以免存在过大功率导致发生跳闸等不良问题。此外，要做好传感器报警装置、远程监控等设备的合理布置，尽量将防排烟系统自动化水平、智能化水平加以提升，保证一旦发生火灾事故可以及时发出警报，管理人员可以及时明确火灾位置，第一时间采取应对措施，降低火灾事故产生的影响。

（三）加强施工质量监督

建设单位在设计和施工中需要选择具有资质的单位完成，加强把控防排烟系统施工各个环节，加强管理工程设计、施工、竣工等各个环节，严格按照国家标准要求控制施工质量。

五、结语

总之，建筑消防系统中重要内容之一就是防排烟系统，通过合理设计和施工有助于提高建筑物的安全性，有助于为人民生命财产安全提供保证。为此，工作者要根据工程实际需求和特点加强防排烟系统优化工作，加强施工过程管控，将消防防火标准适当提高，进而将消防安全性提高。

参考文献:

［1］建筑物结构关联法规［S］.韩国国土交通部.2013.

［2］建筑法-执行令实施规则［S］.韩国国土交通部.2013.

［3］韩国产业标准［S］.韩国标准协会2013.

［4］NFSC-501 排烟设备火灾安全标准［S］.

［5］韩国产业安全保健基准规则［S］.韩国雇佣劳动部.2015.

［6］葛星.建筑工程防排烟设计在消防审核中常见问题分析［J］.消防界（电子版），2018，4（06）：86+88.

［7］刘崑，王强，张文彬.我国防排烟系统现状及常见问题分析［J］.消防科学与技术，2018，37（03）：331-333+336.

［8］梁芝松.高层建筑消防防烟排烟设计中的问题及对策［J］.安徽建筑，2018，24（01）：249-250.

［9］何顺法，葛俭辉.建筑工程防排烟设计在消防审核中常见问题探析［J］.江西建材，2018（03）：26+28.

［10］李钉.建筑消防工程防排烟设计与施工重点问题关注［J］.建材与装饰，2017（18）：127-128.

中韩砌体施工对照浅析

义子博[①]　张茂磊[②]　宋　波[③]

摘要：砌体结构因取材方便、化学性能稳定以及保温隔热性能良好等优点得到了迅猛的发展，并取得了显著的成绩。但是由于工人技能参差不齐、施工工艺烦琐等因素，导致砌体结构有不同程度的质量问题。通过对中韩砌体施工工艺进行对比研究，展示中韩砌筑工艺的差异，为国内外现场施工管理者提供借鉴。

关键词：中韩砌体施工；工艺对比；空心砌块

一、引言

建筑砌体施工技术对工程建设具有非常重要的意义。由于现如今的房屋建设工程中施工操作技术、流程以及施工管理水平等方面的原因，导致墙体存在着不同程度的质量问题，并且国内现有施工技术难度大且易造成材料浪费。为弥补传统施工工艺的不足，以200 mm厚的砌体墙为例，通过对中韩砌体施工工艺在施工要求、加固及连接方式等方面的对比研究，以提高砌体施工技术和施工质量，同时最大程度地节约资源和减少对环境的负面影响，让砌体施工技术可以更好地发展下去。

① 中建八局第一建设有限公司海外公司技术工程师、工程师
② 中建八局第一建设有限公司工程管理部部门副经理、高级工程师
③ 中建八局第一建设有限公司海外公司项目技术部经理、工程师

二、材料选用

表1　砌块材料

名称	中国普通混凝土空心小砌块	韩国普通混凝土空心小砌块
常用规格尺寸	长度（390 mm）×宽度（90 mm、120 mm、140 mm、190 mm、240 mm、290 mm）×高度（90 mm、140 mm、190 mm）	长度（390 mm）×宽度（100 mm、150 mm、190 mm）×高度（190 mm）
强度等级	非承重砌块：MU5 MU7.5 MU10 承重砌块：MU7.5 MU10 MU15 MU20 MU25	A类　B类　C类

注：国内抗震结构中混凝土小型砌块的强度等级不应低于MU7.5，其砌筑砂浆强度等级不应低于Mb7.5。A类表示砌块平均抗压强度不小于4 Mpa，B类表示砌块平均抗压强度不小于6 Mpa，C类表示砌块平均抗压强度不小于8 Mpa。

下面以中国390 mm×190 mm×190 mm的MU5的砌块、韩国390 mm×190 mm×190 mm的A类砌块为例进行对比研究。

三、工艺对比

（一）施工要求

表2　砌体墙施工要求对比

中国国内砌体墙	韩国砌体墙
施工前，应按房屋设计图编绘砌块排列图，应按此排块图施工；小砌块砌体应对孔错缝搭砌，见下图，单排孔砌块的搭接长度应为块体的1/2，多排孔砌块搭砌长度不宜小于砌块长度的1/3，且不小于90 mm。墙体个别部位无法满足上述要求时，应在灰缝中设置拉结钢筋或钢筋网片，但竖向通缝仍不得超过两皮小砌块。 砌体墙灰缝应保证横平竖直、无空隙、无孔洞，厚度应为8~12 mm。 每日砌筑高度不大于1.8 m。	施工前，根据建筑平、立面图施工放线施工，无需单独编绘排块图。沿墙方向浇筑混凝土导墙（高度200 mm），之后沿导墙按照上下对齐的原则施工砌体墙，见下图。 每800 mm间距，在两砌块接缝处设置一根钢筋，且接缝用砂浆填充。 砌体墙灰缝厚度不宜超过10 mm。 每日砌筑高度不大于1.5 m。
 图1　中国国内砌体墙	 图2　韩国砌体墙

随着建筑行业的不断发展，对装饰装修工程提出了更高的要求，对工人技能要求也越来越高。与国内相比，韩国砌筑墙体的施工工艺，无需考虑砌块的搭接问题，只需砌块上下对齐铺砌即可，灰缝施工对工人技能要求较低，工人施工更加便利。

（二）墙体加固及连接方式

为提升建筑整体性能，需对墙体进行加固处理。墙体加固及连接主要分为三大部分：①砌体墙与砌体墙加固及连接；②砌体墙与结构加固及连接；③门窗洞口四周加固。

表3 砌体墙与砌体墙加固及连接

中国构造柱	韩国墙体细部构造
国内砌体墙施工中，在不同材料交处、内外墙交接处、墙长大于5 m、砌体无约束端、洞口宽度大于2 m的部位设构造柱，见图3。构造柱采用牙马槎和相邻的墙体进行连接，牙马槎凹凸尺寸不宜小于60 mm，高度不应超过300 mm，牙马槎应先退后进，对称砌筑；牙马槎尺寸偏差每一构造柱不应超过2处。同时在墙体高度方向按照500 mm的间隔布置拉结钢筋，钢筋伸入墙体1 m以上，施工过程中需先施工墙体，再对构造柱进行浇筑。	韩国砌体墙施工中，砌体墙与砌体墙加固及连接：采用竖向钢筋（φ13）两端分别与结构顶板和导墙连接，且竖向钢筋与空心砌块缝隙处用砂浆填充，见图4；沿墙高方向，间隔600 mm铺设一层贯穿墙体全长铁丝网以加强连接。
<p align="center">图3 中国构造柱</p>	<p align="center">图4 韩国墙体细部构造</p>

与韩国施工工艺相比，国内砌体墙之间的加固工艺更加烦琐、所需工种较多、成本高。国内构造柱施工工艺包含绑扎钢筋、支设模板及浇筑混凝土，最后拆除模板的一整套流程，工期长；不能一次性砌筑完成，需要砌筑工、模板工、钢筋工、浇筑工等工种交叉施工；人工及材料用量增加，导致构造柱的成本远远大于韩国砌体墙施工工艺的成本。

表4　砌体墙与结构加固及连接

中国	韩国
砌体墙与结构主要通过水平系梁和拉结筋进行连接。钢筋混凝土结构中的填充墙长度大于5 m时，墙顶与梁宜有拉结；墙长超过8 m或层高2倍时，宜设置钢筋混凝土构造柱；墙高超过4 m时，墙体半高宜设置与柱连接且沿墙全长贯通的钢筋混凝土水平系梁。 墙顶与梁的缝隙部位施工（预留20 cm左右缝隙即可），顶部宜用一皮混凝土砖或混凝土配砖斜砌紧。	砌体墙通过L型角钢、铁丝网或挤塑板、片实现砌体墙与墙或柱连接：每三层砌块，竖向间隔600 mm，设置一层L型角钢及铁丝网片，见图5。 砌体墙和梁之间通过竖向钢筋、挤塑板进行连接：竖向钢筋（φ13@800）两端分别与导墙及顶板连接，并且竖向钢筋与空心砌块空隙处、空块与结构相接处孔洞都必须填充砂浆；墙体顶部空隙剩余20 mm左右时，放置挤塑板，墙体两侧用高强度等级的砂浆塞嵌填密实。
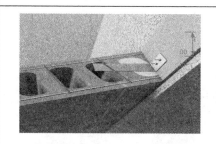 图5　韩国墙体端部连接	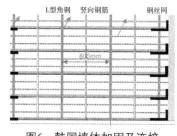 图6　韩国墙体加固及连接

　　单就拉结钢筋本身来说，设置拉结钢筋比角钢固定得更加牢固。但是与国内砌体墙和结构通过拉结筋（预留或者植筋）连接相比，韩国各砌块间通过竖向钢筋、角钢、铁丝网与结构形成网格连接的加固形式，见图6，整体性更好，刚度更大，可以更好地提高砌体结构的整体性以及达到和结构良好连接的效果。

　　国内砌体墙因墙体下沉变形，为防止墙体开裂，墙体不能一次性砌筑到顶，顶部的斜砌施工应在砌筑14 d后进行，在一定程度上会影响施工进度；斜砌施工中有砖缝，砂浆很难做到完全充分的填充。韩国通过设挤塑板、抗裂砂浆塞缝的施工工艺，顶部形成软性连接，可以很好地解决因墙体下沉变形，墙体开裂和施工时间久的问题。

表5　门窗洞口四周加固

中国	韩国
窗洞口的上端和下端、门洞口的上端设置钢筋混凝土预制过梁或现浇过梁，过梁内的配筋应满足设计要求。两端伸入支座砌体墙内的长度不应小于240 mm。洞口两侧没有构造柱、顶标高不和现浇梁重叠、两侧长度不小于240 mm的情况下可以用预制梁。 为了便于门窗固定和防止洞口边裂缝，可在洞边设置边框柱，见图7，抱框柱底部和上部可以直接和窗台梁、门窗过梁连接；也可以在砌筑的同时按照"隔一放一"的原则砌筑预制块、实心砖，用来固定门窗，见图8。	窗洞口的上端和下端、门洞口的上端的加固方式，先搭设角钢，并在中间设置独立支撑，绑扎钢筋，配筋应满足设计要求，最后砌筑U型砖（两端伸入砌体墙内的长度不宜小于200 mm），见图9。门窗洞两侧边缘的孔洞用高强度砂浆填充以固定门窗。

图7　边框柱　　　　图8　门窗洞预制砖及实心砖　　　　图9　过梁施工

　　国内现浇过梁多采用木质模板，木质模板一般循环使用次数为4次；韩国过梁采用角钢和U型砖的形式，与国内现浇过梁相比，韩国过梁施工采用角钢能减少对资源的破坏，而且角钢刚度大，周转次数多，可重复使用。

　　国内无论是采用边框柱，还是砌筑预制砖或实心砖的施工方式，较韩国而言，施工时间较长；并且韩国人工成本昂贵，韩国采用填充砂浆的施工方式，施工简单便利，可以大大节省人工成本。

四、结束语

通过对中韩砌体施工工艺对比研究，韩国采用竖向钢筋、铁丝网和角钢的施工工艺，代替了国内传统的构造柱和拉结筋的施工工艺；门窗洞过梁施工也由U型砖施工代替了预制梁或现浇梁。与国内相比，韩国砌体施工工艺与国内相比在施工时间、人工成本、材料等方面有很大优势。通过中韩砌体工艺对比，对改善、提高、推广砌筑施工工艺，实现"四节一环保"，以及对建筑行业的可持续发展具有重要意义。

参考文献：

[1] 赵雄飞.我国砌体结构发展趋势的研究 [J].砖瓦，2010（8）：57-58.

[2] GB50203-2011砌体结构工程施工质量验收规范 [S].

[3] 穆启超.房屋建筑工程中的构造柱施工分析 [J].建材与装饰，2017（30）：10-11.

韩国80MPa高强度混凝土配置研究

金东旭① 高继贵② 刘 林③ 宋 波④ 赵晓娟⑤

摘要: 韩国位于中国的东部,建筑技术方面也有密切的交流。本次进行韩国80 MPa高强度混凝土配置的研究,更深入地了解韩国高强度混凝土配置方法。随着高层建筑的发展,高强度混凝土的应用也越来越广泛。高强度混凝土广泛用于超高层建筑,因此对高强度混凝土的流动性能要求也高。影响超高强混凝土生产的因素很多,本研究根据韩国当地实际情况,主要以原材料、水灰比、单位用水量、外加剂等影响因素配制符合韩国标准的高强度、高流动性混凝土。

关键词: 原材料;高强度;高流动性;硅灰;混凝土

近年来,随着每个国家有50层或更多层的钢筋混凝土结构的出现,对混凝土的强度需求也越来越高,在设计约100层的建筑物时通常会使用80到100 MPa强度的等级混凝土。高强度混凝土在高层建筑中是非常有用的结构材料,通过高强度,可以减小构件的截面和自重,提高耐久性。在韩国高强度混凝土是指强度等级为40 MPa以上的混凝土。高强度混凝土是一种新型的高技术混凝土,是在大幅度提高常规混凝土性能的基础上,采用现

---

① 中建八局第一建设有限公司海外公司技术工程师、工程师
② 中建八局第一建设有限公司海外公司总经理、工程师
③ 中建八局第一建设有限公司海外公司设计部经理、工程师
④ 中建八局第一建设有限公司海外公司项目技术部经理、工程师
⑤ 中建八局第一建设有限公司海外公司专业技术岗、高级工程师

代混凝土技术，选用优质原材料，低水胶比和掺合足量的矿物掺合料与高性能外加剂，保证混凝土的耐久性、施工性、实用性、稳定性和经济合理性。

一、高强度混凝土配置要求

（一）胶凝材料

韩国市场上流通的混凝土配置使用的水泥种类不多而且水泥等级也比较单一，以42.5等级的普通硅酸盐水泥和矿渣水泥为主。本试验采用水泥等级为42.5的矿渣水泥，混合材料使用粉煤灰，硅灰等材料。这些混合材料会使混凝土内部结构填充得更密实，不仅降低水化热，而且提高混凝土的密实性和耐久性，大大增加混凝土的强度。

（二）骨料

韩国地区因混凝土原材料资源匮乏，混凝土配置不使用河沙作为细骨料。细骨料主要以海沙与机制砂混合使用。粗骨料采用优质花岗岩进行配置。花岗岩强度参数见表1：

表1　花岗岩性能参数

序号	检验项目	试验依据	试验结果				
			1	2	3	4	5
1	抗压强度（Mpa，N/mm^2）	KSF2519-2000	142	157	144	151	144
2	比重	KSF2518-2005	2.68	2.63	2.55	2.57	2.59
3	吸水率		0.11	0.15	0.13	0.11	0.12

（三）外加剂

根据种类和使用方法不同，混凝土外加剂性能与效果也不一样。减水剂能在不同程度上对水泥颗粒有分散作用和一些引气作用，使水泥浆的黏度下降，流动性增高。本试验使用高效AE减水剂，增加外加剂含量的同时有高效的减水效果，能满足混凝土的强度与施工性能。

（四）水灰比

一般配置普通混凝土时所需要的水灰比是50%~70%的范围。为了提高混凝土的强度需要减少用水量增加水泥用量。配置高强度混凝土时水灰比一般控制在20%~25%。

（五）单位用水量

单位用水量最好在可获得所需要的和易性范围内尽可能减少，韩国混凝土标准说明书规定单位数量在180 kg/m³以下。高强度混凝土单位用水量一般在160~170 kg/m³的范围内使用得比较多。一般强度混凝土的单位用水量与塌落度有着密切的关系，但是高强度混凝土为了确保所需塌落度，使用高性能减水剂或高性能AE减水剂等外加剂，因此通过实际搅拌可以适当减少用水量。

二、配合比设计

（一）配合比数据

水泥使用等级为42.5的矿渣水泥，与粉煤灰，硅灰混合使用，细骨料主要以海沙与机制砂结合使用。考虑超高层建筑结构构件的钢筋使用含量多且密集，本次试验石子最大粒径大小选用20 mm。为了满足超高层的泵送性和施工性能，扩展度定为650 mm。

表2　配合比数据

20-80-650	W/B	S/a	W	SC	F/A	S.F	S1	S2	G	AD
配合比	24.2	48	155	467	128	45	368	373	822	9.52

SC：矿渣水泥　F/A：粉煤灰　SF：硅灰　S1：海沙　S1：海沙　S2：机制砂
G：花岗岩　AD：高性能减水剂

粗骨料最大粒径20 mm，混凝土强度80 MPa，混凝土扩展度650 mm。

（二）配合比试验

1. 预拌混凝土试验项目

	混凝土扩展度	混凝土扩展度
性能试验		
参数标准	扩展度：650±80 mm，氯离子含量：小于0.3 kg/m³，空气含量：3.5±1.5%。试块：采用当地标准试块100*200圆柱体。	

2. 混凝土试验数据

扩展度变化				强度			备注
0H	1.0H	1.5H	3.0H	3D	14D	28D	
690×700	680×700	670×670	650×650	38.1 41.1 38.8	90.4 88.6 89.8	94.6 98.7 99.3	
650×660	680×700	640×660	630×620	38.1 41.1 38.8	85.9 79.7 84.6	100.8 101.6 97.3	
690×710	670×680	670×670	640×640	47.6 49.7 50.6	87.0 85.9 87.3	100.2 99.4 98.8	

三、结论

随着国内外超高层建筑的数量越来越多，对高强度混凝土的需求也增大。本次通过研究韩国高强度混凝土，了解韩国原材料以及配置要求相关的规定。使用硅灰、高性能减水剂等材料配置的80 MPa高强度混凝土，通过试验满足强度及高流动性等各项试验要求。本次研究不仅在中韩高强度混凝土对比研究有借鉴意义，往后在韩国进行超高层建筑的施工也有参考意义。

参考文献：

［1］陈肇元. 高强与高性能混凝土的发展及应用［J］. 爱学术，1997，16（11）：90-92.

［2］蒲心诚. 150MPa超高强高性能混凝土研究与应用前景［J］. 掌桥科研，1999，13-19.

西非贝宁地区着色混凝土的配制研究

王延增[①]　高继贵[②]　庞　茜[③]　张　威[④]　赵晓娟[⑤]

摘要： 着色混凝土是在清水混凝土的基础上进行颜色丰富的装饰面层材料。需要一次浇筑完成，不做任何外装饰，直接采用混凝土添加的颜料产生的色彩作为饰面。减少了饰面工序，具有平整光滑、色泽均匀、主体结构浑然天成等优点。但其较高的表面质量（无蜂窝、麻面、砂带等）与其特性（色彩控制等）对混凝土生产及施工工法提出了更高的要求。本文从原材料的选择、配合比的调试、模板的制作、混凝土的生产运输及施工全过程讲解了整个着色混凝土的控制细节及方法，并对一些容易忽视的问题进行了总结。

关键词： 着色混凝土；混凝土配制；颜料；分层振捣；水灰比

一、引言

贝宁是位于非洲西部的国家，是世界最低度开发国家之一，经济高度依赖农业，建筑物资匮乏，且税率较高。对项目的物资采购、成本和工期都将产生影响。

着色混凝土多用于道路、个体简单构件，很少有大体量应用于建筑的着色混凝土实例。着色混凝土本身为一种装饰饰面，后期无其他装饰遮

---

① 中建八局第一建设有限公司海外公司技术工程师、工程师
② 中建八局第一建设有限公司海外公司总经理、工程师
③ 中建八局第一建设有限公司业务经理、高级工程师
④ 中建八局第一建设有限公司海外公司项目总工、工程师
⑤ 中建八局第一建设有限公司海外公司专业技术岗、高级工程师

盖，这就要求着色混凝土需有很好的拆模外观，且着色混凝土后期无法修复，这也是着色混凝土施工需要面对的最大困难。

石灰岩作为沉积岩，存在抗拉强度大、干缩性较低、热物理性良好、吸水率较低的特点，在高强混凝土配制中常常被优先选用。而以玄武岩（火山岩）为骨料的高强大体积混凝土配制方面的研究较少。本文利用强度试验、热力试验以及数据分析成功的利用当地玄武岩配制了高强度、流动性混凝土。

二、工程概况

贝宁波多诺伏新议会大厦建设工程项目自2021年4月1日开工，合同工期30个月；建筑规模：地下1层，地上6层，占地面积约80000 m²，总建筑面积37564 m²；建筑高度：31 m；总合同额：274.39亿西非法郎（约合人民币3.15亿）；承包范围：主楼、卫星楼、军营、停车场等的土木工程、结构工程、机电安装、装饰装修以及室外总体等；建筑用途：贝宁波多诺伏国民议会大厦。

图1 项目效果图

议会大厦主楼的全部外立构件全部为着色混凝土，包括异形墙、外挂柱。

三、原材料的选择

（一）颜料的选择

颜料包括三种特性，即色度、纯度、亮度。混凝土颜料的种类繁多，颜料必须具备较好的分散性和较强的着色能力，对外界破坏因素具有良好的稳定性，能耐碱、耐光、耐风化、在大气中长期不退色，与水泥有很好的相容性，不会发生有害反应。无机颜料相对于有机颜料耐久性好，常用于生产水泥基彩色混凝土。为保证彩色混凝土颜色均匀一致，同一彩色混凝土工程的颜料要选择同一厂商，且宜为同一批次。氧化铁系列颜料稳定性好，是无机彩色颜料中产量和需求量最大的一类产品。彩色混凝土随颜料掺量的增大呈色提高，但掺量过大，会对混凝土性能产生不利影响，如导致外加剂掺量高、工作性能损失大、抗压强度下降等，经试验确定较佳掺量为3.5%。但由于市场上氧化铁颜料的品质参差不齐，我们首先要对不同品质的氧化铁红、氧化铁黄进行筛选。初步确定氧化铁红与氧化铁黄。这两种颜色比较鲜艳纯正，浆体也比较细腻。

（二）水泥的选择

水泥的颜色及用量是影响着色混凝土的一个重要因素之一，普通水泥颜色都是灰黑色的，作为着色混凝土的基调颜色，只能生产深色的着色混凝土，如深棕色、红色。我们想得到的是浅色亮丽的粉红色，所以在水泥选择上我们选择了白水泥，水泥公司生产许多类型的水泥，它们从浅灰到深灰变化，通常不可能告诉用户混凝土的最终颜色。因此在同一项目上应使用相同水泥供应商和相同型号水泥以减少色差的风险。只要改变供应商和水泥型号，最终颜色很可能改变。最终我们选定了当地销售量比较多的突尼斯SOTACIB品牌的白水泥。

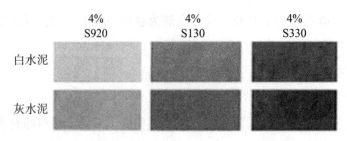

图2　普通水泥与白水泥着色效果图

图3　普通水泥着色砂浆效果图　　　　图4　白水泥着色砂浆效果图

（三）骨料的选择

由于我们制备的为浅色着色混凝土，所以在骨料尤其是细骨料的选择上，我们更倾向于浅颜色的细骨料。细骨料要求0.315筛通过率在15%以上，这样可以让混凝土浆体更加饱满。含泥量及泥块含量要在可控范围之内，避免对混凝土强度及颜色分布造成影响。此次我们选择的细骨料为当地颜色浅黄色细度模数在2.6的河砂，0.315筛通过率在18%。而粗骨料由于当时骨料材质及长久性、稳定性问题，我们选择了当地的一种货源比较充分坚固性好且稳定性较好的深色粗骨料。由于当地生产的粗骨料为单级配，所以我们选择两种级配的石子进行搭配使用。经实验分析进行3∶7搭配，这样可以更好地改善混凝土性能同时增加强度保证。

（四）减水剂的选择

由于彩色混凝土的坍落度不宜太大，且减水剂带入的碱应尽量少，以减少构件成品表面泛碱，因此，减水剂的减水率一般控制在20%左右，掺量相对普通混凝土可适当降低。本试验选用的为巴斯夫代理商的巴斯夫MasterRheobuild858，减水率为22%，固含量为11%，推荐掺量1.5%~2.0%。

四、配合比设计

（一）着色混凝土设计要求

1. 强度要求

此次配制的着色混凝土强度为欧标C30，检测使用直径160 cm、高320 cm的圆柱试模，强度需要达到30 MPa以上，根据大量实验结果转换成国标标准试块抗压强度需要达到38 MPa以上，所以我们在强度配置上按照国标C40结合当地普通混凝土的配合比作为初始配合比，在此基础上添加颜料及进行相应调整实验。

2. 坍落度要求

工程招标文件对混凝土的坍落度提出5~9 cm要求。

3. 和易性要求

和易性是一项综合的技术性质，它与施工工艺密切相关。通常包括有流动性、保水性和黏聚性等三个方面。由于此工程对塌落度有具体要求5~9 cm，所以流动性相对较差一些，所以此次实验的目的混凝土尽量松软一些。由于无其他矿物掺合料，混凝土自身的保水性差，所以也对混凝土用水量进行了严格控制。

4. 构件外观要求

（1）表面无大型气泡、气泡整体数量可控。

（2）混凝土无明显色差及色斑。

（3）混凝土无蜂窝麻面。

（4）混凝土表面无裂缝。

（5）混凝土模板拼缝处应平整，没有因漏浆而出现的砂带情况。

（6）混凝土边角平整。

（二）配合比氧化铁红与氧化铁黄比列选择实验

按照氧化铁颜料总掺入量3.5%进行水泥胶砂实验，按照白水泥：标准砂：水=450：1 350：225的比例再添加一定量的氧化铁红与氧化铁黄进行比例分析。

表1　颜料比例选择实验配比

实验编号	红：黄	水泥	标准砂	水	氧化铁红	氧化铁黄
1-1	2：8	450	1350	225	3.2	12.6
1-2	3：7	450	1350	225	4.7	11.0
1-3	4：6	450	1350	225	6.3	9.5
1-4	5：5	450	1350	225	7.9	7.9
1-5	6：6	450	1350	225	9.5	6.3
1-6	7：3	450	1350	225	11.0	4.7
1-7	8：2	450	1350	225	12.6	3.2

（三）配合比砂率选择实验

通过常用400水泥用量，0.4水灰比1.5减水剂掺量的配合比为基础配合比调整砂率的实验确定后期实验所用砂率为35%～37%。我们后面实验会选择36%的砂率配合比为基础实验，在水泥用量增减的同时适量增减砂率。

表2　配合比砂率选择实验配合比

实验编号	砂率	水泥	砂	碎石1	碎石2	减水剂	水	氧化铁红	氧化铁黄	状态描述
2-1	31%	400	544	398	836	6	160	7	7	石子偏多，包裹性差

实验编号	砂率	水泥	砂	碎石1	碎石2	减水剂	水	氧化铁红	氧化铁黄	状态描述
2-2	33%	400	587	384	807	6	160	7	7	石子稍多，包裹性稍差
2-3	35%	400	622	373	783	6	160	7	7	包裹性良好，混凝土柔和
2-4	37%	400	658	361	759	6	160	7	7	包裹性良好，混凝土柔和
2-5	39%	400	693	350	735	6	160	7	7	石子较少，浆体偏多

（四）配合比水灰比调整实验

通过固定氧化铁红及氧化铁黄的掺量进行水灰比调整实验，实验主要看浆体状态及可施工性能，还有颜色可控性能。

（1）颜色情况：同样水灰比用水量越低颜色越深，反之用水量越高颜色越浅。

（2）黏稠度及气泡情况：业主CCTP要求混凝土为欧标C30，坍落度5-9，为了保证此要求，需要通过增减减水剂使用量来调整混凝土水灰比。但是由于目前使用的减水剂性能（减水率低，缺少降粘等调节混凝土和易性的组份）。水灰比小混凝土黏度大，造成施工困难，同时混凝土内部气泡无法排出。

（3）和易性情况：用水量过高或者水灰比过大会造成混凝土中游离水过多，混凝土会出现泌水情况，实体中出现此类情况，也会对混凝土外观的光亮程度造成影响。且一旦实体拼缝出现漏浆，会造成很明显的砂线。

（4）强度保证情况：强度是混凝土配合比的最重要指标，在保证好混凝土可施工性的同时也要有很好的强度保证率，考虑材料情况与施工现场生产的情况，把混凝土保证率定在115%～125%之间。

（5）经济性情况：满足以上各种条件后，就需要考虑实际生产的经济性了，通过实验数据分析，把最终样板实验的配合比定为表5的配合比。

表3 配合比水灰比调整实验配合比

实验编号	水灰比	砂率	水泥	砂	碎石1	碎石2	减水剂	水	氧化铁红	氧化铁黄
3-1	0.38	36%	400	640	367	771	6.8	152	7	7
3-2	0.38	35%	421	622	373	783	6.7	160	7.4	7.4
3-3	0.40	37%	380	658	361	759	6.1	152	6.7	6.7
3-4	0.40	36%	400	640	367	771	6	160	7	7
3-5	0.40	35%	420	622	373	783	5.9	168	7.4	7.4
3-6	0.42	37%	381	658	361	759	5.3	160	6.7	6.7
3-7	0.42	36%	400	640	367	771	6	168	7	7

表4 配合比水灰比调整实验配合比

实验编号	坍落度	含气量	状态	7 d强度	28 d强度
3-1	9	4.2	浆体黏稠，有抓地现象	31.2	39.4
3-2	8	3.8	浆体饱满柔软，和易性良好	31.0	38.7
3-3	8	3.9	浆体黏稠，有抓地现象	27.7	33.2

（续表）

实验编号	坍落度	含气量	状态	7 d强度	28 d强度
3-4	9	3.2	浆体饱满柔软，和易性良好	29.4	35.6
3-5	9	3.1	浆体饱满柔软，和易性良好	29.6	36.4
3-6	8	3.3	浆体量不足，轻微泌水，和易性稍差	24.2	30.4
3-7	8	2.7	轻微泌水，和易性稍差	25.8	31.4

表5　最终选定配合比

实验编号	水灰比	砂率	水泥	砂	碎石1	碎石2	减水剂	水	氧化铁红	氧化铁黄
3-4	0.40	36%	400	640	367	771	6	160	7	7

五、样板制作

在前期对着色混凝土的强度及工作性能进行研究后，已经基本掌握了着色混凝土的配色方法。有良好的施工性，能够满足施工要求。

样板实验可以模拟同比例缩小后的实体进行浇筑测试，在实体浇筑过程中发现混凝土的一些瑕疵，并对施工方法进行一些改进。

（一）样板尺寸

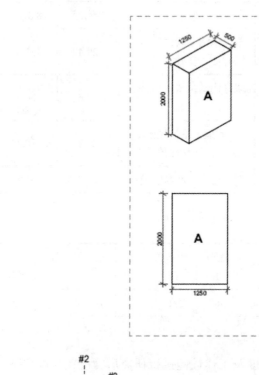

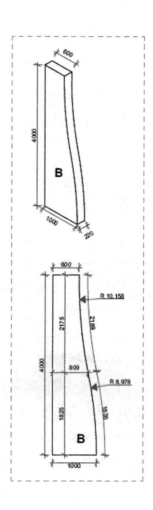

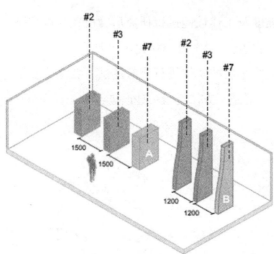

（二）模板支设

模板可采用覆膜木模板。脱模剂采用水性脱模剂，易于气泡排除，施工时应涂抹均匀，无漏涂。模板接缝密封严密准确，不得出现缝隙，防止漏浆。模板支撑系统要牢固，避免发生跑模。穿墙螺栓孔周围要处理得当，防止漏浆且便于螺栓拆除。

（三）混凝土搅拌及运输

着色混凝土生产运输前应对相应的搅拌机及罐车进行清理，保证清洁无污染。着色混凝土搅拌时颜料的添加应与水泥同时投入，并进行预搅拌，待搅拌充分后加入水及减水剂。着色混凝土生产时的搅拌时间也应比普通混凝土生产的搅拌时间适当延长，以确保颜料搅拌充分，颜色均匀。

（四）混凝土泵送及施工

混凝土输送泵要求每次使用前必须彻底清洗，为保证混凝土的均匀一致，在泵送前要逐车检查混凝土的色彩、坍落度、和易性，合格的方可泵送。保证无离析、泌水。泵管内保持湿润，同时混凝土泵送压力合理，尽量减少变径管与弯管数量。开始浇筑前先将根部浇筑同强度等级减石着色混凝土。混凝土浇筑时应分层振捣，每层高度控制为400~500 mm。下料高度控制为2.5 m，若超过时应在下料管下再接下料软管，控制下料高度。混凝土浇筑必须保证连续，尽量缩短浇筑时间间隔，且应保证在最短的时间到达浇筑点，避免产生分层冷缝。

混凝土竖向布灰应层次合理，每层不宜超过450 mm，两层之间混凝土浇筑时间间隔不宜超过30 min，振捣棒插入深度要大于浇筑层，插入下层混凝土100~150 mm。每振点振动时间应以混凝土表面不再下沉且无气泡逸出为止，振捣时间合理，不过振，不漏振。振捣棒要垂直插入和拔出，快插慢拔。分层浇筑时，振捣棒插入先前浇筑混凝土层顶面下150 mm处，将多余气体与浆体充分带出。浇至最后一层时，应在距浇筑标高350 mm处换用小一些的振捣棒，以避免上层出现浮浆。如果浇筑过程出现表层浮浆，且浆体过厚的情况，可以采取人工清理浆体并补齐相应标高的着色混凝土，使用小型振捣棒插入深度大于浇筑层厚度机型振捣，振捣均匀即可。

（五）混凝土拆模及养护

为了让着色混凝土表观质量好、色彩均匀，混凝土的拆模时间不少于 24 h。混凝土的强度不小于15 MPa。拆模时采用机械支撑系统，缓慢脱膜，严禁用锤子敲打，防止产生缺棱掉角。混凝土拆模后应立即对棱角进行保护并进行浇水养护，同时必须保证水质纯净，避免因为水质问题对混凝土产生反应，或者由于水源清洁问题对混凝土表面进行污染。避免使用混凝土养护剂，养护剂可能对着色混凝土表面进行污染。对于着色混凝土，成品保护也是重要环节。混凝土成品应进行覆盖保护，避免粉尘、雨水等对混凝土构件造成污染。

图5 着色混凝土拆模效果

六、结语

着色混凝土的生产配制是一个充满细节的工作，从材料的选择、配合比的确定、生产到施工，每一个环节都有很多需要注意的事项，每一个细微环节出现问题都会使着色混凝土的外观质量造成很大影响。以下我总结了过程中容易忽视的四点问题。

（1）颜料：着色混凝土的色泽、质感以及稳定性主要取决于颜料的性能，只有充分了解各种颜料的特点和性能，才能配制出理想的产品。着色混凝土所用的颜料关键的性能是颜料的着色力或称颜色强度。不同工艺的同种类颜料，即使掺入量相同，得到的颜色强度却不同。也就是说要达到相同的颜色强度时，其掺入量是不同的。究其原因就是颜料着色力不同。

（2）水泥本色对颜色的影响：水泥颜色从浅灰到深灰。实验证明灰色水泥对深色氧化铁红效果不比白色水泥差，这是因为白色水泥有粉化作用。对于浅颜色必须用白水泥来配制才可获得纯的色调。颜色深的利用灰水泥来配制，可获得较好效果。

（3）泛碱：泛碱的控制在彩色混凝土生产中是很关键的环节。对于混凝土泛碱，粉料是带入碱的一个原因。因此在选择水泥时尽量选择低碱水泥。另一个将碱带入混凝土中的因素就是外加剂。因此要求外加剂厂严格控制外加剂的碱含量。

（4）水灰比控制：如果水灰比过高，会增强混凝土的可塑性，但会降低混凝土强度。如果水灰比较低，会提高混凝土强度，但却降低了混凝土的可塑性。因此只有严格按照配合比施工，控制适当的水灰比，才能使水泥发生正常的水化反应，既保证了混凝土的强度，又能使其具有良好的可塑性。严格对原材料的选择和生产工艺的控制，按照混凝土施工规范要求进行施工，保证各项指标合格。工序衔接有条不紊，在混凝土逐渐硬化的有限时间内做好每一个细节，保证施工质量，可以浇筑出均匀一致的着色混凝土结构。

参考文献：

［1］潘家生，潘家山，潘庆元.彩色清水混凝土施工工法［J］.建筑技术开发，2012，39（67）：73-76.

［2］倪光伟.彩色混凝土颜色的影响因素［J］.混凝土新世纪，2013，04：67-71.

内爬式塔式起重机在印尼超高层建筑中的爬升设计与施工要点分析

王靖文①　庞　茜②　赵晓娟③　刘　腾④　李志水⑤

摘要： 本文以印尼一号项目为例，对超高层建筑内爬式塔式起重机的爬升设计与现场施工进行综合分析，明确其爬升体系组成和设计要点，给出施工过程中的主要注意事项，为类似项目提供一种参考办法。

关键词： 超高层；内爬式塔式起重机；爬升设计；施工要点

一、引言

根据装设位置的不同，固定式塔式起重机可分为附着自升式和内部爬升式两种，其中内部爬升塔式起重机是指设置在建筑物内部井道式空间内（如电梯井道、楼梯间等），并支承在楼板上或井道壁孔上，在施工过程中随建筑物的高度增加而借助于爬升机构自行爬升的塔式起重机，具有投入费用少、占用空间小、爬升操作简单方便等特点。由于印尼超高层建筑较少，内爬式塔式起重机的施工经验相对欠缺，印尼一号项目（Indonesia One Project）所采用的电梯井道内爬式塔式起重机在印尼尚属首次，对于印尼其他超高层建筑施工具有一定的借鉴意义。

---

① 中建八局第一建设有限公司海外公司项目技术部经理、工程师
② 中建八局第一建设有限公司业务经理、高级工程师
③ 中建八局第一建设有限公司海外公司专业技术岗、高级工程师
④ 中建八局第一建设有限公司海外公司工程管理部经理、工程师
⑤ 中建八局第一建设有限公司海外公司项目总工、工程师

二、工程概况

印尼一号项目位于印尼首都雅加达市中心，紧邻日本驻印尼大使馆，占地面积1.9万m²，建筑面积30.6万m²，地下7层，地上南塔楼58层、北塔楼59层，标准层高4.8 m，建筑高度303 m，项目周边环境如图1所示。塔楼主体结构采用混凝土核心筒+钢结构外框楼板体系，南北塔楼整体呈对称设计，核心筒墙体厚度和混凝土强度随建筑高度依次变化，规律如表1所示：

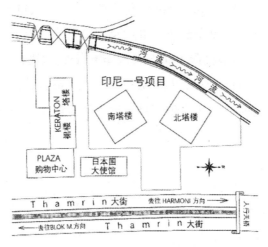

图1 项目周边环境示意

表1 核心筒墙体厚度及混凝土强度变化表

核心筒标准层平面图	楼层	外墙厚度	内墙厚度	混凝土强度
	B7－F3	800 mm	600 mm	FC′=70 MPa
	F3－F10	700 mm	550 mm	FC′=70 MPa
	F10－F21	650 mm	550 mm	FC′=60 MPa
	F21－F32	550 mm	450 mm	FC′=55 MPa
	F32－F36	450 mm	350 mm	FC′=55 MPa
	F36－Roof	450 mm	350 mm	FC′=40 MPa

三、起重机的选型和布置方案

为满足符合工程进度的吊次、吊重和工作幅度等要求，两栋塔楼分别选用了2台某厂家生产的STL420-24t型内爬式动臂塔式起重机，安装于塔楼核心筒对角线方向，两台起重机中心距控制中心距离在23 m以上。起重机爬升前的独立高度为54.4 m，内爬时的单次爬升高度为19.2 m。开始内爬时，首先顶升起一个略大于H205B标准节的高度，然后将露出基础预埋脚割断，从底部加入一个标准节后继续顶升，使起重机的高度变为57.4 m（9节半标准节，剩余半个标准节悬于底部内爬框以下）。由于受日本大使馆和塔楼间距的影响，南塔楼起重机臂长减至40 m，北塔楼起重机臂长减至50 m。两台起重机同时爬升，始终处于同一工作高度，既能满足塔楼施工要求，又不会造成回转时平衡臂干涉，确保了群塔作业的安全，其平面位置如图2所示：

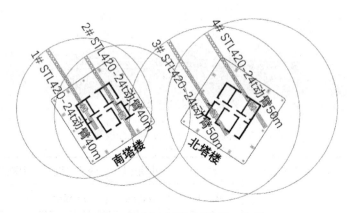

图2 塔式起重机平面位置示意图

四、起重机的内爬设计

井道内爬式塔式起重机在施工过程中需要单独设计的部分有：预埋件、牛腿、支撑梁、马凳等，各构件的设计参数需根据项目实际情况经受力计算后确定，其系统构成如图3所示：

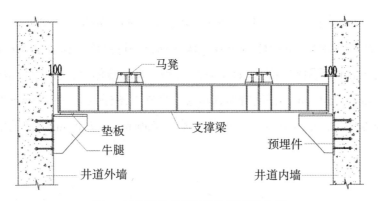

图3　正常爬升状态下的爬升系统构成

（一）起重机基础设计

起重机初次安装时，将基础预埋件固定于塔楼3 m厚筏板之中。在筏板浇筑前，将起重机的4个固定脚依次安装到位，按照塔身尺寸要求构成2050 mm×2050 mm平面，同时利用连接框对固定脚进行固定，复核固定脚的位置和标高，保证其主弦露出筏板顶面370 mm。筏板浇筑时应防止起重机固定脚发生位移或倾斜。起重机固定脚平立面设置如图4所示：

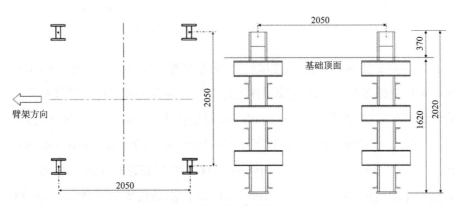

图4　起重机固定脚平立面设置

（二）起重机预埋件及牛腿设计

加工好的起重机预埋件提前运抵现场，在核心筒钢筋绑扎完成后根据设计位置进行预埋，预埋件面板需紧贴模板面，拆模即见，方便施工，预埋件的固定可采用与墙筋点焊连接等方式，防止跑偏。在印尼一号项目中，预埋件采用30 mm和25 mm厚Q345B钢板进行制作，30 mm钢板用作面板，25 mm钢板用作锚筋。如在450～800 mm厚墙体重，预埋件面板尺寸为900 mm×750 mm，锚筋3排4列布置，大样如图5所示。在350 mm厚墙体中，预埋件进行加大处理，面板尺寸增至1050 mm×750 mm，锚筋增至16根。

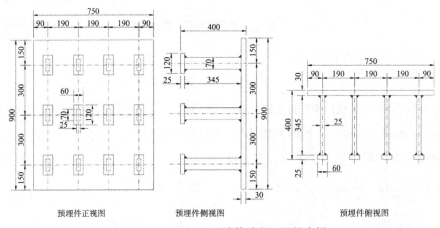

预埋件正视图　　　　　　预埋件侧视图　　　　　　预埋件俯视图

图5　450～800 mm厚墙体阶段预埋件大样

核心筒墙体拆模后露出预埋件，现场达到作业条件时，将牛腿吊运至指定位置按照设计要求与预埋件进行焊接，焊接完成后进行焊缝检测，验收合格后方可使用。在450～800 mm厚墙体中，牛腿顶面板尺寸为750 mm×700 mm×40 mm，顶面板下设置3道800 mm×750 mm×40 mm加劲板，大样如图6所示。对于350 mm厚墙体，牛腿亦进行了加大处理，顶面板尺寸增大至900 mm×700 mm×40 mm，加劲板增加至950 mm×900 mm×40 mm。

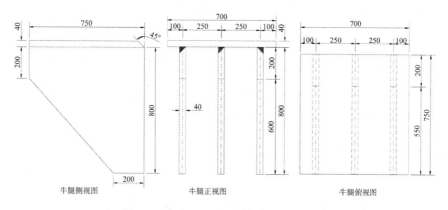

牛腿侧视图　　　　牛腿正视图　　　　牛腿俯视图

图6　450～800 mm厚墙体阶段牛腿大样

（三）起重机支撑梁和马凳设计

单台起重机在正常施工中，共设置有3道支撑梁，每次爬升后拆除最底部支撑梁安装在顶部新位置，实现循环周转。牛腿安装完毕后，即可进行支撑梁的吊装工作。单根支撑梁的长度略小于井道净空，方便安装。一般的，由于起重机的荷载较大，支撑梁选用强度和刚度较高的箱型梁。在印尼一号项目中，起重机支撑梁采用400 mm×600 mm（W·H）箱梁，上下面板厚30 mm，左右面板厚25 mm，中部加设20 mm厚加劲隔板。支撑梁两端设置有500 mm×300 mm×40 mm垫板，顶部设置吊耳，方便吊装。支撑梁示意如图7所示：

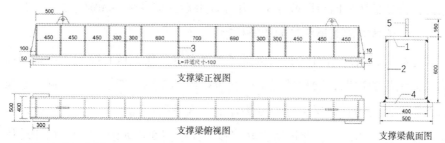

支撑梁正视图

支撑梁俯视图　　　　　　　　支撑梁截面图

1-上下面钢板，厚度30 mm；2-左右面钢板，厚度25 mm；3-加劲隔板，厚度20 mm；4-垫板，厚度40 mm；5-吊耳，厚度20 mm。

图7　起重机支撑梁大样

支撑梁安装完成后，将马凳和已拼接好的顶升框架进行螺栓连接，以起重机基础定位中心为基准定位马凳在钢梁上的位置，利用焊接方式将马凳固定于支撑梁上。在印尼一号项目中，马凳顶面尺寸为650 mm×600 mm，底面尺寸为500 mm×350 mm，全高250 mm，采用40 mm厚Q345B钢板进行制作，内部设置有加劲板，其设计如图8所示：

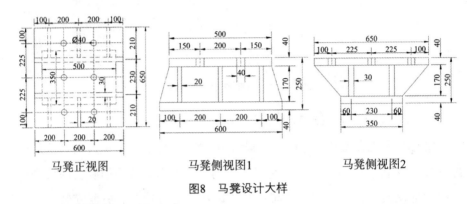

马凳正视图　　　　马凳侧视图1　　　　马凳侧视图2

图8　马凳设计大样

（四）起重机爬升配套设备

一般情况下，起重机爬升所需的顶升框架、顶升油缸等均为配套设备，无需单独设计。顶升框架的主体由两根主梁和两根副梁组成，通过轴销与开口销连接固定。顶升框架主梁上设有顶升油缸的固定支座（供两套顶升油缸同时顶升）和起重机承重支承架，以及承受休息（搁置）的爬爪，在顶升框架的四角可调支架，用于爬升后的塔身引导和锁定。

五、墙体变截面情况下的爬升处理

超高层建筑的结构往往在功能转换层发生变化，核心筒墙体出现局部增加或消失的情况，这种情况下的起重机内爬需单独考虑。以印尼一号项目为例，北塔楼在46层由办公变为住宅，南塔楼在46层由办公变为钢结构塔冠，部分墙体消失，北塔楼在46层核心筒平面变化如图9所示。由于墙体消失，布置在电梯井道的起重机支撑梁一端失去支撑点，这种情况下最便捷的方法即是在原位置加设转换梁给支撑梁提供支撑。在设置转换梁的过程中，除对转换梁的强度进行计算外，还需对核心筒结构进行强度复核，如结构强度不足时，可采取加筋、加梁等措施进行加强。在印尼一号项目中，转换梁的规格为900 mm×400 mm×50 mm×50 mm箱型梁，在梁端支座处、起重机支撑梁作用处均设置加劲肋，满足受力要求，其位置示意如图10所示：

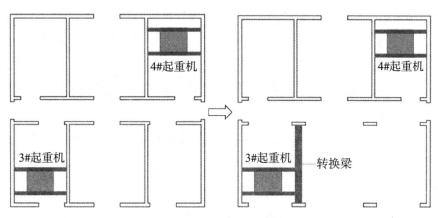

图9　46层核心筒截面变化图

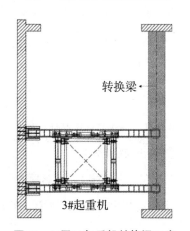

图10　46层3#起重机转换梁示意

六、起重机内爬的控制要点

对于起重机爬升所涉及的牛腿、支撑梁等各构件，在加工时必须严格按照设计图进行，有检测要求的焊缝必须进行焊缝检测，合格后方可投入使用。牛腿在安装过程中，通过同楼栋的另外一台起重机调运至指定位置，利用爬模等现有平台进行安装，以减小施工难度。

在安装支承梁前，应在楼层相应位置设置操作平台，同时在安装下方设置兜底防护，防止坠落。起重机正常爬升过程中，起重机每爬升一次，利用同楼栋的另外一台起重机吊起最底部的支撑梁转至上层新支撑梁位置进行安装，安装过程中必要时可利用手拉葫芦进行辅助。

起重机顶升需要有两道顶升框架，第三道顶升框架处于待命状态，在安装顶升框架前要确保核心筒墙体混凝土强度达到爬升要求。此外，为确保安全，在任何情况下支承梁及可调支撑架不应在顶升框架内部超出。

七、结语

印尼一号项目采用的电梯井道内爬式起重机爬升速度较快，安全性较高，满足了现场施工要求，取得了良好效果。但必须要强调的是，起重机作为大型施工机械，在设计时，必须要充分考虑各爬升部件和核心筒结构的安全，必要时增加加固措施。起重机爬升所需的牛腿和支撑梁等必须严格按照设计要求进行加工安装，起重机爬升操作必须以操作手册、专项施工方案为依据并在专业技术人员的指导下进行。此外，还须定期对起重机进行检查和保养，确保施工安全。

参考文献：

［1］中华人民共和国行业标准，塔式起重机混凝土基础工程技术标准（JGJ/T 187–2019）［S］. 北京：中国建筑工业出版社，2019.

［2］中华人民共和国行业标准，建筑施工塔式起重机安装、使用、拆卸安全技术规程（JGJ 196–2010）［S］. 北京：中国建筑工业出版社.2010.

风险管控篇

论境外基础设施项目建设政治风险防控

李 霖① 吕 潇②

摘要：境外基础设施项目建设中的政治风险是指由政治因素引起的非连续性出现于商业环境中，导致一个境外企业的利润潜力或资产损失的任何类型的政治事件，如战争、恐怖活动、政府变化和第三国干预等。本文结合中铁十四局走出去二十年来的海外工作经验对境外基础设施项目建设中的政治风险进行梳理、研究，从历史上、党派上和国际关系这三个角度分析了政治风险的内涵与分类，探讨了应该如何预防及应对境外基础设施项目建设中的政治风险，为提升企业境外基础设施建设政治风险防范能力提供借鉴。

关键词：政治风险；境外基础设施建设；一带一路

随着"走出去"战略的提出，越来越多的企业选择走出国门，尤其是"一带一路"倡议提出十年以来，得到了国际社会的密切关注，沿线国家经济一体化进程不断加快，参与"一带一路"沿线国家的基础设施建设成为中国对外合作健康有序发展的亮点。在经济全球化背景下，中国企业在走出去的过程中，除了承担商业风险，还必然要面临和承担许多国外政治风险。"一带一路"沿线国家中有近60个为发展中国家或转型经济体，国内政局稳定性较差，缺乏持续稳定的建设环境，本身就存在较高的政治风险，再加上当前国际形势正在发生深刻变化，不确定因素增多，国际环境

---

① 中铁十四局海外公司党委工作部副部长、团委副书记（主持工作）
② 中铁十四局海外公司党委工作部部员

更为复杂。与此同时,政治风险对企业海外经营、利润获取和所有权的威胁日益凸显,对中国企业开展海外建设工作埋下隐患。所以"走出去"企业对境外基础设施项目建设中的政治风险防控显得尤为重要。

一、政治风险的内涵与分类

政治风险是对企业境外投资影响最大的一类风险。它是指在对外投资活动中,项目所在国的政治变革或政局变动导致境外基础设施建设蒙受经济损失的可能性。贸易壁垒、投资壁垒等一直是有些国家保护本国产业或企业利益的工具,西方国家的"中国威胁论"等都直接影响到中国企业境外基础设施建设业务的正常开展。这类风险主要包括政局变化、战争战乱、派系冲突、恐怖活动等风险。如前段时间马来西亚新政府冒着巨额违约金的风险,取消马新高铁项目,给参与项目的中国企业带来重大损失。某企业在缅甸投资的大型水电站项目,历经三届政府更迭,项目搁置,损失惨重。某企业在阿富汗投资的铜矿项目,受当地政治局势及恐怖活动影响,开发进度严重滞后。还有以美国为代表的部分西方国家经常以国家安全为由干预中国企业的正常商业行为。这类风险最不容易预见和防控,发生后往往损失巨大。

从历史上看:历史遗留问题及其导致的战争是影响境外基础设施项目建设的不利条件,有的国家和地区连年战争,和平稳定时期较少,虽然基础设施建设的需求较大,但也面临着较大风险。比如2021年美军撤离阿富汗给在阿的中国企业带来了巨大影响,自2001年阿富汗战争以后,美军在阿富汗驻扎20年,2022年8月15日,塔利班武装人员进入首都喀布尔并占领总统府让阿富汗再度易主,所有中资企业员工紧急撤离阿富汗,在阿项目都停止运行。

从党派上看:项目所在国党派之争是导致境外基础设施项目建设政治风险的重要因素,不同的政党或者政权执政的理念有所不同,这极易导致对直接投资政策以及项目建设计划的改变,如税率、市场开放程度、民族主义等。比如,本公司于2018年跟踪摩尔多瓦基希讷乌环城路项目,2018

年7月25日与摩尔多瓦经济与基础设施部签订了MOU，但紧接着摩尔多瓦议会进行选举，经过一段时间的政治动荡之后，社会党和亲欧洲的ACUM党在议会中组成联盟。原来的摩尔多瓦总理在联盟成立后不久逃离摩尔多瓦，联盟投票选举产生了新的玛亚·桑杜组成政府。由于摩尔多瓦国内政局动荡，政权不稳定，基础建设计划一再被搁置，直到2021年年底该项目仍未落地。

从国际关系上看：世界正面临百年未有之大变局，国际形势急剧变化，经济环境不断恶化，近两年，大国博弈持续拉紧，中美贸易战不断升级，国际关系变化莫测。以美国为首的西方经济体对中国全面封堵围截，加之海外疫情持续反复造成大宗物资涨价、中外交通受阻、人员往来受限，"走出去"企业境外基础设施建设政治风险不断加码。比如，罗马尼亚的政局近几年较为混乱，党内斗争和在野党对执政党的不信任案投票接连不断，议会选举和政府更迭导致平均每半年多换一名新公路局局长和交通部部长，后期亲美政府上台后更是直接在政治层面明确针对中资公司。2021年1月27日，时任运输部部长在罗马尼亚议会上提议限制非欧盟公司参与罗马尼亚的基础设施公共招标项目，最终在2021年4月22日根据欧盟委员会的指示修订了公共采购法，给中资企业在罗马尼亚的基础建设项目承揽带来困难。

二、预防及应对境外基础设施项目建设中政治风险的措施

境外基础设施项目建设中的政治风险往往具有突发性和不可预控性，在政治风险突然发生时如何保证项目运作、甚至是员工的人身财产安全等，都十分考验境外中资企业的"应急处突"能力。

（一）加强研判，建立风险评级体系

政治风险一旦发生，就会产生极大损失，所以要在选择承揽项目时擦亮眼睛，评估政治风险，按照"风险最小、投资最少、效益最大"的原则，慎重选择目标市场国，尽量从源头杜绝政治风险。政治风险评估的重点是导致建设环境突然出现变化的政治力量和政治因素，中铁十四局建立"四库"机制，收集境外基础设施建设日常信息。一是项目信息及情报库，包含项目预期收益、风险、合作伙伴资质等信息；二是国别风险库，从历史、党派、国际关系等方面入手分析目标国别（地区）的政治环境；三是全流程风险库，包含同类项目开发、建设、运营、退出过程中面临的潜在风险；四是法规政策库，包含目标国别（地区）的行业监管政策与投资准入法规等，避免因法律等出现的政治风险。

（二）组建队伍，建立风险管理组织体系

企业境外投资风险管理组织普遍存在"一帮人一起管"的问题，即"同一帮人管"，这会导致国际化人才缺失、同一岗位"既管境内又管境外、分身乏术粗放管理"的情况；"一起管"也会导致风控职责划分不清，无法匹配境外投资复杂多变的风险管理要求。中铁十四局十分重视人才培养工作，建立"专才专人管专事"风险管理组织体系，进行明确的职能划分，在总部设置专门人员负责风险防控和研判，实现总部在政治、外汇、税务、合规等境内外衔接管理。并在境外设置非洲、大洋洲、拉丁美洲、南亚、中亚、欧洲等六大办事处，聘请专业人员进行专业板块的管控，实现对各个片区项目的精准管理，以满足境内外"双管控"的需求。中铁十四局在进行国际化人才的培养中，有意识地增加国际化培训，如进行项目所在国/地的语言培训、财务体系培训、法律合规意识培训、海外文化、海外商务礼仪培训等，尽可能防范各类风险。

（三）融入发展，与项目所在当地建立友好关系

在境外进行基础设施建设时，要在平时积极履行社会责任，尽可能地为当地民众排忧解难，加强与当地民众的交流沟通，建立友好关系，尽可能有效应对政治风险。2020年3月，中铁十四局中标埃塞俄比亚楚勒斯-索马亚公路项目，自进场以来积极开展各类实践活动为当地民众办实事，2021年进入5月份以来，项目部所在地区进入雨季，雨量大，水流急，多处道路冲垮，极大阻碍了交通出行。埃塞项目部急当地所急，积极联系当地政府，实地勘察道路冲毁情况，投入了大量人力、物力和财力，历时10多天的时间，使得居民密集区的交通出行率先恢复正常，其他路段根据施工安排也陆续恢复畅通。六一儿童节来临时，项目员工来到项目驻地南方州普吉特别行政区中心索亚玛镇小学，向学生们捐赠学习用品。正是有了前期较好的关系维系和民众基础，在11月埃塞政府宣布进入紧急状态，埃塞政府军和提格雷的战争愈演愈烈的时候才能保证项目驻地安全。

（四）临危不乱，及时高效主动响应

境外项目建设期间要保持上下联通，当风险来临时不等不靠，主动与各方进行沟通，第一时间主动启动相应措施，积极应对风险。2019年10月3日，厄瓜多尔发布了取消燃油补贴的总统令，宣布全国进入为期60天的紧急状态，厄瓜多尔全国范围内发生长达11天的抗议示威罢工游行活动，多个城市出现交通瘫痪和打砸抢烧等恶性事故。中铁十四局矿山项目部通往附近城市的道路中断，所有生活、生产物资都无法购置进场，还随时面临着遭受当地土著民族反抗组织侵犯的可能。在安全状况极其严峻的形势下，矿山项目部在与国内总部和上级领导取得联系后迅速启动应急预案，成立应急预案领导小组，一方面对物资储备、车辆配备、信息收集、资料存放、人员管理等进行全方面梳理和周密的规划部署，除必要外严禁人员外出，全方位加强监管，确保项目人员的生命、财产安全，另一方面发挥党组织战斗堡垒作用，及时收集相关信息，做好中外员工恐慌情绪安抚工作，随时做好紧急撤离准备。

（五）加强管理，应急处理有条不紊

当政治风险发生时往往是紧张又急迫的，极大考验着境外项目的应急处突能力，要提前为应对突发情况制订应急预案，并按方案程序有条不紊应对。涉及战争等政治风险时，要及时与大使馆取得联系，听从指挥，充分发挥党组织的战斗堡垒作用和党员的先锋模范作用。比如在2022年中资企业撤离阿富汗时，阿富汗恐怖袭击更加频繁，面对战争等重大政治风险，中铁十四局在与驻阿富汗使馆取得联系后，制订了《驻阿富汗人员回国专项方案》，明确人员分工，由党员干部带队将撤离人员分为联络、后勤、救护等若干小组，妥善安排国有资产处置和保全，不能带走的物资材料集中安置后做好覆盖防护、防盗等工作，重要材料随身携带并进行拷贝处理。除此之外积极做好当地雇员安抚工作，为雇员发放防疫物资，并由外籍雇员进行日常的巡视、保养，并做好营地的维护工作。

三、启示

由于政治风险的不可预测性较大，因此，做好政治风险的管控在中国企业"走出去"过程中的作用举足轻重。为了规避政治风险，企业应注意以下四个方面：一是应做好自身战略定位，审慎节制地配置战略资源，建立"一带一路"沿线国家风险评级体系和投资保险制度，对面临的政治风险要提前作出详细的评估，并及早制定风险防范措施。二是应主动发展与相关国家国内各主要政治力量、派别或族群的友好关系，力图保证不同势力的掌权不会对中国企业形成风险，并提升项目透明度，尽量降低因东道国利益相关者对投资项目误解而引致的政治风险。三是应该鼓励项目所在国利益相关者共同参与项目的投资、建设，建立多方合作机制，积极构建和项目所在国利益相关者的"利益共同体"，尽可能分散政治风险。四是在政治风险发生之后，应该自觉配合和响应大使馆的要求，同时积极利用合法性战略来重新构筑企业在项目所在国的建设合法性，缓解政治风险。

企业应对非传统安全风险的实践与思考

——以中铁十四局应对境外非传统安全风险为例

刘志远[①]　　姬宏伟[②]

中国对外承包工程业务经历40多年的发展，已经成为中国企业"走出去"参与高质量共建"一带一路"和国际经济合作的重要方式。在国家"走出去"战略和"一带一路"倡议深入实施的背景下，中国对外承包工程业务规模和国际影响力不断扩大，经营承揽方式日趋多元，管理服务体系日渐完善。近年来，国际形势波谲云诡，新冠肺炎疫情加速了百年未有之大变局的演变，国际基础设施投资放缓，"走出去"企业面临的发展模式创新、业务转型升级、安全风险管控的挑战越来越大。随着共建"一带一路"高质量发展不断推进，提高风险管理意识，增强风险识别能力，建立有效的风险管控机制成为对外承包工程企业坚持"走出去"战略、实现高质量发展需要解决的首要问题。

本文结合中铁十四局在开展海外业务时妥善应对境外非传统安全风险，维护员工生命安全、保全国有资产、履行社会责任、树立企业形象的实践经验，深入思考分析企业如何应对非传统安全风险，以期对"走出去"企业有所借鉴。

---

① 中铁十四局海外公司副总经理兼总经济师
② 中铁十四局海外公司人力资源部（党委干部部）副部长（主持工作）

一、非传统安全风险概述

与传统安全风险相对应，非传统安全风险指的是非军事因素引发，直接影响甚至威胁主权国家稳定、发展与安全，对人类生存构成重大威胁的风险。如恐怖主义、跨国犯罪、网络攻击、环境安全、重大疫情、自然灾害等都属于非传统安全风险范畴。

相较于传统安全，非传统安全风险有以下四方面特点。一是潜在性与突发性。非传统安全风险从萌芽、酝酿到激化，往往是一个矛盾不断积累、性质逐渐演变的渐进过程，一旦量变累积突破临界点，又常常以危机形式猛烈爆发，容易引发社会恐慌和动荡，成为某一阶段影响国家安全的重大问题。二是联动性与传导性。非传统安全风险可能由单一风险向复合危机转变，由局部问题向国家安全的全局全域传导。类似新冠肺炎疫情这样的全球公共卫生重大风险，容易向社会、经济和政治等安全领域传导，甚至在一些国家和地区引发社会失序、经济失调和政治失治的复合型危机，给国家发展和民众生活造成深重灾难。三是全球性与发展性。非传统安全风险从产生、应对到解决均具有明显的国际特征，如应对气候变化、传染病大流行、资源能源短缺等现有共性问题"存量"尚未解决，以及随着科技发展带来数据安全、人工智能、基因技术等领域的新兴问题"增量"不断涌现，这些都是关系到全球和人类整体安全利益的问题，需要国际社会通力合作、同舟共济，需要借助科技的发展、转化和运用。四是现实性与普遍性。非传统安全点多面宽，广泛潜藏、现实存在于国家和社会的各个领域。非传统安全风险与每个公民都息息相关，小到个人的衣食住行，大到整个社会的安定、经济的发展、生态的平衡乃至文化的繁荣，影响人民群众的生产生活各个方面，必须统筹分析、整体施策。

近年来，非传统安全事件频发，海地地震、吉尔吉斯斯坦骚乱、利比亚动乱、日本地震、中非动乱、马里"11.20"丽笙酒店恐怖袭击、巴基斯坦"7.14"公交车爆炸事件、新冠肺炎疫情全球大流行等，给企业持续健康发展造成巨大冲击。

二、应对非传统安全风险的实践

2003年6月，中铁十四局中标阿富汗昆都士公路修复工程，实现了海外工程承包市场零的突破。经过近20年的发展，目前已成功进入阿富汗、尼泊尔、贝宁、多哥、尼日尔、安哥拉、阿尔及利亚、几内亚、斐济、厄瓜多尔等27个国家和地区，涉及铁路、公路、市政、房建、水利、桥梁等基础设施建设领域。在拓展海外业务的进程中，也先后经历过2004年阿富汗"6.10"事件、2015年尼泊尔"4.25"大地震、2017年多米尼克"玛利亚"飓风等重大非传统安全风险事件。以下重点以阿富汗"6.10"事件处置为例，阐述应对境外非传统安全风险的实践与思考，供"走出去"企业参考。

（一）阿富汗"6.10"事件的处置措施

2004年6月10日，中铁十四局随即启动应急预案，紧急派出应急处置领导小组，在政府有关部门和使馆的领导下，沉着高效、妥善应对。

1. 启动应急预案

事件发生后第一时间启动应急预案，一是及时汇报突发状况。项目经理向驻阿富汗大使馆和国内集团公司汇报现场人员伤亡和财产损失情况；二是以人为本，全力抢救伤员。枪声结束后，项目书记第一个冲出房门，察看情况，组织抢救伤员、搬运遗体，现场医生医治伤员，由于事发突然，卫生室没有足够的血液，项目组织员工集体献血，一名党员主动给伤员输血500毫升。三是联络政府和驻军。与阿富汗当地政府和驻军取得联系，安排军队和警察保护现场、保护机械设备，并且重新部署营地安保工作，防止二次袭击造成更大的人员伤亡。

2. 安抚员工队伍

整个营地笼罩着恐怖的阴影，许多员工惊魂未定，产生恐惧、焦虑情绪，急需心理疏导。一是转移人员，由于现场条件限制，项目决定将人员转移至首都喀布尔，集中安置，并增加安保人员进行守卫。二是一对一对接疏导，按照工人地域进行分组，项目党员与工人"班组"结对子，全天陪同和看护，通过聊家常、通报工作安排排解工人心理压力，记录登记员工生活和家庭中遇到的困难并安排国内公司着力帮扶，解决后顾之忧。三是提高员工生活标准，改善员工伙食和生活条件，满足员工的生活需求，如购置专用通讯设备等，保障人员与家人的联络畅通。四是领导干部将组织关怀带到每一位员工，集团公司主管领导亲赴现场慰问伤员，与员工进行座谈，帮助员工克服心理阴影，保持员工队伍稳定。

3. 做好善后工作

国内外双向联动，妥善做好事件的善后工作。一方面，在大使馆的领导下，组织包机转运牺牲员工遗体，安排专人护送遗体抵达机场，在机场进行简短的默哀和送别仪式后，牺牲员工遗体回国。国内成立了两个工作小组，由集团公司领导带队，分赴不同地区牺牲人员家中慰问，做好家属的安抚，料理好后事。另一方面，组织员工分批回国，每一批都指定专人带队，负责员工途中生活、票务、通关等。

（二）应对非传统安全事件的经验

阿富汗"6.10"事件处理完后，阿富汗工地已经处于停工状态，机械、材料均无人看管，根据合同要求，必须要按期完工，否则公司会面临巨大的经济损失，企业形象也必然受损。正在项目建设一筹莫展的时候，集团公司在全局掀起了一场志愿活动，员工纷纷提交请愿书，申请到阿富汗去。1个月内，中铁十四局重整行装，再次奔赴阿富汗，圆满完成了任务。这是中铁十四局第一次应对海外安全突发事件，在遭受损失的同时，我们也吸取了教训、总结了经验，指导应用到不同国别，妥善应对非传统安全风险。

1. 始终坚持党的领导

习近平总书记强调，党政军民学，东西南北中，党是领导一切的。坚持党的领导、加强党的建设，是我国国有企业的光荣传统，是国有企业的"根"和"魂"，是我国国有企业的独特优势。面对复杂的国际环境和重大突发事件，必须要坚定不移坚持党的领导，发挥党组织战斗堡垒作用和党员干部的先锋模范作用，化解非传统安全风险，保证企业员工生命和财产安全。2022年自美国宣布从阿富汗撤军后，整个喀布尔的安全形势日趋恶化，十四局在阿富汗承担着两项援建任务，依然有11人在坚守，保证人员生命安全至关重要。一是保持信息畅通，项目党支部与国内总部和驻阿使馆保持着密切沟通，并建立起每日报告人员情况制度，随时关注阿富汗政局的变化。公司党委与股份公司党委、国资委、商务部国际经济合作事务局、外交部保持联络，及时传达上级指示。二是细化防护举措，项目党支部加强安全保卫，轮岗值班，储备食品、饮用水等生活物资和防疫物资，安抚好员工情绪。三是快速应急响应，公司党委统一调度和部署，要求前方一切服从大使馆的领导和指挥，6月20日，项目党支部收到紧急撤离的指示，党员干部冲锋在前，仅用两天时间就做好了施工资料的规整、国有资产的保全、营地的守卫安排等工作，于7月2日乘坐包机安全抵达武汉，顺利完成紧急回国任务。实践证明，困难面前，党是我们永远的"主心骨"和"压舱石"，有党组织发挥"把方向、管大局、保落实"作用，十四局在阿11名员工安全返回国内。

2. 不断加强沟通协作

团队精神是企业生存和发展成功的基石，企业内部需要团结协作，外部更需要沟通协作，凝心聚力、共度难关。企业在"走出去"进程中，"抱团取暖"和互帮互助让企业在应对非传统安全风险时更加高效。一方面，沟通与协作可以高效应对非传统安全事件，2017年9月19日，飓风"玛利亚"登陆多米尼克，造成灾难性破坏，已无基本生存条件，需要撤离在多中方员工。中土集团作为十四局在铁建系统内的兄弟单位，负责在多人员的撤离工作，集团党委与中土集团加强通联，掌握前方撤离方案，同时向撤离人员通报撤离动态，确保员工队伍稳定和撤离工作有条不紊进行。在外交部的统一部署下，在驻多周边使领馆的领导下，在中土集团的协调帮助下，23日上午，包括中铁十四8名员工在内的158人已顺利抵达安提瓜和巴布达，其余员工将陆续撤离。10月1日，集团11名员工乘坐转移受灾同胞的政府包机安全降落在上海虹桥机场，顺利完成撤离任务。另一方面，沟通与协作也能更好的防范非传统安全风险。在阿富汗，集团与中国十九冶、中国路桥、中兴、华为等中资企业建立信息共享平台，实时分享掌握的安全信息。

3. 持续完善应急机制

完善的应急管理体系是有效处置非传统安全风险事件的前提，是风险管理与内部控制落地的重要途径。实践中，中铁十四局多措并举强化应急体系建设。一是加强组织领导，确保应急体系机制顺利运行。在国内，集团建立起主管领导任组长的应急处置领导小组，在不同的国别建立项目主管负责的执行小组，执行小组定期向领导小组报告安全、疫情等最新情况。集团总部实行安全风险调度制度，建立专门的生产安全风险调度管控系统，通过辨别风险源，制定措施消除风险等加强风险管控。二是强化顶层部署，不断修改完善专项预案。丰富和完善应急预案，为应急管理提供理论基础，因地制宜结合实际查漏补缺，实时进行调整。在阿富汗以《中铁十四局集团有限公司安全生产管理办法》为依据制订项目《安全生产实施方案》，并增加制订《安全防恐专项方案》，指导应对恐怖袭击、绑架等非传统安全事件，在新冠肺炎疫情大流行下，补充疫情防控方面的内容，在执行紧急回国任务时，制订了《回国专项方案》，切实做到程序严谨、执行高效、落实到位。三是统筹自有资源，建立完备的应急保障，项目实施时强化多重安保管理，建立应急救援组织，指定专职或兼职应急救援人员；配备必要应急物资，加大应急保障体系建设，包括应急通讯、饮食、防护、救护等物资。在阿富汗人员撤离时将现有人员分为联络组、保障组，分工协作、各司其职，并且储备了口罩、防护服等防疫物资以及食品、饮用水等生活物资，保障撤离任务的顺利执行。

4. 扎实履行社会责任

就非传统安全风险而言，有些通过加强研判和管控可以预见，有些是难以预见的，如地震、飓风等自然灾害以及新冠肺炎疫情大流行，在这些非传统安全事件发生后，除了保护自身的安全以及资产安全之外，也需要"走出去"企业积极履行社会责任，共同构建人类命运共同体。一是主动参与抗震救灾。2015年4月25日，尼泊尔加德满都突发8.1级强烈地震，中铁十四局援建尼泊尔武警学院项目第一时间安排人员和机械设备奔赴重灾区参与救援。27日上午，集团先锋救援小组随武警车辆出发，前往救灾现场，驾驶挖掘机，清理一座坍塌的楼房，经过数小时的奋战，在楼房下找到部分遇难者遗体。另一小组则驾驶装载机等机械，带领项目人员维修市区道路，对道路损毁严重的地方进行填土修补，方便救灾车辆通行。经过连续作业，成功从所救援灾区救出一名伤者，找到10名遇难者遗体。二是守望相助同心抗疫。新冠肺炎疫情在世界各国蔓延，为了缓解驻在国医疗物资短缺的情况，集团向股份公司总部、乌克兰、阿根廷、厄瓜多尔、尼泊尔等国家捐赠防疫物资60万元人民币，与驻在国民众共同战"疫"。三是心系群众助力当地，集团尼泊尔项目了解到当地的辛都尔乔克警察局急需安全帽等安全防护设施，警察局检查站的建设也极为缓慢，为当地警察执行任务带来不良影响。项目为警察局提供了大量安全防护工具，并为他们完成了集装箱的基础建设工作。

三、应对非传统安全风险的启示

应对非传统安全风险是"走出去"企业高质量发展进程中急需解决的重要问题，需要引起足够的重视，下大力气提高企业管理水平，完善应急管理体系，细化防范举措，海外业务才能行稳致远、安全可控。应重点做好以下几方面的工作：一是扎实做好风险识别、风险评估和风险管控。在国际工程承包过程中，建立行之有效的风险防控系统，准确识别和防范化解非传统安全风险是决定项目成败的关键因素。二是坚持"以人为本"不动摇。在任何情况下都要秉持"人民至上、生命至上"的理念，把员工的生命健康安全放在首位。三是增强应急处突能力，非传统安全事件发生后，及时启动应急预案，同时做好沟通、救援、管控和维稳等工作。

面对全球经济低迷的现状和复杂多变的国际环境，"走出去"企业要统筹好传统安全和非传统安全，把安全发展贯穿企业海外发展的各领域和全过程，不断提高对境外非传统安全风险的认识能力，增强对非传统安全风险的辨识能力、危机应对处置能力及风险化解能力，防患未然的同时在非传统安全事件发生后及时启动应急预案，按照程序和流程沉着应对、妥善处置，为企业海外事业高质量发展提供坚强保障。

人力资源篇

新形势下海外工程属地化人力资源管理探究及实例分享

马官林[①]　李兆斌[②]　高　坤[③]

摘要： 2022年，新冠肺炎疫情持续、通货膨胀加剧、债务风险高企，加之俄乌冲突引发的一系列制裁等多重风险，使得国际工程承包市场面临前所未有的挑战。本土企业在海外实施同质化管理模式受不同国别人文、地理等主客观因素的影响，实施过程和效果存在较大差距；随着我国经济实力不断提升，人员工资水涨船高，逐步步入老龄化社会，人口红利消失，人力资源作为最重要的影响因素之一，海外工程属地化人力资源管理必须实现符合属地国情的精细化管理，这是提高海外工程核心竞争力的必由之路。本文将从海外工程建设企业人力资源属地化的推进及管理等的角度，探究海外属地化人力资源管理并分享应用案例。

关键词： 海外工程；属地化人力资源管理

一、属地化人力资源管理的定义

属地化人力资源管理是指海外工程项目根据所在国别的法律和常规的习惯做法，充分招用当地人力资源进行项目实施的全方位管理及保证，确保按照合同要求交付项目，并能充分达到属地员工与中方员工的密切配合、降低管理成本，提高工作效率和沟通效率，这个过程一般要通过建立有效的选

---

① 青建海外发展有限公司加纳分公司副总经理
② 青建海外发展有限公司菲律宾分公司总经理
③ 青建海外发展有限公司援圭亚那公园项目项目经理

人、育人、用人、退人的工作机制来保障项目整个团队的平稳有序运行。

二、属地化人力资源管理的工作内容

人力资源管理主要包括：人力资源规划、招聘与配置、培训与开发、绩效管理、薪酬福利管理、员工关系管理，这六个部分构成了人力资源管理的有效体系。在发展中国家和不发达国家，尤其是非洲国家，廉价的劳动力是海外项目人工成本的优势所在，人力资源属地化管理，其重要性不言而喻，把人力资源管理体系融入当地国情，再实行有目标、有规划、有体系的属地化管理，这才是比较完善的一套人力资源属地化管理体系。以下的人力资源属地化管理的分析也是结合海外工程实例进行。

（一）人力资源属地化的规划

每年年初，公司人力资源部根据公司各职能部门、项目部的用工需求，组织拟定本年度属地化人员招聘计划，明确岗位职责、对候选人的要求等，报公司领导审批通过后执行；每季度根据招聘工作进展及各单位实际情况，对招聘计划进行适时调整完善。人力部门在此基础上将做人力资源属地化需求预测和市场调查，在控制年度总需求不变的情况下，将计划划分为年度、季度和月度人员需求计划。

（二）属地化人员的招聘与配置

人力资源部组织各部门、项目部根据岗位设置、用人需求，合理制订属地化管理人员招聘计划。属地化管理人员招聘主要通过外部渠道和内部渠道开展，外部渠道包括：专业网站发布招聘信息、校园招聘等；内部渠道包括：内部岗位竞聘，优秀属地化员工推荐、介绍等。

过程中做好属地化人员的背景调查，由人力资源部牵头，组织项目负责人共同对面试通过的候选人进行背景调查，与候选人过往的工作单位进行沟通，核实候选人提供的工作表现、职业品德、离职原因等信息的真实性，排除潜在隐患。如拟招聘岗位对专业技能方面有特别要求，则可在上述面试通过后，增加现场技能测试环节。由人力资源部牵头，组织技能测试小组，对候选人的专业技能进行现场测试，测试通过后视为面试通过。

依据公司属地化管理人员薪酬考核管理办法中的薪酬标准，结合用人单位对拟招聘岗位的定位，由面试小组共同商定面试通过者的薪酬范围，由人力资源部负责与面试通过者做薪酬谈判，确定薪酬范围。

人力资源部负责整理最终面试通过者的相应资料，形成录用审批表，报请公司领导做出最终批复意见。审批通过后，由人力资源部确定人员到岗的时间要求，并通知被录用人员做好入职准备。新员工按照通知时间到人力资源部报到并递交相关个人资料。人力资源部负责就劳动合同中关于试用期、薪酬标准、其他重要事项等向新员工做交底，确认无误后与员工签订劳动合同。同时就员工手册，向新员工做入职培训；培训结束后，新员工在员工手册上签字留档。

（三）属地化人员的培训管理

属地化员工在完成入职报到后，由人力资源部通知用人项目，将新员工派送至工作岗位。人员到岗后的第一时间，由用人项目负责人对新员工做岗前培训，包括岗位职责、工作要求与规范、安全管理规定等重要事项，并配发安全劳动保护用品。新员工须在岗前培训交底资料及安全劳动保护用品领用表签字确认。用人单位将新员工签署资料留档。过程培训通过在实际工作中对当地雇员进行技术、安全等方面的培训增强他们的技能，过程培训是个长期和循环反复的工作，只有通过多次重复性的过程培训，才能提高当地雇员的整体素质。

在常规培训后，建立梯队培养和培训管理模式。属地化管理人员第一梯队是指与公司签订正式劳动合同的各专业序列的管理人员。属地化管理人员第二梯队是指各项目的属地化工人中具备正式管理人员的潜质，且正在担任一定管理工作职责的后备人才，例如属地化大工长、各专业工程师等。

1. 第一梯队属地化人员培训及使用管理

人力资源部负责组织各序列制订第一梯队人员培养计划，监督各单位按照既定计划开展人员培养工作；负责组织各单位对第一梯队人员工作业绩进行考核评定，根据考核成绩及时做出任用调整；负责组织各单位及时梳理第二梯队人员情况，对于符合转为正式管理人员条件的加入第一梯队；对于业绩表现较差的人员及时淘汰出第二梯队。

各专业序列负责人为第一梯队人员中本专业人员培养工作的第一责任人，负责根据人员所在项目情况、人员岗位及工作情况，制订年度整体培养计划，并分解至各月度，监督各项目推进执行。每年末，各专业序列负责人将本序列人员年度培养计划完成情况进行总结分析，对人员的成长与不足进行总结与分析。

第一梯队人员的月度考核主要依据公司的相关工作要求与流程，由各项目组织开展月度绩效考核工作。同时，兼顾梯队人员年度培养计划各月度执行情况进行辅助考核；年度综合考核以年度工作考评、年度工作述职、年度培养计划得分情况、各月度绩效考核平均得分等相结合的方式开展；对于年度综合考核排名靠前的人员给予职级或薪级的提升，并将在重点项目及重点岗位上给予任用；对于年度综合考核排名靠后的人员给予降职或降薪处理，或给予工作岗位的调整，必要时及时进行淘汰。

2. 第二梯队属地化人员培训及使用管理

各专业序列负责人为第二梯队人员中本专业人员储备工作的第一责任人，负责对储备人员的整体情况进行梳理与评估。可参考第一梯队人员的培养与考核方式开展对第二梯队人员的培养与选拔；负责每月度梳理本单位储备人员情况，对于符合正式管理人员条件的，及时提报相关专业序列负责人进行评估，由专业序列负责人将拟转正管理人员的名单及资料提报人力资源部；由人力资源部牵头，开展人员面试、录用及签订劳动合同等工作，并将人员及时列入第一梯队，继续加强培养。

（四）属地化人员的薪酬管理

通过规范属地化员工的薪酬政策、绩效考核、工资核算与发放，充分调动属地化管理人员的工作积极性，基本的标准如下：

属地化员工月度薪酬=基础工资+绩效工资+综合补贴+工龄补贴+其他补贴。

属地化员工月度绩效工资：根据每月部门负责人或项目负责人对属地管理人员的绩效评价打分确定，即实际绩效工资=绩效工资标准*绩效评价得分/100，其中绩效评价得分为百分制。

（五）属地化人员绩效考核管理

每月月末各部门、项目部对本单位属地化管理人员的考勤进行汇总，对工作业绩做出绩效打分评价，绩效打分应有事实依据；于月末最后一天将属地化管理人员的考核表提报人力资源部，作为核算员工工资的依据；人力资源部将根据员工实际出勤及绩效评价得分情况，整体核算管理人员月度工资，报总经理审核。同时将针对当月绩效得分低于80分的管理人员，协调项目部一起进行面谈交流，帮助管理人员提高工作业绩；人力资源部每年年末将对管理人员本年度的每月度绩效评价得分进行汇总梳理，同时对年度属地化管理人员薪酬水平进行梳理，对于表现优异或较差的管理人员给予调薪调级建议。

（六）属地化人员关系管理

属地化员工关系管理是目前项目部当地雇员管理实施的主要日常工作。员工关系就是当地雇员和中方企业的关系，但在国家法律、民族宗教、风俗习性上又有巨大的差异。在以往产生的劳务纠纷案件中，往往是我们对当地法律、民族宗教、风俗习性没有认知和不熟悉。在当地雇员关系的处理上，不论是从劳动合同的签订，还是发生劳资纠纷、劳资调解时，都应该按照法律来处理，按照雇佣双方的权利与义务来界定双方的责任。充分尊重当地雇员的宗教信仰和风俗习惯，做到文明管理，友好协作，凝心聚力；与当地员工建立良好的雇佣关系，对于长期合作的员工给予待遇上的优惠，对表现优秀的当地员工适当发放奖励或补助，增加其收入，为其提供升职机会，培养他们的归属感；在当地重大节假日时发给员工慰问品，体现企业的人文关怀，提升企业形象。

对于海外项目而言使用当地雇员一方面能够有效地实现工程成本的节约和风险的规避；另一方面当地雇员相同的文化背景和语言优势使得其与

当地人员沟通交流也更便捷顺畅；此外，对当地政府而言，使用属地化员工，也可以增加就业机会，拉近政企关系，促使双方关系更趋融洽。

三、人员属地化效益分析

人员属地化量化经济效益究竟如何？现以我司某机构常规项目为例，进行简单测算分析，以获取直观参考数据（本测算不考虑疫情因素影响）。

项目总建筑面积10000平米，造价8000余万人民币，工期1年，施工内容包括土建、安装、内外装、室外配套工程。暂按项目从开工到交工平均配置考虑，中方管理人员7名；属地化管理人员8名；中方工长5名；属地化工人270名。按照人工工效比核定。

1名中方管理人员1年的费用，包括工资、食宿、签证、往返交通、休假、日常开销，平均大约230000人民币。1名属地化管理人员1年费用，包括工资，加班费，平均大约60000人民币。1名中方工人1年的费用，包括工资、食宿、签证、往返交通、日常开销，平均大约200000人民币。1名属地化工人1年的费用，包括工资、加班费，平均大约38000人民币。

根据上述所示数据，按照现有属地化工人用工配置，270名属地化工人大约核定为90名中方工人，大致节省管理费800万，将近占合同额的10%，剔除数据的准确性因素影响，属地化的应用节省出5%～8%的利润率是有保障的，应该是非常可观的比例。如果按照完全属地化人员配置，及管理人员及工人均采用属地化人员，能够节省更多的管理费，但项目的工期及综合要求将无法确保，在此不做分析。

四、结语

总之，新形势下海外工程属地化人力资源管理是海外工程建设发展的必然趋势，适时推进海外工程人员的属地化管理可以有效降低企业管理成本，进一步提升海外项目实施水平、提高企业的盈利能力和国际竞争力，逐步由劳务输入转型为管理输出，属地化的运作模式也能够有效解决当地就业并符合政府相关用工规定，建立良好政企合作关系，推进海外项目的顺利实施和市场的进一步开拓，助力企业在海外市场的稳步发展。

参考文献：

［1］周永红.海外项目员工属地化管理探索及体会［J］.经营管理者，2013（26）：32.

［2］赵晨曦.国际工程承包中的属地化经营管理实践［J］.江苏建材，2013（5）：41-44.

［3］黄海嵩.中国企业劳动关系状况报告（2013）［M］.西南财经大学.北京：企业管理出版社，2013.

后疫情时代外派劳务的制约因素及发展趋势

尚　民[①]　袁　健[②]

新冠肺炎疫情严重影响了世界经济的发展，我国对外劳务合作业务也由此承受着前所未有的压力，跨国人员流动严重受阻，业务链条受到冲击，业务规模大幅下滑，行业发展面临巨大挑战。进入后疫情时代，对外劳务合作业务所面临的不稳定性、不确定性因素明显增多，保持对外劳务合作业务的可持续发展，必须客观认清制约要素，理性研判发展趋势，才能有效确定实现可持续发展的相关措施。

一、后疫情时代制约外派劳务业务的主要因素

进入后疫情时代，外派劳务业务的制约因素主要体现在国际政治经济环境、国内人口变化以及外派劳务招选生态体系三个方面，涉及经济景气度、工资待遇、通行便利程度、政府补贴政策以及疫情防控等多种因素。

（一）备选劳动力基数呈下降趋势

当前可列为外派劳务的备选劳动力主要指农民适龄青年，其基数大致等于适龄青年人数减去大学录取人数后的人数规模。备选劳动力规模的大小，直接影响甚至决定外派劳务合作市场规模的大小。随着我国国民收入水平的提高，以及由于新生儿出生率的下降和高校扩招等因素的制约，我国备选劳动力基数呈现持续下降态势。以1987年和2002年的出生人口为例进行备选劳动力的对比分析（表1），可以看出，2002年的出生人口比1987

---

① 中国山东国际经济技术合作有限公司副总经济师、对外交流事业部董事长
② 中国山东国际经济技术合作有限公司对外交流事业部职员

年减少了853万人，下降率达34.12%；备选劳动力人数减少了1316万人，下降率高达65.93%；备选劳动力基数则由79.84%下降到41.29%。备选劳动力人口和基数的大幅下降，严重制约了对外劳务合作业务的发展，"招选难"问题已成为困扰大多数对外劳务合作企业的共性问题。

表1　1987年至2002年出生人口与备选劳动力人数对比

出生年份	现在年龄（岁）	出生人数（万人）	高校录取人数（万人）	备选劳动力人数（万人）	备选劳动力基数（％）	人口下降比例（％）	备选劳动力下降比例（％）
1987	34	2500	504	2500−504=1996	1996÷2500=79.84%	34.12%	65.93%
2002	21	1647	967	1647−967=680	680÷647=41.29%		

数据来源：参照国家统计局有关数据

（二）我国国民收入增速超世界国民人均收入，减弱了劳务人员出境务工的意愿

近年来，伴随着我国经济的迅速发展，国民收入水平的增长速度高于世界平均水平，且与世界国民人均收入的差距越来越小（表2、表3）。由此可以看出，2018年世界银行公布的中国国民人均收入（GNIPC）数据中，我国仅为9540美元，与世界平均水平相差872美元；而2022年，我国国民人均收入达到12850美元，超出世界平均水平46美元。另外，2019年至2022年间我国国民人均收入增长率也高于世界平均水平。持续增长的国民收入带来持续增长的工资期望，而境外务工的工资增速也越来越难以匹配出境务工人员的工资期望，这就造成了出境务工人员的境外务工意愿下降，直接招致外派劳务"选人难"。

表2　中国与世界国民收入比较

年份	中国国民人均收入 （美元）	世界国民人均收入 （美元）	中国与世界国民人均收入差距 （美元）
2018	9540	10412	872
2019	10310	11505	1195
2020	10520	11052	532
2021	11930	12055	125
2022	12850	12804	−46

数据来源：根据世界银行公布的有关数据整理

表3　中国与世界国民人均收入增速比较

年份	中国国民人均收入增速	世界国民人均收入增速	中国与世界国民人均收入增速差距
2018—19	8.07%	10.5%	−2.43%
2019—20	2.04%	−3.94%	5.89%
2020—21	13.4%	9.08%	4.32%
2021—22	7.71%	6.21%	1.5%

数据来源：根据世界银行公布的有关数据整理

（三）国际政治经济及疫情形势不确定因素增加

受疫情影响，2020年我国对外劳务合作项下仅派出16万人；在外人员约36万人，降幅达43.3%。至2022年，劳务合作项下外派17.9万人，同比减少5.6%，与疫情前2019年外派的26.5万人相比，降幅仍较大。对外劳务合作业务链条的各环节均严重受挫。进入后疫情时代，国际政治经济及疫情形势的不确定因素将会增加。一是不排除各国继续采取相应的疫情防控措施，包括禁止外国人入境、入境隔离等，制约国际人文交流；二是疫情造成的国际经济不景气，特别是主要发达国家经济低迷，对中国出境务工人员的吸引力下降；三是受疫情影响，出于安全考虑，劳务人员出国务工的积极性、主动性将显著降低。

二、后疫情时代对外劳务合作行业的发展趋势

（一）各国对外籍劳务的持续需求，有望促使对外劳务止跌企稳

疫情背景下，各国将采取不同的方式渐渐适应跨境人员流动的新常态。同时，伴随着发达国家人口老龄化的加剧，各国对外籍劳动力的需求和依赖度将有增无减，需求的扩大将在一定程度上刺激我国对外劳务合作市场，加之包括疫苗接种在内的疫情防控举措有序推进，对外劳务合作有望止跌企稳。

（二）劳务资源与优质订单将成企业间竞争焦点，劳务企业或将面临一次大洗牌

2022年，前100名劳务合作企业共派出各类境外务工人员近13.58万人，超过其余600多家企业派出人数的总和，占比达50%以上。随着备选劳动力基数的持续下降和新冠肺炎疫情的负面影响，对外劳务合作企业招聘难问题将愈演愈烈，预示着整个劳务合作市场将面临一次大洗牌，企业争抢有限资源的方式将是未来业务常态；另一方面，收入高、福利保障好的国别和订单将受到追捧，而能进入和获取这些订单的企业将可以继续生存，相反，将有相当一部分企业或将会因招人难而被淘汰。

（三）政府部门的管理举措将会进一步加强

2020年，商务部发布了《关于做好外派劳务欠薪问题清理工作的通知》，通过"两随机、一公开"检查等多种措施，不断规范企业经营行为。在疫情形势下，政府必将进一步督促对外劳务合作企业切实履行义务，合法合规经营，诚信履约，加强境外务工人员的权益保障。

三、后疫情时代企业实现可持续发展的有关建议

（一）立足传统业务，实行精细化规范化管理

1. 降低外派门槛，拓展人员募集渠道

充分借助公众号、短视频、大数据平台等新兴方式进行项目宣传，精准对接有出国意愿的劳务人员；充分利用个人征信系统、芝麻信用等网络工具，降低前期服务费收取比例；通过网络平台进行线上培训，以此降低外派门槛。

2. 紧盯业务风口，适应新兴行业需求

随着人口老龄化的加剧，护理行业将产生大量人员需求。作为劳务合作企业，应提高敏感度，及时抓住业务新风口，先试先行。

3. 加强内外联动，尝试闭环式就业服务

考虑到国内技工短缺的现状，结合归国人员的求职需求，劳务合作企业可以从安置国内就业的角度出发，延长对外劳务合作业务链条，打造出国、回国闭环式就业服务。

4. 坚持以人为本，保障劳务人员人身财产安全

通过发放防疫物品、宣讲防疫常识和开展心理辅导等方式强化在外劳务人员的防疫意识和防疫能力，多措并举，保障在外劳务人员的身心健康和人身财产安全。

（二）加强校企合作，弥补外派劳务资源储备不足

近年来，国家重视并支持职业教育的发展，中职招生规模在连续8年下降后企稳回升，超过高中招生的40%。中、高职院校毕业生具有一定的技能，面对传统外派劳务招募人员匮乏困境，可成为外派劳务业务的优质备选人员。因此，加强校企合作，精准开发中、高职院校资源，探讨定制外派班、国外3+2学历就业一体化项目，是弥补外派劳务储备不足的有效途径。

（三）探索转型发展，围绕现有资源开展多元化经营

克服疫情带来的不利影响，企业须在逆境中坚定必胜信念，以创新求发展，在激烈竞争中站稳脚跟；应突破传统思维，探索转型发展之路，在现有资源的基础上开展多元化经营。比如开办学校和进行语言培训，转型第三方劳务派遣机构，开展进出口贸易，涉水养老服务，承接国外和政府服务外包项目等。

（四）利用市场资源，打造跨境人才中介服务平台

从事跨境中介服务是一个全新的思路。我国对外劳务合作主要涉及日本、韩国、以色列、德国等世界科技创新人才和企业的聚集地，企业可以考虑从如何帮助国内外企业精准定位到所需人才的角度出发，利用对外劳

务合作多年积累的国内外市场资源，尝试引入核心关键技术和高端人才，打造跨境人才服务中介平台，寻求新的业务突破。

虽然突如其来的新冠肺炎疫情严重冲击了外劳务合作业务，但同时也让我们有时间停下来驻足思考，在危机中育先机，与变局中开新局。相信在行业同仁的共同努力下，外派劳务企业一定能够突破困局，焕发新的活力，最终实现企业的多元化、高质量、可持续发展。

三外融合 内外循环 推动对外劳务合作可持续发展

—— 山东联桥集团有限公司转型发展的经验与体会

孙连鹏[①]　曹雨芬[②]

对外劳务合作是我国对外经济合作的重要组成部分。截至2021年12月，我国累计派出各类劳务人员逾千万人次，为推动经贸合作、深化中外友好、助力乡村振兴和家庭脱贫致富发挥了积极作用。当前，百年变局与世纪疫情交织叠加，我国对外劳务合作业务受到严重影响，行业发展面临前所未有的压力和挑战。如何推动对外劳务合作业务恢复和可持续发展成为全行业面临的重要课题。多年来，山东联桥集团有限公司不断开拓创新，通过外经、外贸和外资有机融合实现业务的协同发展，通过资源赋能促进劳务业务国内国际双循环，探索出一条对外劳务合作企业转型发展的有效路径。希望相关经验和体会能够为我国对外劳务合作企业实现转型升级和可持续发展提供借鉴和参考。

一、充分发挥外劳业务赋能作用，加快三外融合发展

40多年来，我国派出的各类劳务人员遍及全球百余个国家和地区，其中不少与我国有着密切的经济往来。对外劳务合作企业以外劳业务为纽带，与境外企业建立了相对稳定的合作关系，积累了较为丰富的商业资源。充分发挥外劳业务的赋能作用，以外劳促贸易、带产业、引技术，形

---

① 山东联桥国际人才合作有限公司部长
② 威海市商务发展中心会计师

成外经、外贸、外资"三外"融合发展的良好局面,对于提高对外劳务合作质量,促进对外劳务合作可持续发展具有积极意义。

山东联桥集团有限公司成立之初业务范围仅限于对外劳务合作和出国留学。在多年的业务发展过程中,联桥集团借助外劳业务积极开发海外商业资源,逐步实现外经、外贸和外资的融合发展,增强了外劳合作黏性,开拓了新业务板块,提高了企业的综合经营实力和可持续发展的韧性。

一是以劳务促贸易。依托日韩等主要劳务输出市场带来的地缘优势、语言优势、客户资源优势,成功建立国际贸易关系。在此期间,部分精通外语的劳务业务人员逐步转向贸易业务,不少已成为贸易业务的中流砥柱。目前,联桥集团的纺织服装业务已形成集服装研发、设计、生产、销售于一体的全产业链条,年营收已突破20亿元,成功跻身中国对日纺织品出口贸易40强,成为全国首家"国家毛衫纱线资源共享平台"。

二是以劳务创工业。借助多年深耕外劳市场积累的人才、技术和渠道资源,联桥集团通过"以贸带工、工贸结合"的形式打造新材料业务板块。目前联桥集团的改性工程塑料、医用包装材料、功能母料、精密模切材料等自主知识产权产品已被广泛应用于相关行业,相关子公司先后获得国家"专精特新"小巨人、中国改性塑料行业十佳企业等荣誉。回国劳务人员凭借自己在国外学到的生产技术和管理经验,为新材料业务板块的发展贡献了重要力量。

三是以劳务带外资。通过发挥对外劳务合作的海外资源优势,联桥集团建成12万平方米的联桥工业园区,成功引进2家日资全资企业。此外,联桥集团还积极配合政府开展招商引资工作,累计为威海引进外商独资或者合资企业6家。截至目前,相关外资企业已为百余人次的回国劳务人员提供就业岗位,成为劳务人员回国后施展才华的重要平台。

二、积极延长外劳业务产业链条,实现国内国外双循环

长期以来,对外劳务合作的业务链条过短,仅局限于招、选、培、派、管等环节。伴随着中国劳动力市场的变化和中国经济的快速发展,我国的劳务人员外派规模已经逐渐呈现下滑趋势。延长对外劳务合作的业务的产业链条对于企业的长足、稳定发展十分重要。联桥集团自2016年起，就开始延长产业链条的有关尝试，其中包括构建国内外双循环体系、开发第三国劳务市场等，目前基本实现了业务"内外开花"。

一是积极开拓国内人力资源业务。延伸外派劳务业务产业链，向跨境人力资源综合服务商转型。当前，高技能人才缺口进一步显现，"技工荒"成为我国部分发达地区制造业发展的瓶颈。国外先进的职业技能培训及经验教育为高技能人才培养创造了得天独厚的条件。联桥集团依托外劳业务积累的众多回国技能人才，与日本大型上市人力资源企业合资成立山东省第一家中外合资综合性人力资源公司，主要从事国内人力资源外包服务。截至2021年10月，除国内人力资源业务外，该公司已累计帮助1000多名回国劳务人员在国内就业，促进了回国技能型劳务人才向先进制造业的流动，打通了人力资源国内国际的双循环。

二是积极开发第三国劳务业务。响应国家号召，抓住"一带一路"战略机遇，积极走进东南亚市场。联桥集团自2015年起进军东南亚市场，先后在柬埔寨、越南设立了分公司和办事机构，通过开设教育基地、培养日语人才、对外人才输送等具体行动助力当地人力资源培育，支持当地经济建设。取得了良好的经济效益和社会效益，得到当地政府、企业和民众的高度认可。

三是积极开展海外高端人才引进业务。利用对外劳务业务积累的日商资源，联桥集团聚焦科技领域，与日本知名上市企业合资成立科技发展公司，致力于海外先进技术、设备引进和项目、人才引进。公司成立后，先后帮助青岛、威海多家企业引进海外高端技术人才和管理人才，成功解决企业专业领域的人才瓶颈。此外，公司还积极承办威海中日科技创新合作大会等相关活动，与山东高速、山科控股、海尔集团和青岛国际院士港集团等共同成立山东省国际科技合作创新创业共同体，助力山东省国际科技创新合作业务。这一举措也为联桥集团创新外资、外贸发展打通更多接口,以利于企业进一步实现开放式发展。

三、大力推进人才国际化培育,促进外劳业务转型升级

随着脱贫攻坚战的全面胜利和小康社会全面建成,中国的劳动力市场已经发生天翻地覆的变化。从劳动者的关注点来看,新生代劳动者已逐渐成为就业市场的主力军,经济收入已不再是唯一追求。拓展国际视野,学习新技术,延长职业生涯成为重要关切;从国家用工需求来看,随着国家经济结构调整,我国正由制造大国向制造强国迈进,需要大批技能型人才。《国务院关于大力发展职业教育的决定》明确提出,要"依靠行业企业发展职业教育,推动职业院校与企业的密切结合",要"大力推行工学结合、校企合作的培养模式"。通过开展校企合作建立企业全面参与的技能人才培养制度,将在更大范围和更高层次上培养出社会和企业急需的各类技能人才,缓解"用工荒"。对于对外劳务合作企业来讲,适时将外劳业务与海内外人才培育相结合,既符合国家政策的要求,也顺应了市场的变化。

一是引进海外教育资源,助力院校人才培养国际化。国内院校近几年新设立的一些专业,由于建设时间短、教学经验不足,急需通过海外成熟专业课程体系和师资力量进行补充和支援。为此,联桥集团瞄准老年护理专业,积极引进日本院校和培训机构的专业课程、教材及师资。与国内多所院校合作,通过采取线上、线下灵活的教学方式,让学生既可以在国内近距离接触国际先进老年护理理论和技术,又可以通过游学、见习等形式出国感受发达国家的实际情况,以便更有针对性地提升自己的专业技术。

二是利用海外企业资源,助力院校建设海外实训平台。实习实训是当前职业院校提高学生工作现场技能水平的重要教学手段,但目前很多专业的学生却因各种原因无法实习。针对这一情况,联桥集团利用海外企业资源,选取日语、韩语、护理、汽修、物流、食品等专业,帮助院校建立海外实习实训平台,组织学生赴海外进行3～12个月的实习实训,既完成了院校学生的实习任务,又增进了学生对海外学习工作环境的了解,同时也为企业外劳业务储备了资源。

三是联合国内企业资源，打造人才国际化培育新模式。如何培育、引进高技能国际化人才是当前很多国内企业面临的难题。对外劳务合作企业面向国内国外两个市场，经多年业务积累形成了一定的海外资源优势和培训管理优势。部分对外劳务合作企业从人才国际化培育的理念出发，积极做好协调和服务，帮助国内企业通过海外平台定向培育所需人才，实现国外国内人才的循环利用。联桥集团自2020年开始，聚焦养老产业，联合山东省内外知名康养集团在院校设立国际定向班，开展康养人才联合培养计划。通过2+3的模式（国内2年，海外3年）为企业定向培养高技能国际化康养护理人才，学生入学即签订保就业协议，解决了学生的后顾之忧。对于赴海外继续提升和实习工作的学生提供"企业奖学金"和助学贷款，并对学生回国后的就业提供更高层次的就业岗位和薪资保障。

当前以及未来一段时间，新冠肺炎疫情防控或将成为一项常态化工作。对外劳务合作企业要打破业务停滞僵局，关注点不宜仅局限于劳务人员创收和劳务企业盈利，而应放眼长远，在"三外"融合、科技创新、人才培育等诸多领域发挥外劳业务更多的辐射带动作用。一方面要练好内功，以高质量发展为目标推动业务向更高层次升级，向产业链上下游延伸，与更多相关产业融合。另一方面要开拓创新，充分利用国内、国外"两个市场、两种资源"，积极融入职业技能提升行动、乡村振兴战略和国内国际双循环新发展格局。我们相信，在政府主管部门和行业组织的指导下，在广大对外劳务合作企业的共同努力下，对外劳务合作业务一定能够经受住新冠肺炎疫情的考验，迎来崭新的明天。

人才国际化与出国职业发展趋势

——大学生境外职业发展的背景分析与路径指引

金 钢[①]

一、经济全球化催生人才国际化

（一）经济全球化

经济全球化（Economic Globalization）是指世界经济活动超越国界，通过对外贸易、资本流动、技术转移、提供服务、相互依存、相互联系而形成的全球范围的有机经济整体的过程。经济全球化是商品、技术、信息、服务、货币、人员、资金、管理经验等生产要素跨国跨地区的流动，经济全球化是当代世界经济的重要特征之一，也是世界经济发展的重要趋势。

经济全球化包括生产全球化、贸易全球化、金融全球化、企业经营全球化。

（二）经济全球化与人才国际化

经济全球化导致人才资源在全球范围内流动，即人才国际化。人才国际化给我们带来了机遇。把人才放到全球范围内进行评价、开发、培养和使用，有利于人才的成长进步，提高人才的素质。

在经济全球化背景下，大批企业、机构走向世界，"一带一路"建设海外投资、国际工程承包；国际市场开发、经营、管理；国际贸易以及国际物流等，需要成千上万各类国际化专业人才。

---

① 青岛环太经济合作有限公司执行董事

（三）人才国际化的实现通道

人才国际化的实现通道是国际人力资源合作。国际人力资源合作发展空间巨大，以全球人力资源大市场为背景审视，国际人力资源服务业是一个3万多亿元人民币的大市场。根据世界就业联合会（World Employment Confederation）报告，全球人力资源服务行业每年为全球范围劳动力市场提供超过5000万人员。

二、国际人才市场是大学生职业发展的广阔天地

（一）大学生就业现象分析

毕业去向分析：《2021年高校毕业生就业报告》显示，2021国内的应届毕业生，只有34%的人找到了工作。当年毕业生最喜欢的10个城市依次是：上海、深圳、广州、成都、北京、杭州、青岛、南京、重庆和长沙。没有境外城市。

毕业职业选项中，就业62.6%，自主创业2%，慢就业34%，其他1.4%。这里，也没有"出国工作"的选择。"慢就业"说的是当大多数高校毕业生为找工作而焦急忙碌时，有一小部分学生既不着急就业，也没有继续深造，而是选择去游学、支教、创业考察或者居家等，慢慢考虑人生道路。"慢就业"现象的出现，反映出大学毕业生的多元选择趋势。

2021年，找工作越来越难：高校毕业生增至909万人；疫情影响用人单位岗位需求；留学生学成回国找工作的逐渐增多，这三个因素导致就业形势更加严峻。

（二）出国工作可以较快提升自身的知识、素质和能力

国际化人才的基本条件和素质结构包括科学的思维格局（逻辑思维、互联网思维、计算思维），较高的素质（工作经验、专业技能、职业素养）和较强的能力（系统观、团队精神、解决问题）。

出国工作是人才历练的特种场所。它是职业发展平台、专业前沿阵地、外语学习环境、解决问题的特别场景和国际化视角位置。因此，出国工作是大学生职业生涯路线的一个好选择，其大体的发展步骤是：毕业、

出国工作、制定目标、实施职业规划→提高素质、开阔视野、历练专业→回国发展/留学深造→就业/创业。

国务院《"十四五"就业促进规划》（国发〔2021〕14号）明确提出：持续做好高校毕业生就业工作，拓宽高校毕业生市场化、社会化就业渠道，建设一批国家级高校毕业生就业见习示范单位，探索建设国家人力资源服务出口基地。

（三）出国工作比较国内就业具有明显优势

智联招聘对2021年应届毕业生求职看中因素作过分析，前8名分别为：薪酬福利、工作生活平衡、能够学到新东西、大环境稳定、有清晰的职业发展路径、行业/公司前景好、专业对口岗位匹配度高、平等和尊重。再看看出国工作的六大优势：积累财富快，花销少；完善的医疗与意外保险；环境稳定，有利于学习外语；专业对口，职业进步快；国际市场前沿，开眼界，长见识；提高素质，锻炼人生，回国发展。我们发现，出国工作优势与求职看中因素具有较高的重叠度。

综合收益对比，从工资收入上看，中等城市本科毕业工资一般5000元左右。一般高端出国项目工资12000-20000元。生活费用（吃住）我国与西方发达国家相差不大。

大学生出国工作项目是高附加值产品，主要体现在非工资性远期发展收益上面。包括对社会的附加价值和对自身的附加价值两个方面。对自身，主要体现在思想、素质层面。好的派遣企业追求出国工作收益最大化、长远化，强化了附加值效应。

（四）当前，国际人力资源市场对知识型、技能型高级人才需求日益增长

全球科技发展、产业结构调整和老龄化社会到来，使工业自动化、信息技术、生物科技、金融保险、环保工程、医疗卫生、养老、旅游等产业对高级人才的需求日益旺盛，为大学生准备了施展才华的广阔天地。

从目前的市场情况看，境外适合大学生的高端工作项目主要有：机械设计及制造、工业自动化、电气工程、办公室文员、酒店服务员、空乘海乘服务员、养老护士、免税店销售顾问、商场营销、IT软件工程师等。

三、大学生出国工作业务模式设计

大学生出国工作以日本、新加坡、韩国、欧洲国家"一带一路"沿线国家等为主要工作目的地，由国际人力资源合作经营公司实施出国前教育和职业规划、创业培训，由雇主方参与专业知识和技能培训。通过境外工作历练，改变思想观念和专业理念，学习实操技能和经营管理。

（一）建设大学生创新创业职业发展服务平台

服务平台的工作目标是让大学生与国际人力资源市场接轨，为大学生搭建国际化人才成长平台。

（二）"校企雇"合作定向培训出国工作模式

国际人力资源公司与境外工作机构签订大学生工作派遣合同，组织在校学生参加出国定向培训，实施境外服务管理，为回国人员提供职业发展咨询服务和职业介绍。

（三）为毕业实习期量身打造海外实训基地

使实习的环境更优越，实习收入更多，同时试水境外工作，实习期满考核合格可以签订工作合同。

（四）国际人力资源公司全程专业服务

提供四种模式：留学准备型，出国工作为留学积累资金和适应社会。专业发展型，到境外专业对口的岗位工作成长。创业积累型，到境外创业目标行业工作，通过境外工作，积累知识、能力和经验。国际人才型，学习企业经营管理，提升外语水平，打开国际视野。

四、大学生出国工作发展趋势展望

前文所述，总体上看，出国工作没有被大学生列入选项，然而这条路早已有人在走了。20多年前，为满足境外少量高端岗位需求，青岛环太公司就开启了大学生出国工作项目。

袁先生2009年毕业于大连外国语学院日语专业。2010年由青岛环太公司派到日本名古屋工作。2012年考入日本国立山口大学读日本语教育专业硕士，2014年毕业，进入日本排名第三的大型钢结构企业，任中国业务部长兼翻译，负责与中国分公司进行业务往来并管理公司的外国技能实习生。

龚女士2007年6月毕业于曲阜师范大学外国语学院日语本科专业。2007年11月经青岛环太公司派到日本高松一家株式会社任工场现场翻译兼车间管理。2012年1月转职到一家病院财团事务局担任日中医疗交流翻译员，经理。2019年1月，任职日中友好医院下属分部担当体检部运营经理至今。

黄先生2001年毕业于旅游英语专业。通过青岛环太公司到新加坡丽星邮轮工作四年。回国后，在职业发展的道路上得到长足发展。先后就职于青岛市大型酒店的大堂经理、前厅部经理、副总经理、总经理职位。现任职大型跨国公司青岛旗舰店总经理。

中国名校学子名企才俊引领时代潮头，他们是新一代国际化人才的先行者。

杨同学毕业于北京大学光华学院，在校期间去尼泊尔做义工，到荷兰做交换生，2017年入职，2019年跑步上岗去了老挝、柬埔寨工作，2020年初到了斯里兰卡升任团队领导，2021年由于在前两站能够迅速适应环境，并有效输出能力，被公司高层认可，调任原来十倍体量的印度尼西亚工作，实现了一次又一次的自我升华。

二十岁前，林同学唯一的心愿还是乘坐飞机出国一次。2014年加入了华为公司德国项目的语音专题小组，2018年又马不停蹄奔向爱尔兰全新战场，迎来了工作中最大的挑战——E运营商项目。2019年10月爱尔兰最大的5G网络诞生。十年历练成长，而立之年成为公司第一批90后五级专家。

结束语：

大量出国工作的成功案例为大学生展现出一条全新的成才之路，预示着这个时代大学生职业发展的一个趋势。

建立中心城市国际高端人才交流平台初探

金　钢[①]

一、建立国际人才交流合作平台的形势背景

（一）二十大报告强调人才强国战略

习近平总书记在二十大报告中对人才强国战略提出要求："加强人才国际交流，用好用活各类人才。深化人才发展体制机制改革，真心爱才、悉心育才、倾心引才、精心用才，求贤若渴，不拘一格，把各方面优秀人才集聚到党和人民事业中来。"

（二）人才国际化趋势

人才国际化给我们带来了机遇。把人才放到全球范围内进行评价、开发、培养和使用，有利于人才的成长进步，提高人才的素质。高端人才交流顺应人才国际化大趋势，可以促进人才良性流动，提高人才使用效率，为国家社会发展和经济建设做出积极贡献。

《2021中国留学白皮书》数据：有留学经历的占比，中国科学院院士达81%；中国工程院院士54%；2017年度国家自然科学奖获奖者中占比60%，教育部直属的七十多所高校校长中占比63%。《2010-2020国家中长期教育改革和发展规划纲要》提出"国企中需要注入国际化人才"。近年来，公务员群体表现出对国际化人才的需求。

（三）占领人才高地已成为各国竞争制胜的关键

在国际上，进入21世纪以来，世界各国特别是发达国家，都在加快经

---

①青岛环太经济合作有限公司执行董事

济结构调整，充分利用经济全球化和高科技带来的机遇，抢占全球经济发展的制高点。综合国力的竞争，说到底是人才的竞争。"得天下人才者得天下"，占领人才高地已成为各国竞争制胜的关键。

从国内情况看，人口红利释放完毕，经济转型期产业升级急需人才来推动；在人口红利转向人才红利的情况下需要国际人才的引进。我国经济从高速增长转为中高速增长，从重视经济规模扩张转为追求经济结构优化升级，从要素、投资驱动转向创新驱动，掌握技术、知识、智慧的人才成为新常态下推动经济高质量、高效益增长的关键要素。而在愈演愈烈的全球人才争夺中，如何能够吸引更多的国际人才，充分发挥其所长，显得尤为重要。

（四）高端人才引进需求旺盛

中国社会、经济快速发展，特别是东部沿海城市，产生了大量高端人才缺口。各地把实施人才强市战略和创新驱动发展作为贯彻落实人才强国战略的重要组成部分，大力引进经济社会发展急需的海内外高层次创新创业人才。

（五）地方政府竞相出台奖补政策推动高端人才引进

青岛崂山区：2022年5月17日发布"人才新政"公布了一系列大力度鼓励支持政策，其中，"最高1亿元的综合资助经费支持""中介机构或个人给予最高100万元奖励"。青岛西海岸新区：出台300多页的惠企政策词典2.0版，各种鼓励政策全面、到位，大亮眼球。绍兴市：新近出台人才新政4.0版：奖励中介最高为引进人才年薪的50%；对引进人才最高奖补两个亿。

（六）国家支持人力资源服务领域特色服务出口基地

2022年3月，国家商务部等7部门公布文件，青岛成为首批有人力资源服务领域特色服务出口基地的城市。成为打造区域人才服务高地的有力支撑。

以大学毕业生为主体的高端人才为了自身发展需要，有了到境外工作、学习、成长的需求。当今，国内大型公司都更加重视拥有国际经验和国际思维的本土人才，具有全球化思维方式和海外企业运营经验的人才更加受欢迎。

（七）RCEP生效实施

2022年1月1日，《区域全面经济伙伴关系协定》（简称"RCEP"）正式生效实施。这个世界最大自贸区的启动，将有力促进亚太区域经济一体化，推动疫后经济恢复和增长，成为地区和全球经济增长的一个新引擎，也为区域内的国际经济合作创造了良好的条件。

二、搭建中心城市国际人才交流合作平台的基本框架

国际人才交流合作平台应该具备四个功能：一是链接国内外人才市场的纽带；二是人才、雇主、政府、中介交流的平台；三是人才资源汇集、发布、交流、配置的市场；四是政府展现形象、宣传政策、服务人才的窗口。

包括以下三个板块：

（一）国际高端人才引进板块

包括建立高端人才搜索、招募体系；建立国际高端人才数据资料库；建立人才引进管理营运系统；组织机构落实与境外市场布局。

（二）人力资源服务出口运营板块

目标任务：① 解决国际人力资源合作的资源短板。② 提供出国工作、学习和职业规划等咨询服务。③ 吸引相关机构和行业商会为国际间人才流动，提供专业化服务。

根据上述目标任务，依托青岛国家人力资源服务领域特色服务出口基地和上合经贸学院建设的各方面优势，开展人力资源服务出口工作，形成经营生态圈，在青岛打造区域级人力资源服务高地，放大青岛在优化人力资源要素市场化配置上的突出作用，更高质量服务好青岛以及周边地区对外开放和国际交流合作。

（三）国际经济合作板块

国际经济合作与国际人才交流密不可分，建立此板块可以扩大人才交流的范围，使之与人才引进形成有机融合，相互促进。

范围：国际经济技术合作板块前期以新加坡、日本为重点，辐射东南亚；以波兰为基点，辐射欧洲，与我国内地开展合作。包括：招商引资、技术转让或合作、教育投资项目或教育合作项目、旅游合作等双向合作项目。

业务领域包括制造业、服务业、城镇化、养老产业、现代农业、中药材、旅游业、贸易投资等。以吸引境外工业企业的管理、技术或资金为需求的合作项目；在农业种植技术、农业产业化经营方面的合作项目；进出口贸易合作项目；承揽委托加工项目；承接的服务外包项目；养老产业人才培训、养老机构合作经营项目；对高端技能人才引入中国工作的需求项目；把员工派遣到境外对口行业实施技能实习项目。

（四）国际人才交流合作平台的活动方式

按照山东省人民政府"鲁政字（2019）49号"文件要求，打造"政产学研金服用"创新创业共同体。

模式一：服务于企业信息交流：企业信息登记，企业动态发布，企业招商信息发布。企业关注，招商信息收藏，信息互赞功能。市场、行业数据分析。围绕当地产业特色和人才需求，在境内外城市间开展线上线下国际人才交流、经济技术合作和创新创业大赛等活动。

模式二：组织海外高级人才参访团到签约城市（区、县）开展参观访问、举办创新创业论坛、合作项目发布和人才交流大会等活动。

模式三：在政府支持下建立平台线下场地，展示城市形象、投资合作项目与人才引进政策等。实施人才培养，组织商贸洽谈、专业团组考察、专题论坛、中外商协会交流互动等活动。

三、建立中心城市国际人才交流合作平台的工作实践

（一）建立"环太国际高端人才合作平台"

在青岛市侨联的穿针引线和全力推动支持下，根据青岛市的总体布局要求，于2022年年初着手筹备建立"环太国际高端人才交流平台"。7月4日，在青岛市侨联党组书记管艾宏、副主席梁启云等领导见证下，"环太国际高端人才合作平台"正式签约成立。合作平台以促进人才良性流动，提高人才使用效率，为国家社会发展和经济建设做贡献为宗旨，以优势互补，合作共赢为原则。

（二）建立国际高端人才引进工作体系

① 与青岛、绍兴等优势市、区、县建立人才引进合作机制，做好接洽、需求调查、获取订单、推送人才等项工作。② 填充国际高端人才与国内用人单位人才需求订单的数据资料库；高端人才数据库采取有管理开放，对应推送。③ 建立人才引进管理、运营系统；制定相关管理制度。④ 组织机构落实与境外市场布局；开发新的合作渠道。

（三）安排国际高端人才引进市场布局

① 建立高端人才的搜索、招募体系。在欧洲、日本、新加坡建立起覆盖40多座城市的专兼职队伍和信息网络。② 选出综合条件较好、奖补政策力度大的区、市，在政府支持下开设窗口，宣传投资环境，发布政策和人才需求项目。③ 分别在日本、波兰、新加坡筹建双招双引工作站，集中力量，实施重点突破。④ 积极争取政府引才政策的支持。

（四）建设国际化职业发展服务平台

将传统国际劳务合作的理念上升到顺应国家社会、经济发展大局，服从市场需求；将外派劳务公司定位为"国际人力资源中介"，做国际人才市场的配置者。对此，笔者总结为三个层次境界：第一层是原始境界，为提高收入，脱贫致富。目前，外部环境与内在需求都已时过境迁。第二层是以提高劳动者素质，开阔眼界为主要导向的跨境工作，是在国家经济发展，00后年轻人观念更新背景下产生的。第三个层次：是为大学生、技能人才搭建国际化人才境外锻炼成长的平台，为今后的人才回归播种插秧。这正是我们目前追求的境界，让大学生与国际人力资源市场接轨，搭建国际化人才成长平台。

（五）为大学生出国职业发展设计路线图

毕业–出国工作–制定目标–实施职业规划–提高素质–开阔视野–专业提高–回国发展/留学深造–就业或创业。

（六）为大学生出国职业发展提供选项

第一，留学准备型，出国工作是为留学积累资金和适应社会。第二，专业发展型，是到境外专业对口的岗位上工作成长。第三，创业积累性，是到境外创业的目标行业工作，学习技术和企业管理经验。第四，国际人才型，是通过境外工作，适应国际环境，提升外语水平，打开国际视野。人才交流合作平台将为不同需求的大学生等高端人才提供专业化全程服务。

综上，建立中心城市高端人才交流合作平台，顺应人才国际化大趋势，可以在更大范围促进人才良性流动，提高人才使用效率，为国家的社会发展和经济建设做出积极贡献。